善连者赢

消费升级，连接能力决定胜负

任建斌 著

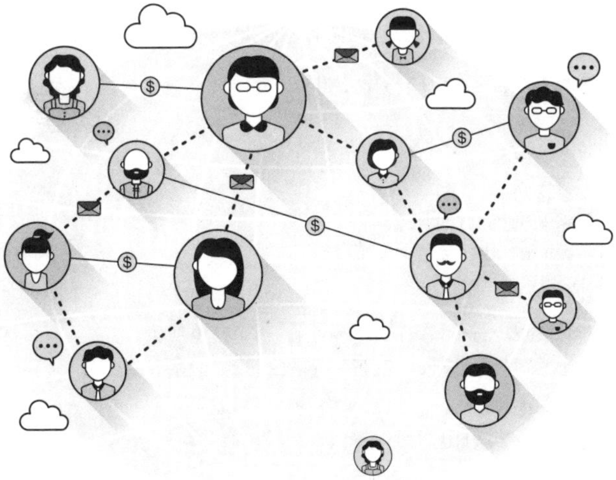

電子工業出版社
Publishing House of Electronics Industry
北京•BEIJING

内 容 简 介

《善连者赢》是任建斌先生继《顺流而为》之后第二本针对互联网认知，以及企业、个人互联网化转型的著作，全书共32万字，分8章深入解读连接的概念及连接创新如何影响商业模式，继而催生新的商业角色和赢家的过程。

作者秉持“太阳底下没有新鲜事”、“存在的就是合利的”原则，追求深刻道理在准确表达和通俗易懂之间的平衡。全书以2016年在读者身边发生的事件或社会现象背后的共计96个问题展开，引发读者思考并以类比的方式推理得出结论。本书提出了商业连接中的三类角色、四种模型，全面解析了商业活动中的挑战及来源，分析了创新连接模式如何应对这些挑战并产生新型商业模式的过程，总结出了移动互联网时代个人和组织连接致胜的心法和技法。

全书深入浅出、通俗易懂，特别适合传统企业、政府机关、高校师生及互联网人士阅读。

图书在版编目（CIP）数据

善连者赢：消费升级，连接能力决定胜负/任建斌著. —北京：电子工业出版社，2017.2
ISBN 978-7-121-30410-1

Ⅰ. ①善… Ⅱ. ①任… Ⅲ. ①互联网络－应用－商业活动－研究 Ⅳ. ①F71-39

中国版本图书馆CIP数据核字（2016）第280673号

策划编辑：张　楠
责任编辑：谭丽莎
印　　刷：三河市双峰印刷装订有限公司
装　　订：三河市双峰印刷装订有限公司
出版发行：电子工业出版社
　　　　　北京市海淀区万寿路173信箱　邮编　100036
开　　本：720×1 000　1/16　印张：22.5　字数：324千字
版　　次：2017年2月第1版
印　　次：2017年2月第1次印刷
定　　价：59.00元

凡所购买电子工业出版社图书有缺损问题，请向购买书店调换。若书店售缺，请与本社发行部联系，联系及邮购电话：（010）88254888，88258888。

质量投诉请发邮件至zlts@phei.com.cn，盗版侵权举报请发邮件至dbqq@phei.com.cn。

本书咨询联系方式：（010）88254579。

自序

从流量到连接——让互联网商业模式更容易理解

2016年快要过去了，这一年发生了很多的事情，有我们喜欢的，也有我们难以接受的。不管喜欢不喜欢，接受不接受，我们已经处在一个较为发达的商业时代，商业现象及其影响已经无处不在、无时不在，甚至有很多看不惯的社会现象开始以为是道德、法治或人性的果，最后，深究也发现其实背后埋藏着一个商业的因。现代商业既让这个世界百花齐放、丰富多彩，也让我们有时颇感扑朔迷离、匪夷所思。这些年互联网的快速发展更是让商业现象令我们目不暇接，用所谓“各领风骚三五年”、“乱花渐欲迷人眼”、“几家欢乐几家愁”来形容这个时代丝毫不为过。正如我在很多次的演讲中所述：首富在快速地更迭，财富在不停转移，羊毛出在猪身上，泰坦尼克也会沉没，灭了你和你无关。

对于身处互联网时代的每个人来讲，对互联网本质的深层次认知和理解变得不仅空前的重要，也是前所未有的困难，一本面向这个时代的大众关于互联网的通俗读物就是互联网人对这个时代应该做出的贡献，这本书不仅应该系统、准确、深刻地阐述互联网时代商业的道理，更要在易读性和可解释性上有“变态”的追求，即这本书一定要符合互联网用户产品的特点：100%的用户第一，100%的用户友好。这的确是一个不小的难题，因为互联网已经渗透了每个人的生活，每个人自己心中都有自己对互联网的认知。幸好我们知道事物是普遍联系的，在阐释复杂概念的时候，有一个概念能纲举目张，从这个核心概念出发，围绕这个概念思考、分析、研究、阐述，之后举一反三、深入浅出，就可能帮助到需要帮助的人。

基于这样的考虑，我在去年出版了《顺流而为》。这本书的核心概念是人流（量），基于人流这个核心概念揭示了商业社会人流的制造者和消费者分离的现实，以及这些年中国创富机会如何伴随着人流（量）从地面到电视报纸前、再到PC前、再到手机上的迁移过程，同时也揭示了人流制造和人流的消费者角色专业化分离之后，商户在获取新客户和新交易过程的理智选择就是“顺流而为”，这里的流就是人流，就是流量，就是被集中在特定时间空间下的潜在的客户需求的汇总。因为原本潜在客户的分散一定会导致商家寻找的成本高启，这种集中对商家是有很大价值的。企业和个人在这个时代应该顺流而为，就是要顺着潜在客户需求的汇总的地方做营销，提升获取新的用户和交易的效率，从而制定出让业务快速增长的最好营销策略。此外，中国是一个产能大国，不管是产品还是服务，都面临着严重的产能过剩。对绝大多数企业来说，营销的问题就是最大的问题，积极地、科学地获取、管理流量，就是每个商家必须面对的课题。这些年流量制造的效率和质量因技术原因正在不断进化，借助这些流量提供者的品种繁多的流量和越来越专业的分析管理工具，商家才可以更好地获取流量、分析流量，科学地、持续地进行流量获取的尝试，从而给自己的业务一个稳定健康的新客获取渠道。

基于这些分析，在《顺流而为》这本书中，我对每个时代人流（量）营销的策略做了进一步总结和解释，如在商业地产时代，商家关注的核心是地段、地段、地段；在传统媒体时代，商家关注的核心是曝光、曝光、曝光；在PC互联网时代，商家关注的核心是搜索、搜索、搜索。

《顺流而为》中的这些分析及很多的案例似乎都在证明一个结论，那就是“酒香也怕巷子深”。因为巷子深浅的问题不是别的问题，就是人流（量）多寡的问题。“酒香也怕巷子深”其实就是流量的价值的体现。流量思维和做法的确能解释很多现象、解决很多商家问题。但是很快会发现，我们的生活中还有一些重要商业的现象是难以仅仅从流量制造和流量消费的角度来解释的，例如并不是每个生意都一直是流量消费者，从流量制造方获取流量可以让业务得以持续。例如，我们都知道的褚橙、老干妈、小米等产品，它们在业务发展过程中并没有用传统的方式向流量制造方购买流量，但是各自的产品持续火爆、热销、供不应求，甚至销售额比那些花巨款购买流量的竞争对手还要好，它们甚至还能为需要的人带来流量。例如，褚橙就是很多电商网站的爆款产品，每年热销季节都被电商网站设法合作以获取人气和流量。通过今年兴起的网红热现象可以看到，这些网红分布在各行各业、不同地域，它们不需要导流量，甚至它们在帮助别的公司导流量。再如小米手机上的各种预装应用是很多厂家的必争之地，只要在小米手机桌面上进行了预装，未来的流量和用户活跃就不再发愁。而很多像王永庆这样的小店，在台湾地区嘉义的一条街上有 30 家米店还冲进去，居然生意做得不错，显然这不是王永庆在这个街上流量有优势的结果，为什么没靠人流量的小小米店能走出个王永庆这样的台湾地区首富来？这些问题让我们再次陷入更多的思考中：在某些特定场景下，酒香真的不怕巷子深，或者在一定时间的经营后，酒香就不怕巷子深了。

虽然这对很多商家来说无疑是一个很好的消息，因为越来越多的商家苦于自己被流量提用方绑架。但是更多的问题来了：酒香到底怕不怕巷子深呢？在什么场景下酒香不怕巷子深，这都是什么原因造成的？如何在互联网及移动互联网的时代背景下理解这个问题及演化趋势？如何有效地利用互联网的工具解决好这些问题？相关的商业机会是什么？企业的发展策略应该是什么？

我深深意识到，所有这些经济、社会现象和问题的背后，最后必须都回到经济学最古老的问题即供需矛盾的问题上来找答案。经过一年多思考、工作实践及和无数专家高手的讨论、对若干失败产品案例的分析，前面的一些问题答案和逻辑在我的脑海中逐渐清晰完整起来。如果回到纲举目张上来，能够解释所有这些现象和问题的核心概念就是连接。

众所周知，从经济学的角度，供需之间的矛盾是核心矛盾，供需双方充分的交易是经济社会有序平稳运转的核心课题，但是供需很多时候都走在两条有距离的道路上，特别是在这个人口众多、分布广泛，思想意识、购买能力等差异巨大的国家里，即使有很多先进技术和机制帮助，在特定领域的供和需很难有充分的交易和交换，要想达成充分的交换，满足供需双方的目的，除了供应方生产出需求方可能需要的产品和服务外，还要解决好供需之间隔阂和矛盾的问题。人流就是解决供需难以遇到进而实现交易的问题的一种手段，但是人流只解决一部分的问题，因为它只是解决供需之间时间、空间和部分信息不对称的问题的一种方式。在供需之间还有更多的矛盾，这就是我在本书中总结的供需之间的“六堵墙”：即供需之间的时间不对称、空间不对称、信息不对称、信任不对称、能力不对称和人格不对称的问题。供需在宏观上出现六个不对称的原因是因为它们之间缺乏或难以有效形成直接或间接连接，而这个问题的解决途径，首先也来自于让供需双方之间交易的主要要素流动起来，从而有机会直接或间接连接，这些可移动的主要交易要素包括人、货、钱、信息等。例如，互联网和现代物流都是很好的连接形式，分别连接信息和实物，让交换可以跨越时空。信息获取者和信息源的互联网动态连接模式可突破信息不对称，多维度、持续重逢式的连接模式可增加信用的因素，突破信任不对称，人和资源如钱的新连接模式可创新以解决很多能力不对称的问题，而制造 IP 或网红正在利用人格不对称获得溢价的利益。这些让供需之间要素的一方或多方流动起来连接突破了“六堵墙”的限制，交易就更加充分起来，把这些流动连接方式总结起来就是五流，即人流、信息流、物流、资金（钱）流及心流。

缺少充分连接导致了供需“六堵墙”的出现，连接创新者解决了以上问题，于是得到了市场的重奖。商业时代有机会得到奖励的与连接相关的角色有很多，包括连接者、助连者，还有造连者，他们在连接供需之间矛盾中解决的问题大小不一致，创造的商业价值各有不同。连接可能成为一种使命和工作，无论是助连者连出一个平台，还是造连者连出一个生态，成功者都贡献了巨大的商业和社会价值，在市场经济中，会得到更多的回报，这就是很多以五流为解决方案的连接型公司的商业模式和互联网独角兽出现的原因，找到这个角色的机会，掌握了这个连接的秘密，就有可能获取连接从 0 到 1 的机会。

把连接作为最重要的概念和基础，把供需关系六壑理论当成整个理论的基础，把五流作为突破“六堵墙”的模式性解决方案，很多问题一下子就令人有豁然开朗的感觉：为什么英国成为日不落帝国？为什么美国产生了石油大亨和钢铁大亨？为什么PC互联网催生机会是BAT三家且只有BAT三家？为什么蚂蚁金服有可能是新起的第四极？为什么滴滴四年多时间市值就达到百亿美元之上？为什么这一波O2O的很多企业都倒闭了？为什么易到用车起了大早赶了个晚集？为什么腾讯和微信有这么高的市值？为什么春节期间支付宝事半功倍而微信事倍功半？为什么这么多saas的企业受到追捧？为什么linkedin能以如此高的价格被微软收购？所有这些背后，其实都是因连接导致的商业模式创新，或者说连接的机会。

如果将连接的问题扩展到人的日常生活，人是一切社会关系的总和，生意不是每一个人和外界连接的唯一目的，人在生活中还有很多的连接，如何做好这些连接？如何做好和自己的家人、朋友、爱人、子女、同事的连接？当然，也同样重要的是，人如何做好和自己的连接？

连接原理告诉我们，过去听到、看到的种种故事都和连接有关，无论是孟母三迁，小岳岳成为德云社台柱子，邓文迪成为默多克妻子而最后又失去了这个婚姻，还是学区房要涨价、剩女现象的出现和泛滥、销售出身的创业者成功概率更大、为什么社交商是个人成功的重要因素，也都能用连接的原理来解释，甚至用连接的道理来进行指导实践。

我惊喜地发现，如果从连接这个方向研究连接发展的趋势，不仅一些“酒香怕不怕巷子深”的现象得以解释，还有望得到一定程度的解决方法。这一时代移动互联网的去中心化连接成功会产生新的机制和商业模式，那就是建造信任和良币驱逐劣币的机制。有了去中心化的连接，那些老实人、本分人、勤奋的人、聪明的人可以受益得到应该有的报酬，而骗人的、懒惰的人在这个机制下要么被淘汰，要么就转向做一个善良正直的人。某市专车司机中居然有劳改释放人员，这个消息让我深深触动，互联网不仅给消费者提供价值、增加就业机会，还能在风险可控的基础上给一些犯过错误的人一次新的机会，让其回到正常的轨道，重新有尊严地生活。连接正在让这个社会更加和谐美好，这难道不是让从业者骄傲的事业吗？如果放在今天的时代背景下，在一个更多的连接工具如高速公路、高速铁路、智能电网、物联网技术、移动通信网络的框架下，如何借助这些连接技术和创新，不单单用于供需间矛盾的解决，而是扩展进行供应侧的改革，是不是会有一些新的思路？在PCRM的连接模式下让每个人的客户资源为成为自己的资产的前提下，像第一次包产到户那样，再次解放个人的主动性和创造性，中国如何避免中等收入陷阱，是不是有一些新的可能？

通过以上的思考归纳总结，就有了本书的主题和书名《善连者赢》。这里有两层意思，一层意思是那些善于连接的人会最终取得胜利，无论是成为一个连接器还是作为连接自己的客户供应商等；另一层意思是那些有善心善念的人，长期看在连接游戏中会最终胜出。在这个普遍连接的时代，知己者名，知人者智，善连者赢，助连者王，造连者圣。在我们这个时代制造连接工具造福大众的人，他们都是另外意义上的圣人，无论是李彦宏、马云还是马化腾，或是张小龙、扎克伯格等，他们因为制造了一个连接器为众人使用并改变了这个时代而被称为这个时代的圣人，这并不为过。很多互联网同行，虽不是造连者，但是他们的技术、产品帮助到很多人能和这个世界更好地连接，他们是这个时代的王者。而在造连者和助连者的帮助下，这个世界是人人为我我为人人，是善连者的王国，这个时代是善连者的时代，每个人都会因为善连而收获自己的机会。

让我们一起用连接来解读2016年的这些事件，理解互联网及其带来的商业模式变革，争取以一个善连者赢得这个伟大的时代。

是为序！

任建斌
2016年9月于北京

目录

第一章

如何建立对互联网时代商业的正确认知

书是连接读者和作者思想的载体。读一本书，是在尝试在某个领域和作者在思想上发生一次“连接”，正因为这样的连接交流可以跨越时空，所以读到一本好书，在一个或多个观点上产生一次有价值的“连接”的确是一件很惬意的事情。但不是每本书都能产生和读者惬意舒适的连接，有时候读书是痛苦的事情，读者很难抓住要点，不知所云，或者需要很长时间才能理解作者要表达的思想，很是耽误时间，有时候还需要求助于他人，出现这样的情况有读者的原因，但在很大程度上有作者的原因，如果大多数读者不知所云，这样的书在我看来就是根本没准备让人连接的书。

有时候我也能发现一本好书很容易读懂，或者很容易与作者“连接”，作者好像早就看透了我的心思，按照我的理解习惯叙述，在关键时刻就一些概念或背景给出一些解释，需要论证的时候逻辑清晰严谨，论述深入浅出，案例恰当准确，捧着书都能感受到作者满满的善意和良苦用心。这样的书我称之为准备让人连接的书。后来和一些高人沟通，我才发现能把复杂的概念和问题讲得通俗易懂不仅是一种能力，也是一种态度。“所谓情商高，就是会好好说话”，如果从现在比较流行的情商的角度看，能把复杂问题讲得通俗易懂也是一种情商高的表现。如今大家都处在一个节奏非常快的时代，这种高情商是十分难能可贵的，作为作者的高情商就是保留真实的自己但又能让别人更容易连接到。

后来我比较过让人易于连接的书和让人难以连接的书，发现两者的差异多出在写作的角度和论述的方式上。一本关于商业的书的价值要么是在概念上给予启发，要么是在做法上给予读者指导。凡是容易看懂的书，都能站在读者的角度来想问题，总会交代清楚一些必要的背景知识及写作目的；在论述和叙事方式上，概念准确，表达逻辑清晰，结构完整。概念上对书的主旨概念“是什么、为什么”进行充分论证，操作上在“怎么说、怎么做”方面逻辑严谨、详略得当，加上类比的论证方式，这样读懂书就不再是难事了。

我写这本书的目的是准备就互联网商业模式和有缘的读者实现一次思想的连接，正如本书的书名《善连者赢》一样，希望在互联网商业模式认知方面，也能成为一个善连者，让读者能够有很轻松的阅读体验并获得价值。因此，在本书的最开始，我首先把本书论述过程中坚守的一些通用的理念和大家分享一下，以最大限度地让大家理解后续章节中常用到的一些论述方法。这些内容是这些年来我从事互联网商业运营及培训业务的一些心得和总结，是关于商业概念认知的认知，也是李笑来老师讲的“元认知”。这就是帮助大家理解本书相关内容的起点。

第一，在我看来，能真正指导商业实践的正确的认知包括对认知对象的四个问题的准确、深入的回答，这四个问题分别是“是什么、为什么、怎么说、怎么做”。例如，一个公司的总经理想履行好自己的职责，就必须首先回答一个总经理是什么、为什么、怎么说、怎么做这四个问题。对于一个家庭，夫妻都要准确理解作为丈夫或妻子的角色是什么、为什么、怎么说、怎么做这四个问题。

第二，在我看来，任何存在的商业现象背后都有经济上的合理性基础，即存在的就是合“利”的，持续存在的一些现象背后一定有其合理的商业模式，因此对这些现象在道德层面谴责，情绪上宣泄，尝试物理上的消灭，抑或消极地无视都不是科学和理性态度，从商业模式的角度分析理解才是最有价值的，如果找到了合利的或不合利的原因，找到好的解决方案就有可能。

第三，在我看来，“知易行难”这句话只对了一半。行难的最主要问题在于没有实现在操作层面的真知，如果实现了真知就没有什么难事了。即使有一些事情完全没有可行性，在真知下的行就是理智地放弃，这种情况下，行就不是问题。因此行难，真知更难。

第四，“太阳底下没有新鲜事”，在商业社会中，没有任何问题或现象复杂到难以用语言或人类沟通的方式而解释，如果一个道理复杂到无法解释，那很可能道理本身是否正确就存疑，或者表达者自己没有真懂。反过来，如果想检验自己是否真懂，就试试是不是可以把道理讲给别人听懂。

这四方面的认知，对认知商业模式和理解后面的叙事逻辑及本书关键的内容十分重要。

第一节 终极四问助你理解角色：“为什么爆肝的是我，首富却是你”

商业活动和科研活动一样，也需要对很多概念有正确、深刻的认知，只有这样才能有好的执行结果，在涉及多角色的协同工作时，角色之间对一个或几个重要概念的共同的准确深刻认知至关重要。企业很多内外部的冲突都来自于重要概念认知的差异。例如，公司里一个经理、一个秘书、一个销售的职位到底意味着什么，每个人的看法都不同。这些概念认知差异，就是上下级、同事之间、客户和企业之间的矛盾的来源。

一个在 2015 年传播很久，大家可能都听说的故事，是关于商业中老板和员工的角色和分配的。话说有一次，鸿海的老板郭台铭去自己的工厂视察，简单地和鸿海工程师做了个交流。而其中有好事者在一干人中间大声追问郭台铭："为什么爆肝的是我，首富却是你？！"（爆肝，台湾地区方言，这里特指很累的、不断地加班或做某事）。

郭老板简单几句话就把重点说出来了。郭老板说："我们之间有三个差别：第一，三十年前我创建鸿海时赌上了全部家当，不成功则成仁，而你只是寄出几十份履历表后来鸿海上班，而且随时可以走人，我们之间的差别在创业与就业；第二，我选择从连接器切入市场，到最后与苹果合作是因为我的眼光判断正确，而你在哪个部门上班是因为学历和考试被分配的，我们之间的差别在选择与被选择；第三，我 24 小时都在思考如何创造利润，每一个决策都可能影响数万个家庭的生计与数万股民的权益，而你只在想什么时候下班和照顾好你的家庭，我们之间的差别在责任的轻重。"

这则故事其实就是两个人对于老板和员工各自和对方角色的理解差异和冲突，郭老板讲的这三点深刻、准确，既让人佩服，也令人深思。

和这个故事相似的故事是网上很多人转发的"我的秘书辞职了"，讲的是一个把秘书向曾经也当过秘书的老板递交了辞呈，因为她把秘书工作理解为端茶倒水、报销贴票等重复性的工作，没有什么技术含量。老板用自己的经历告诉这个大学生秘书是什么及和老板的关系，但还是没有留住大学生，联想到当前的创业潮和职场生态，对一个工作和自己角色认知的巨大差异又让我们深思。

很多人在生活中或初入职场时都遇到过这样的问题：不理解公司的业务方向和自己在工作中扮演的角色，有时觉得自己在公司就是大材小用，浪费时间，有时又觉得自己才是真正地在帮客户解决问题或创造效益，而没有直接解决客户问题、创造公司利润的领导有什么存在的价值和拿着高额薪水的合理性实在存疑。从老板的角度看员工，这类人真是身在福中不知福，没有经历创业阶段的种种不确定和艰辛，直接进入并享受了公司发展的福利，其工作状态却难以达到自己的期望。

把这个问题进一步延伸，大家会看到很多类似的困扰人们的现象和疑问，如为什么毛泽东并不擅长打枪打炮和各项军事技能，但是却成为国家主席？为什么是他成功领导了中国的革命，给中国带来如此巨大的变化？马云是一个英语老师，不会写代码，也不懂设计互联网具体的产品，为什么阿里成为数千亿美金的公司？其后面的蚂蚁金服、菜鸟物流个个都是让人敬仰的公司，马云也成为中国教父级别的成功企业家，其个人财富甚至会超过李嘉诚，这是为什么？公开资料显示，在北京市，结婚五年后的离婚率已经高达30%以上，大家在恋爱时、结婚时，无不是怀着对对方的好感及对婚后生活的憧憬走入了婚姻，但是短短五年的时间，为什么有接近三分之一的人选择了离婚终止这段关系，背后是什么原因？

以上所有问题的背后，其实都是对某一项工作或负责这个工作的特定角色存在的意义和价值及任职者能力素质的认知的问题，可总结成终极四问："是什么、为什么、怎么说、怎么做？"这四个问题是一个任务或角色面对的四个终极问题，可以放在任何组织、任何角色中向承担这个任务或角色的人发问。很多在角色中的人，其实每天或许都在为自己角色中这四个问题行动或困惑，只是没有意识到而已。表现优秀的人，是对自己角色的这四个问题认知准确并特别是在怎么做上找到了方法的人。表现平平的人，一定是在这四个问题的一个或多个上认知错误、没有找到正确解决答案的人。所有人之间的争议和矛盾，无外乎对以上这些问题的理解差异。

郭台铭之所以是首富，是因为他是唯一回答并不断准确回答鸿海这家超级公司的四个终极问题，即鸿海是什么，鸿海为什么，鸿海怎么说，鸿海怎么做，也包括鸿海的 CEO 是什么、为什么、怎么说、怎么做的四个问题的人。在不同时间阶段，不同的环境下，对这四个问题的回答正确与否，直接影响的是整个鸿海公司的成败及所有股东、上百万员工的利益。而那个自觉爆肝的工程师，应该回答自己作为工程师岗位的工作职责是什么、为什么，在解决怎么做的问题时也是局部地沿袭别人经验的结果。对于他正在回答的这个问题，能解决好的人远不止他一个人。因此，和郭台铭相比，他的价值和稀缺性有限，当然也就会获得和他的价值相对应的回报。一个人的回报，从来不是和你的付出成正比的，而是和你的不可替代性成正比的。

毛主席之所以成为国家主席，是因为他这个角色要回答的问题是中国是什么、中国为什么、中国怎么做、中国怎么说。怎么说是对中国是什么、为什么的准确和通俗表达，怎么做是对这个表达的具体执行，在国家层面上，怎么说和怎么做这两个工作会由多个类型和层次的角色完成，不同位置的人解决的问题及其是什么和为什么、怎么说这样的问题完全不同，难度、挑战、影响差异如此之大，完全应该分开并相互协同。主席当然不需要像一个主要以跟敌人擒拿格斗的士兵那样要求有军事技能。

在管理学上，不同角色需要的技能不同，不同层次的人员需要的技能侧重也不同。是什么、为什么是概念技巧，怎么说是沟通技巧，怎么做是操作技巧，毛主席这个层级的领导，其最关键的技巧是概念技巧，在这方面上有绝对的能力和权威就可以了。其实我们知道，主席不仅在是什么、为什么方面理解深刻，在怎么说，即沟通技巧方面，也是绝对的高手。

网上有一段有趣的文字，说有人把毛主席、李大钊、陈独秀比作我党的三任销售总监。李大钊是第一任营销总监，提出“资产阶级来到人间，每个毛孔里都流着肮脏的血”，百姓听不懂，败了。陈独秀总监上台，提出“无产阶级在革命中失去的只有枷锁，得到的是整个世界”，百姓还听不懂，也败了。毛总监上台说“打土豪，分田地”，赢了。

对复杂的概念，用最简单的方式让别人理解、接受、支持，是概念认知水平高的表现。邓小平在社会主义初级阶段的论述，以及在“白猫黑猫”、“摸着石头过河”等表述中，也表现出了其高超的概念技能和沟通技能，对中国乃至中国改革是什么、为什么做出了精准的回答，并对其思想进行了通俗易懂的解释，得到大众的理解支持就是必然，这也是为什么这两位革命家能够对中国发展产生这么大影响的原因所在。

马云的确不会写代码，也不会进行产品设计，但是在阿里巴巴这家公司的终极四个问题上，马云有基于对互联网及中国经济发展规律和阶段深刻认知基础上的非常前瞻性、战略性的思考和回答，因此阿里巴巴的“让天下没有难做的生意”的使命，用户第一、员工第二、股东第三的价值观等，无不是对这四个问题在深思熟虑基础上的前瞻性、充满智慧的回答。最近马云说阿里是一个大数据的公司，这可以从阿里的业务中得到印证，数据的公司就是互联网的未来，这一点判断又是一个战略家才能得出的结论。不仅如此，在所有互联网公司的大佬里面，马云的每次演讲也堪称最佳，马云的每次演讲无不是对他的特定角色、阿里公司的某个定位、互联网未来发展的“是什么、为什么”的思想阐述。马云能通过汉语、英语和不同层级的对象进行沟通，并得到充分的理解和认知，这十分难得，即使是支付宝股权变更如此复杂的问题，面对复杂的利益方及政府管制，居然最后能得到解决，这些都是一个十亿级公司 CEO 的杰出的概念和沟通技能的表现。在这背后，是马云对阿里巴巴“是什么、为什么、怎么说、怎么做”的深刻认知和透彻理解。当然，这个背后也包括马云对中国经济、互联网的发展的终极四问的深刻认知和理解，和这些问题相比，写代码或做产品这些十分具体的怎么做的技能根本不是最重要的能力。

夫妻离婚，其实是与进入婚姻的双方对对方新角色的终极四问的理解和实际表现的差异，或者是和对方对自己新角色的终极四问的答案的差异。没有人对妻子或丈夫的角色是得到培训认证后再上岗的，也很少有人在进入婚姻前就这个角色问题和对方进行交流，即使有交流也是在语言的层面，行为和真正的认知只有真正进入角色后才会表现出来，因此在恋爱阶段基于美好关系对未来角色的认知最终掩盖不了日复一日、柴米油盐、平淡生活后的角色真实表现，矛盾就一定会发生，如果夫妻双方能很好地沟通调整，最终能达成新的认知共识，婚姻就可能存续下来，但是如果不能达成共识，双方都难以改变，离婚就是注定的结局。而且大部分的争吵，无非是在对方角色认知、是什么、为什么、怎么做、怎么说上的争议。妻子对丈夫扮演的角色不满意，丈夫对妻子扮演的角色给差评，于是就产生了矛盾。有人说在结婚前，要有一次两个人的旅行，这样的安排让双方不得不模拟进入未来婚姻的角色，如果双方对对方角色在终极四问上有根本性的差异就有可能在这个阶段暴露出来，离婚的不幸就可能在这个阶段终止，这与试婚有异曲同工之妙，我还是很赞同的。

人在职场上的发展，顺利或不顺，其实也是对自己的职场上的终极四问的理解的问题。回忆一下一个人每次对公司、对同事、对下属的抱怨，其实都是对自己或对方终极四问的理解差异。例如，秘书的存在是帮助老板节省时间、提升效率，因为老板的时间对公司而言是如此的宝贵，没有别人的帮助老板的时间会大量用于处理一些事务性的工作，这对公司而言是巨大的损失，秘书做得好，就有可能帮助老板节省时间，提升效率，或者帮助老板进入一个好的工作状态，如果是这样理解，秘书的工作就是要观察老板的工作，记录其时间和精力分配，协助其完成时间管理和业务管理，帮助其分析时间和效率改进的机会，最终做任何事情，让老板的效率提升或状态提升。但是很多秘书把自己的工作理解为打杂、处理文件、做做报销、接个电话，则其工作价值也只能停留在这个层面，他们最终得不到肯定和提升，职业技能得不到提升也就是必然的了。需要注意的是，很多老板也不一定会在秘书岗位的终极四问上和你沟通，如果你不自己主动思考和沟通，按照自己的理解来工作，想得到成长和认可几乎是不可能的。

我们中的大多数人，甚至包括很多互联网的资深人士可能永远没有机会去写一段代码，或者亲自设计一个互联网产品。但是这不妨碍我们像马云那样理解互联网和我们自己的行业及中国的宏观经济，懂得把互联网作为一个工具的原理和核心的价值，懂得自己未来业务的终极四问中的关键三问：是什么、为什么、怎么说，即商业和生意背后的机理。基于这些理解，我们只要懂得如何和互联网的技术和产品人才合作，使他们帮助我们做好业务即可。具体的互联网技术和实现方式对我们来说可以是所谓的“科技黑箱”，它是一种特殊的存储知识、运行知识的设施或过程，我们这些使用者不必打开，也不必理解和掌握其中的知识，只需按规则操作即可得到预期的结果，这一点就像是很多优秀的面点师不需要学会亲自制造一台烤箱一样。掌握好（作为一个使用者）我们的目的，以及烤箱的使用场景和目的，有必要的使用技巧就足够了，这就是是什么、为什么的深刻理解的重要性。

沿着这个思考，我们会发现概念能力的力量，也就是在看似简单的问题后是否能准确回答终极四问题的巨大差异。例如，马克思说“人是一切社会关系的总和”，陈志武说“金融是跨时空的价值交换”，哈耶克说“金钱是人类发明的最伟大的自由工具之一”。还有“人的一切痛苦，本质上都是对自己的无能的愤怒”，“所谓情商高，就是懂得好好说话”，等等。这些准确、深刻的对概念的阐述，是正确认知和行动的前提。

如果你读过《从 0 到 1》，会知道作者彼得·蒂尔分享了他的一道面试题“有没有在什么重要问题上你与其他人有不同看法”，而谷歌公司有一道很常用的面试题，就是“你能把一件我不知道的事情用两三分钟给我讲明白吗?”，这个问题甚至被用做 Google 前产品高级副总裁乔纳森·罗森伯格（Jonathan Rosenberg）入职面试，其实这道面试题的背后是检验候选人理解和解释复杂问题的能力，即是什么、为什么、怎么说的能力。

本书本身的定位是互联网特别是移动互联网商业模式的普及读物，因此本书的内容重点和叙事风格都是为无论是否有互联网背景的读者都能快速、深刻理解掌握服务的。本书最大的特点就是力求对现象的可解释性，极力从为什么的角度一层层地剥洋葱式地解读。相对于怎么做而言，是什么、为什么是更为重要的内容，因为这是非互联网人士理解互联网的基础，也是作为一个管理者或创业者最应该回答的问题。在回答好这个问题的基础上，就有能力找到互联网的产品运营等专业人士拥有的“知识罐头”来解决好“怎么做”的问题，互联网化的可能性就会大大提升。因此在本书的每一章节，都尝试从提问的方式开始，并结合很多相关或看似不相关的实例来进行解答，这样既解释了是什么，又解释了为什么。

第二节 存在的，就是合利的：为什么你会看不见、看不起、看不懂、追不上

黑格尔说存在的就是合理的。在商业世界中，自由交换是这个社会运营的核心发展。在我看来，在商业世界最大的合理就是利益上的多赢。换句话说，

在商业场景下，存在的就是合利的。为什么这样讲，要从这两年的热点新闻说起。去年青岛爆出天价虾、东北爆出天价鱼的事件，今年又爆出王宝强离婚事件及徐玉玉因电信欺诈而死亡的事件，这些事件在中国社交媒体上引发了巨大的争议，随后各种媒体也加入了讨论，事件也逐步升级，官方不得不发言并采取措施来处理这些事情。

我们注意到，不同的人对这些事情有不同的看法，逐渐引发了巨大争议，但是人们的争议到底从哪里产生，问题的根源到底是什么？在我看来，任何一个社会现象的存在，如果从看客的评价角度看，至少有五个维度的因素，那就是是否合理、合情、合法、合德、合利。所谓“公说公有理、婆说婆有理”，公婆讲的道理其实不是一个理，有人在讲情，有人在法的层面发表意见，还有人看到的是道德。即使在一个层面，不同的人也有不同的认知。一个社会现象很难符合所有人所有五个角度的评判，因此在舆论上的意见相左或争议就会产生，而如果一件事的合理性、合法性或任何一个维度明显地不合大众的理解，如雷洋这种中产阶级的代表因遭受到不公平的待遇而死亡，媒体上的普遍关注和激烈争议就是必然的结果。

争议归争议，问题还是得有一个归因判断并需要解决，如果社会能有机制让这些争议的问题有一个同时实现“五合”，即合理、合情、合法、合德、合利的解决方案或机制，那就是一个完美的社会，但是因为每个人的立场、角度、利益都不用，通常合情的未必合理，合理的未必合法，因此生活中难有五合的情况出现，这正是争议的来源。一个理性的社会是一个正视利益机制的社会，充分重视各方的利益并在利益基础上沟通表达和相互理解妥协应该是解决矛盾和冲突的主旋律。根据以上道理，特别是在商业社会中，需要把每个人看作有自己的经济利益和社会地位的理性经济人，合利性或许是解释现象、解决问题最重要的因素。俗话说，杀头的买卖有人做，赔本的生意没人干，这是人作为经济动物算账的道理。从合利这个点出发，我们往往不仅会找到原因，解释存在的现象，也有机会找到正确的解决方式，辅佐以道德、法律、情理考量，从利益机制梳理，问题就可能会有很好的解决方案。如果想长期解决一个问题，商业模式是需要考虑的，历史上地方政府主导的很多工程、平台、项目，看起来都很合情合理、合德合法，最终不了了之，问题在于没有合利，或者说没有长期合利的机制即商业模式的支持，这样的结果是必然的。

20 世纪 90 年代末，我们经常能看到中关村的马路边上总是有一些神秘的抱小孩的女子在卖盗版光盘，北京的马路边上或冷或热，还有很多公交车排放的尾气，这对妈妈和孩子的身体而言都很不好，但是这种现象存在了很长时间，即使政府部门三令五申，微软中国重金打假维权，但是类似现象屡禁不止，这是因为他们会从盗版光盘的生意里赚到微薄但是足可以养家糊口的收入，产业链上的各个环节的利益虽然非法但也能各得其所。到了今天，你再走到中关村大街，会发现没有人再在马路边上售卖盗版光碟了，这肯定不是道德的回归或政府严格管制的效果，根本原因还是互联网的商业模式早已经颠覆了盗版光盘的生意，人们几乎不需要使用光盘安装任何软件了，于是这个现象的利益基础不在了，没有一个利益链让所有人再以这个生意为生，以前习以为常的现象也就消失了。因此，商业社会中，存在的就是合利的，即使有时不合理、不合情、不合法、不合德。

据报道，中国消耗了全世界一半的抗生素，而在很多国内医院里治病效果好的低价药渐渐买不到了，这背后肯定不仅仅是合德合法的问题，合利是最重要的原因，因为按照目前的分配机制，低价的好药无法让这个产业链上所有角色的利益得到保障，逐渐被淘汰就是必然的结果。在一个较为市场化的医疗体系下，低价药会因为没有商业模式支持而退出市场。

妓女几乎是人神共愤的现象，管仲“女闾”制开了国家经营娼妓业的先河。抛开道德层面的考虑，女闾本质上对齐国的发展起到了重要作用，这一符合人性的制度，是多项让齐国的商业“人流”大幅度增加，之后再通过“人流”变现的重要措施之一。

这样的案例还能举出很多，最近连续的几次公共事件及之前很多的公共事件也是这样的，人神共愤的互联网虚假广告、电信诈骗按键等，“合利”是其背后根本的问题，大家一定会从道德的层面谴责，从情绪的层面宣泄，但是其实可能大家站在自己的角度都没错，甚至很多事情也难以控制。其背后往往是一种商业利益甚至商业模式的趋势和力量在作祟，加上中国经济法制、道德、信仰环境的特殊原因，造成了这样合利但大家都不愿意接受的现象和结果，如果能看到这一步，或许就是寻找新的彻底解决问题的开始。

一旦进入商业社会，存在的就是合利的，从现象背后找到利益机制，就能解释现象，要让一些现象不再存在，就要找到新的合利的机制。过去存在的，有其合利性；未来合利的，可能是未来的商业存在，可能是很好的机会。这一点十分重要，理解过去的合理性是为了提升判断能力，而基于变化判断未来的合理性是为了正确地预测未来，这对从事商业的人而言至关重要。

本书阐述的主要就是在不同时代的商业和社会现象背后的一些原理，最终的尝试解读利益机制和商业模式层面。企业和组织的成败兴衰，个人的事业成长当然和执行、环境有很大关系，但是在“利”的层面找到合理性，在商业模式上找到合理的因素，更为重要。理解了存在的就是合理的及背后的真实的道理，就很容易理解成败兴衰的原因，也能更好地预测未来。

第三节 行难，其实真知更难：为什么沿炼丹术方向造不出原子弹

知行关系的问题，也是这个时代我们会经常遇到或纠结的问题。我们几乎都已经接受了“知易行难”，即“非知之艰，行之惟艰”之说，这是中国古代认识论里的一个基本观点，这一观点已深入人心。知易行难这个说法本身不错，在道理层面的认知也相对比较容易，但是在执行层面会遇到更多问题。而且在执行层面遇到的问题，多数情况不单单是行的问题，还是知的问题。行的最高目标是达成某个预期结果，有时候，达成这个结果已经有成熟的路径，但很多时候，这样的路径并不是现成的甚至是根本不存在的，这就需要行者有深刻的认知和准确判断，不断判断寻找路径。路径是什么，路径其实就是到达目的地的充分条件，而不是必要条件。对充分条件的认知和对必要条件的认知完全是两种不同的认知，很多时候人们对新事物的“知”仅仅建立在必要条件上，而在这个基础上采取措施对于达成期望结果没有帮助，只有对充分条件和认知的准确、科学的路径规划，才有可能实现行的目的。

事实上，人类历史上很多重大的创造和发现，看似是在 know how 上的突破，实则是在 know what 或 know why 上的认知的突破，也就是在认知上的突破，这种认知找到了到达目的的充分条件，从而有效地指导了行，这就是理论和概念的突破。例如，中国是很早掌握炼丹术的国家，在没有现代化学物理理

论基础的支持下，人们已经掌握了很多种铜铁锡的冶炼技术，但是我们可以断定，在这个方向上无论怎么尝试，既不可能有原子弹或氢弹的产生，也不会有今天的核能的发展，原因就是在认知上没有真实的突破，则在行动上的尝试不会有什么结果，人类直到有了爱因斯坦的相对论，有了费米等科学家的认知突破，原子武器才有了产生的可能。

同理，在飞机制造方面，也是认知的突破才导致喷气式飞机的诞生，在这之前，人们都是按照自己的理解，在观察鸟飞行的基础上制造飞机。人们认为鸟之所以飞起来，是因为有强大的翅膀，这个翅膀向下扇动产生了向上的浮力，鸟就是在浮力的帮助下飞起来的。如果按照这个认知指导“行”，人们永远不可能造出超音速的飞机，只有在空气动力学认知的基础上，人们正确理解了鸟飞行的原因，借助这个理论，飞机才有了诞生的可能。在这个时候，真知扮演了极其重要的作用，只有这个知的突破，才有可能有行的突破。

人类对疾病的认知也是这样的，在很多药品或治疗方法产生之前，一些现在看似非常普通的疾病，如感冒、肺炎就能变成造成数百万人死亡的瘟疫，人们对这些瘟疫有各种各样的归因，因此历史上就出现了很多匪夷所思的做法，也包括迷信等，直到医学和生理学等学科的飞速发展，人们在病理上的认知突破，才导致临床医学上的突破，很多疾病也迎刃而解。因此，病理性、药理学往往是医学领域最重要的认知。

因此，在任何一个领域，在原有认知没有突破前，技术对行的改善只是局部的修修补补，行业的巨变和突破往往来自于核心问题认知的提升。因为真知是需要指导行动的，而行动的目的是达成目标，所以真知是对达成某个结果充分条件的获知，只有这样才有可能完成任务。如果在做工作前只是就达成这个结果的必要条件的罗列，最终结果一定是贻误战机，得不偿失。

移动互联网时代就是这样一个巨变的时代，互联网及移动互联网带来的连接能力正让各行各业面临历史上最大的一次变革。商业的创新，不是在一个连接技术稳定状态下的创新，而是在连接技术巨变的时代的创新，对商业和社会的认知，都必须置身在这个大的背景下来思考，这样才能理解类似“羊毛出在猪身上，灭了你和你无关”等匪夷所思的互联网现象，继而利用其背后的规律来提升企业或组织的发展。以前正确的，到现在可能不再正确，以前不正确的，到现在可能是有机会的。

亨利·福特是一个新时代的缔造者，他有句名言，“如果我当年去问顾客他们想要什么，他们肯定会告诉我：‘一匹更快的马’”。马和车都是交通工具，从目的地和乘客的角度看，它们也是一种连接工具。如果无视发动机技术、机械技术的变化、道路技术的创新，这些新的连接器的能力变化，人们一定会以为马车就是最好的连接器，马车对人、货、目的地进行了很好的连接，所有的交通设施都为马车来服务。所有的改良，也是基于马车这个连接器而进行的改良。但是内燃机喷气机的来临，让新的连接成为可能。亨利·福特是这个连接器非常重要的贡献者，他的汽车技术让世界运行的速度快了 9 倍。福特先于用户需求而定义了一个新的产品，制造了一个庞大的消费市场；他让美国成为汽车轮子上的国家，让第二次工业革命进入高潮。

马云曾经说过，人们对很多新事物，都经历过四个阶段，那就是看不见、看不起、看不懂、追不上。在互联网+的时代，这个现象还在继续上演，不同的是，不管是身边的现实还是国家战略，我们都不会看不起互联网+的做法和潮流，但是缺少一些能防止自己“看不见、看不懂”的真知，这个真知至少应该包括对互联网商业模式的理解。

互联网的时代，特别是移动互联网的时代，新的连接技术的出现，正在让世界实现新的变化成为可能，如果对这些连接技术、连接能力、连接特点无视和无知，就会像以前继续在马车上维持性创新一样止步不前。

本书的很多篇章，是基于对很多“行”的案例成败的总结归纳，也是以连接为核心概念的，意在帮助读者对连接的价值、意义进行分析，理解，更重要的是，更深刻分析移动互联网时代的连接能力，从而有机会更加深入理解、掌握并拥抱移动互联网给我们带来的机会，成为时代的英雄。

第四节 太阳底下没有新鲜事：为什么是王健林和马云在打赌

最近几年，产业界有两个赌局让人十分关注，一个是王健林和马云之间的赌局，一个是雷军和董明珠之间的赌局。虽然他们自己很可能把这个赌局当成一个玩笑，但是很多人会把这件事当真。名人打赌的事情，可以作为笑谈，但是背后的原因值得深思。为什么这几位成为央视的经济人物，为什么马云在和王健林打赌，而不是和某个煤老板或快销老大在赌，为什么是雷军和董明珠在赌，而不是和一个房地产商在赌？

在我看来，王健林和马云这场赌局最重要的是商业模式及趋势判断的打赌。从商业模式的本质上来讲，王健林从事的商业地产业务和淘宝、天猫的项目没有什么不同，都是从事的制造流量和变现流量的生意，只是一个满足了人们线下购物消费的体验，一个满足了用户线上消费的体验。而且，两者业务收入和利润的实现也几乎相同，用一些产品和服务吸引用户，让自己成为流量的入口，之后再用一些商户的租金来实现变现，只是在万达的这个场景下，流量主要在线下，变现是采取了 CPT 的方式，即按照时间来计算房租的方式，而对于淘宝，流量在线上，变现靠的是直通车广告，采取了 CPC 竞价排名，和万达商业地产变现的方式十分相似，虽然 CPC 的变现方式效率更高，但是从变现的本质上来说，两者没有核心的差异。

因为线上也好，线下也罢，消费者的消费目的相同，但是场景互补，因此未来的消费者更愿意到现场服务还是愿意在家得到商品就变成了一个猜测，基于这个猜测，也能算出来谁将是变现流量的王者。太阳底下就是没有新鲜事，在这一点上，王健林在地面上玩的一切游戏，马云都能在线上玩，因此他们之间的赌局就是对相似商业模式下未来消费者产品使用趋势的不同判断。

另一个董明珠和雷军之间的赌局，也有类似的情况，为什么董明珠要和雷军打赌，而不和经销商、生物制药的老板打赌，背后的原因和上述分析相似。手机和空调，初看起来都是两种日用的产品，以硬件部分为主，研发、制造、销售过程也很近似，但是在这背后，对于硬件产品的商业模式，雷军和董明珠有着不同的看法。雷军已经从一个厂家的视角，开始了互联网平台和生态的建设，这一模式已经突破了原来手机厂商的商业模式，因此小米过去几年里顺风顺水，成为 400 亿美金以上估值的独角兽，这是硬件产品走了互联网商业模式的结果，硬件软件化是这里的核心。而董明珠显然看到了智能手机和消费升级背景下的巨大市场，凭着自主研发能力和销售网络能力在手机上的延伸，模仿一个小米也在情理之中，产品品质超越小米也不是没可能。出于对董明珠团队的认可及执行力的信心，我很赞同董明珠的勇气，但是从互联网快速发展的角度看，其实董明珠和雷军的思路还是有所不同的，太阳底下没有新鲜事，雷军的小米更像是和马云做同样的事情，而董明珠在手机上的操作看起来更像是索尼的事情，两者或许都会有未来，按照本书后面章节的内容，一个是连接者的生意，一个是助连者的生意，但是未来哪种模式最佳还各有不同看法。

我把真知总结为“四头”，即四个层次，分别是“点头、摇头、笔头、口头”。“点头”是一种认知阶段的表现，意味着理解了他人讲的内容，认为别人讲的内容有道理；“摇头”是指开始能辩证性地思考问题，能合理地质疑甚至有挑战的欲望，这是认知能力的第二个层次的表现；第三个层次是“笔头”，即能把自己的观点用文字整理出来，准备让他人点头或接受别人的摇头的质疑，实际上是另外一个更高层级的挑战，很多人不善于写作，主要的原因是实际上难以形成自己的体系化、逻辑自洽的观点或自己的观点要说服别人还有一定的困难；第四个层面的认知就是“口头”，即能够在现场有限的时间内把自己的思想和观点讲出来，让别人认可或产生影响，并能实时地处理各种反对意见，这其实是认知的最高层次。为什么美国人把当众演讲和死亡当作最害怕的两件事，足见口头能力的难度。

实际上，口头能力是鉴别认知能力的一种很好的方式，也是锻炼学习能力的一种方式。在口头表达中，有一个很重要的方式就是强制关联，即通过听众已知的一些理论或概念，解释清楚一个大家未知的概念或理论。之所以能这么做，最主要的原因是太阳底下没有新鲜事，即用一个在别的领域中人尽皆知的事实或道理可以阐述一个新的领域里的道理。

因为太阳底下没有新鲜事，所以需要找一个大家都能理解和接受的概念和逻辑来阐释目前互联网上出现的种种现象和趋势，以及各种商业模式。在这本书中，这个让大家对互联网的各种商业模式容易理解的核心概念就是连接。从连接出发，就能解释人力商业历史的种种颠覆性的发展，既包括从英帝国的崛起，美俄的快速发展，到互联网 BAT 三巨头的产生，也包括打车、外卖等一些新的网络新星公司的诞生和发展，让大家不难理解其背后的原因。继续顺着这个方向，我们也能不需要写代码、做产品的能力，在是什么、为什么的层面，帮助读者理解互联网、移动互联网的各种本质和现象，以及各种新的商业机会和商业模式的来源和发展，从而结合自己的职业、业务特点，做出互联网+的一些判断和实践。基于这个思想，我们也可以借助学到的内容解释不断碰到的现象，或对未来做出预测和判断，或说服他人，能否做到这一点也是检验我们是否有真知的方法。

本章小结 / 为什么可解释性是本书追求的重要目标

本书最大的特点，就是通篇通过建立相关论点或模型进而对商业或社会现象的可解释性的追求。因为可解释性既是理论正确的表现，也是理论价值的体现。

本书是一本关于互联网商业模式的通俗读物。一个人在商业活动中是需要大量协同的，他需要和客户、伙伴、同事不断沟通，形成目标、策略的共识。可解释性是对内容的准确性、逻辑性、深刻性、通俗性的综合检验，即一套关于商业的理论是否相对正确和能被人理解，最重要的是看它是否可以无差异地解释一些普遍的现象和问题。理论只有能解释自己身边的一些现象和问题，才容易让大家重视和认知；只有对各种复杂差异甚至矛盾的现象给出符合逻辑和让人信服的解释，才能经得住推敲；只有逻辑严谨、难以置疑，才能拥有准确性的可能。

当然，以上这一切都是相对的，在本书里，我尽量在解释性方面做了努力，如追求一层层递进的逻辑推理，每章大量设问和回答，列举历史和现在最热点的商业和非商业现象来在理论中找到原因的解释。

本章的四个判断作为重要的先导性的判断和思维方式，在本书后面的章节中有大量的使用，也是对解释性的一些解释。管理者终极四问，实际上是一个特定商业概念解释的 MECE 维度的要求，即只有能回答这四个问题，才是对一个商业概念的准确理解，才是对到达某个商业目标的充分条件的充分获取。特别是对管理者、非技术或执行人员，最重要的问题是“是什么、为什么、怎么说”，怎么做的问题可以作为“科技黑箱”或“知识罐头”调用别人的能力来解决。因此，本书从连接角度阐释了互联网连接，也是在回答“善连者赢”是什么、为什么、怎么说的问题。

知难，真知行更难，这是对解释性的质量要求，即只有能指导行动和决定的知识才更具有商业价值，如果不能指导行动和决定，说明所知不准确或还十分有限。

存在的就是合利的，这是对解释性的角度要求，即所有存在的商业现象，正确的解释角度一定是从合利的角度去解释，对于持续存在的现象，就应该从“长利”即商业模式的角度解释，而不是仅仅从合德、合法、合情的角度来解释。

太阳底下没有新鲜事，这是对解释性的普遍性和可沟通性的说明，即现存的所有的商业现象都是历史上已经出现的，可以利用大家已知的一些现象或信息帮助理解，找到了这样的解释，或许就找到了问题的精髓。

当然，任何认知都有片面的成分，因此，只要能在一个面或几个点上启发读者，我就心满意足了。

第二章

连接技术更迭在创造新商业奇迹

什么是连接？狭义上说，其实就是把两种本来在时间、空间、概念、信息等方面有距离或隔阂的事物进行打通、对接的过程，连接的结果是让这种距离感减弱或消失，并让因为这种距离产生的后果和麻烦减弱。

这么说理解起来有一定困难，举个例子你就明白了。北京和上海在物理上有很大的距离，你也想象不到两个地方的人和货物会发生什么关系，但是开通一条高速公路就有可能建立这两个地方的基本连接通路，一辆车和这条高速路就可以把这两个地方的人或货物对接起来，你可以来看我，也可以给我带一些东西。当然，开车最起码也需要 20 个小时的时间，于是一条京沪高铁线是一种新的连接，这种连接更加高速地连接了北京和上海的人或物，这就使得两地之间的距离相对缩短，物品在一日内难以送达变为可能；北京和上海的距离缩短了，北京人可以吃到上海的大白兔，上海人也可以吃到北京的稻香村；北京人可以到上海读大学，上海人也可以和北京人谈恋爱。

一个人出国了，就难以和国内的亲属进行交流，越洋电话就是一种连接，让双方实时的信息交流成为可能。当然，在电话没有普及前，电报就是一种连接的工具，只是效率较为低下而已。因此，电话、高速公路、高铁和电话都是在做连接的工作，有这样的连接，人和人的距离就缩短了。

从很多角度可以描述分析类似的现象，如通过运输或通信等，为什么单单从连接的角度来表达这个打通和对接过程呢？主要是两个原因：一方面，连接与我们即将分析的商业模式有关系，它其实是商业模式的较为本质的因素，从连接的角度出发看问题，很多看似不同的技术进步实际有了相似的本质；另一个方面是和便于理解有关，从连接的角度描述，便于读者的理解，如交通是连接、通信是连接、网络是连接、人和人交往也是连接。

那什么是连接技术呢？连接技术就是能让这种对接效率、方式、质量提升的一些系统性手段和方法。例如，从北京到上海，铁路是一种连接技术，高速公路是另外一种连接技术，飞机是第三种连接技术，连接技术的不同，最终会让连接的效果产生较大的差异。人们从来没有停止改进连接的技术，就是在交通运输方面，特斯拉的CEO，elen mask，提出了疯狂的连接方式，让人类以每小时 1200 千米的速度和另外一个目的地进行连接，而 Google 的无人驾驶技术已经行驶了 160 万千米以上，这些连接技术都是十分先进的连接技术。

在连接人和信息方面，人类从来没有停止探索，从古代的烽火台狼烟传递信息，到后来的书信传情，再到之后的无线电通信的兴起，电报和电话技术实现了新的人和信息的连接方式，一直演变到现在的高速互联网，以及在移动互联网技术上的各种类似百度、Google、知乎、分答等应用，技术进步正在驱动连接的能力不断提升。

有人会问，人为什么要连接？在人类简史中说到，人和动物的差异，差异就是人会协作，人和人越是广泛地协作，人就越需要交换和协作，如交换信息、资源、实物等。连接是交换的起点和目的。有了交换协作，就有了连接的需求。

很多连接变化都是由技术革命引起的，技术本身不一定带来商业模式，技术应用于市场，解决了供需之间的问题或带来商业模式，并获得巨大的回报。

连接技术的升级和创新不一样，连接技术的升级是我们到图书馆的距离的变化，或图书馆馆藏书籍的目录信息做得好会大大方便人们的查询，但是连接技术的创新是我们做一个搜索引擎，不仅所有的信息都可以在毫秒级的水平上呈现出来，而且在地球上任何一个人在任何一个地方都可以得到相同的信息。

海运是一种连接技术，货轮是承载连接的工具，货轮的速度、容量的提升是连接技术的升级，但是人们学会使用集装箱进行货运，并实现两个地点的快速货物传输，革命性地提升了海运的效率，这就是一种连接技术的创新，关于集装箱如何创新，会在后面的章节中介绍。

连接是如此神奇，因此在这一章，我们将就这些问题进行一些探讨，更多的一些现象也将得到解释。

第一节 被网络接入是普遍的刚性需求：为什么高铁选址会引发械斗

2015 年，在一代伟人邓小平的故里四川省广安市邻水县，发生了所谓的一场“争路运动”的群体性事件，甚至爆发“警民冲突，造成 68 人受伤”。

从邻水县的官方公开信可以得到如下信息：“5 月 16 日上午，我县部分群众为表达达渝城际铁路过家乡的美好愿望，自发在城区聚集游行，但善良意愿却被少数别有用心的人所利用。”

为什么县级城市的群众会这么关注高铁站是否在自己的家乡设置？为什么这么多人会参与到这样的游行情愿活动中来？为什么这样的关注居然引发了这么大的冲突？这些矛盾背后，他们究竟在争取一个什么样的机会？

实际上，如果从接入的角度看接入高铁网络后未来城市的发展潜力和机会的角度看，不难理解，邻水县人是在争取一次不可多得的被一张网络接入的机会。那高铁到底是一张什么网络？为什么接入这个网络这么重要？为什么连邻水县这个看似相对偏僻的地方的民众都知道接入的好处？

其实高铁站不是一个单独存在的车站或连接前后站的长长的铁轨，高铁站背后其实是一张发达的货运和客运网络，这张网络在运输人和货方面四通八达、高效便捷，而在人和货物的背后，还有理念、人才，这是一个连接到无限机会和发展可能的网络。当地群众争取设站的机会就是自己的家乡直接被这个高速网络接入的机会。这张网不像是中国移动的4G网络，如果这次没有被以设站的方式就近接入，后面再被以这种形式接入的可能性非常小，高铁网带来人流和物流的好处就不能被充分体现和享受，而一旦被这个网络直接接入，邻水县的人、商品会在24小时内到达中国高铁网到达的很多地方，而外面的人和货也会十分便捷地到达邻水县。不难理解当地群众认为这不仅将是影响这一代邻水人的事情，而且是造福子孙后代的大事，难怪大家会游行，表达自己的愿望。

实际上，为争取高铁站在本地的设置，在全国内发生的各种冲突、游行屡见不鲜，稍微搜索一下，就能看到如下信息。

- 沪昆高铁：邵阳VS娄底，娄底胜；新化VS邵阳，新化胜。
- 郑万高铁：十堰VS襄阳，襄阳胜；邓州VS新野，邓州胜。新野设站，线路顺直，可节省投资成本13亿，节省运行时间2.5分钟，最终线路弯向邓州，铁路长多28千米，设邓州东站，距离新野城区14千米，距离邓州市区16千米，车站在邓州境内，铁路95%占用新野的土地，邓州180万人，新野80万人。
- 沪汉蓉350高铁：荆州VS荆门，荆州和荆门都是从原来一个地区分出来的兄弟城市，现因一条高铁几乎“反目成仇”。
- 柳肇铁路：桂平VS金秀，结果未知！

事实上，中国高速铁路已经对沿铁地区的区域经济带来很多改变和机遇。我们通过一篇新华社稿件也许会有所启示。

连点成线区域经济整体提升

京沪高铁贯穿北京、天津、河北、山东、安徽、江苏、上海，连接环渤海和长江三角洲两大经济区，国土面积占全国的6.5%，人口占全国的四分之一，GDP占全国的40%，京沪高铁建成投入使用后，各地的人、财、物便能搭上快车道加快流动，活跃经济发展。

有专家指出，高速铁路对于区域经济而言，一方面推动了旧有区域经济圈的调整重组，另一方面让新的区域经济崛起成为可能，从而促使中国区域发展不平衡的问题得到缓解。高铁模糊了传统经济圈的范围，使得沿海经济发达地带得以向更深的腹地延伸，为区域产业的区位布局提供更加广阔的空间，从而推动区域产业结构进一步调整和升级。随着一条又一条高铁的开通运营，越来越多的企业把业务迁至内陆地区，惠及中西部省份的经济；同时，这样的结构调整也将促进沿海省份集中发展高附加值产业及服务业。

未来，以“四纵四横”为主骨架的中国高速铁路网将连通环渤海、长三角、珠三角及东北经济区等支柱区域，形成南北经济带“黄金走廊”；同时，进一步连通东西部，将我国人均GDP较低的西北、华中和西南地区与人均GDP较高的华东地区贯通起来，将落后地区与沿海发达地区联系起来，全面打通东西部经济“血脉”，不仅可以带动西部发展，对于全国的资源流通也具有重要意义。同步形成的环渤海、长三角、珠三角等城市群的轨道交通网，将有力地推动区域内、区域间提高经济统一协调度，有利于生产要素的自由流动、优化配置，有利于提高资源的使用效率，全面提升区域经济的综合实力和核心竞争力。

三大经济圈实现高速循环

京沪高铁的开通将京津冀和长三角两个经济圈快速联系起来，形成“哑铃”形的循环系统。

京津冀地区大规模集聚了内外资，同时 IT 产业、制造业也处于全国领先水平，但与长三角地区相比，其资源密集的特点相对突出。相比之下，长三角是我国经济发展最活跃的地区之一，在产业基础、科技实力、劳动力素质、消费需求和市场潜力等方面领先优势明显。京沪高铁有助于两大经济圈的优势互补。京沪高铁建成后，人员、资金、信息的流动可以进一步加强长三角地区的经济辐射作用，推动环渤海及沿线地区的联动发展。武广铁路开通后，将进一步连通北京至广州的快速客运铁路线。随着甬台温、温福铁路的开通运营，长三角经济圈延伸到海峡西岸经济区，通过福厦、夏深铁路的逐步投入运营，将与既有铁路相衔接，在上海至深圳间形成一条大容量的快捷客运通道，进一步把长三角地区和珠三角地区更加紧密地连接起来。中国高速铁路网的构建将共同实现三大经济圈的铁路大循环。

高铁带来新的工作生活观念

高铁改变生活理念。高铁“大运量、高密度、公交化”的运输组织模式，加速了人员流动，扩大了人们的工作和生活范围，有力促进了铁路沿线的“同城化”，改变了人的生活观念、生活习惯及工作模式和发展理念。

有专家指出，高铁会强化核心城市集聚资源的能力，对周边经济圈起到辐射作用。内地的人才优势，也将强化核心城市参与国际竞争及周边企业转型升级的能力。以前由于交通的不便利，科技人员也许不愿去中小城市，造成小城市科技人才紧缺，大城市却较为饱和。四通八达的高铁网络缩短了城市间的时空距离，科技人员也愿意到中小城市工作创业，使人力资源的科学调配与流动成为可能。

高铁带来新的投资经商观念

高铁改变投资理念。如今，是否有高速铁路通达，已经成为一些企业在异地投资的重要考量指标，珠三角、长三角、京津、郑西等区域的经济文化合作正在被重新定位。

一些企业老总认为，当你到另一座城市的时间比你横穿企业所在城市的时间还要短，而且所耗费成本更低时，你就会想要异地投资。京津、沪宁、郑西、武广、温福等高铁促成半小时、2 小时、3 小时等经济圈的形成，城际间的铁路交通时间大为缩短。陕西、河南、湖南、福建等省的高铁车站周边，成了投资风向标。越来越密集的高铁交通圈，让动车组在城市间自由驰骋，而各个城市之间的旅游业也随着动车组的开行变得“动力”十足。

高铁带来新的文化旅游观念

高铁的开通运营，一扇新的大门被打开，受益的不仅仅是核心城市，随着区域旅游合作的加强和新城市圈的形成，一些周边区域著名景点所在地也分到了这块“高铁蛋糕”。从 2009 年郑西高铁开通至今，郑西高铁沿线城市推出的“高铁旅游盛宴”一直持续至现在，一系列强强联合、资源共享、共惠共赢举措精彩纷呈。京津城际铁路通车运营两年来，以时速 350 千米安全运营，对京津两市乃至环渤海地区的经济社会发展产生了重要的影响。调查显示，乘坐京津城际铁路来津的外埠游客消费结构与往日的差别在于，用于购物的花费占到旅游消费的33.5%，其购物消费的水平远在京津城际铁路通车运营前来津的游客之上。

连接到一个网络，对我们如此重要。我们是如此害怕孤独和被隔绝，渴望和世界进行连接，我们知道有时候这样和网络连接会有代价和痛苦，但是我们乐此不疲。就像当我们每月只有300元收入时，仍然会花5000元初装费找关系早一点给家里安装上一部固定电话；20世纪90年代，东北的小伙子花了3000多元买一个汉字显示的寻呼机，它和牛仔裤、皮衣一起成为帅哥的标配，但是却把他每天的生活费压缩到了最低；我们也曾经花接近10000元买一个砖头大小的大哥大，然后在任何社交的场合都将它摆在最显眼的地方；我们在家里没有条件的时候，挤在网吧里也要上网看看新闻和在QQ上和外界联系；大学生愿意花几个月的生活费买一部手机，通过手机和别人连接；移动时代来了，Wi-Fi居然被戏称为第六个人类的需求，即比生理需要更基础的需要（见下图）。每个人看到这个都会会心一笑，寻找网络或电源几乎是我们每个人都有过的经历。无论是高铁还是移动通信，都说明一个事实，那就是连接已经是我们每个人的刚性需求。

被连接在高铁时代是一件很重要的事情，加上直接接入高铁网这样的机会对一个城市通常只有一次，因此出现各种各样的城市之间的争夺也在情理之中。连接是不是总是这么重要？为什么连接能产生这么大的影响？为什么连接让时空距离缩短后带来巨大商业机会？我们如何利用到一些连接的机会？针对这些问题，我们有必要研究一下连接及连接带来的各种可能和机会及背后的原因。

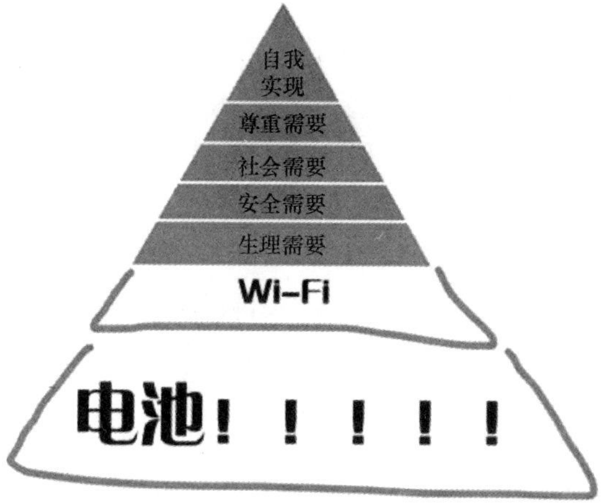

第二节 连接技术创新在制造商业奇迹：为什么英国成为日不落帝国

上一节中介绍高铁的连接会给沿线地区和人带来很多的改变，孕育出巨大的商业机会，以至于很多城市为正确接入高铁网络而发生冲突，实际上从古至今，每一次创新的连接技术的出现，都成为新的商业机会和社会变革的动因，对连接能力的掌握和应用，催生出很多新的个人、组织，甚至帝国的兴衰。

罗振宇的 2016 年跨年演讲中提出“我们踩在人类层垒文化结构的上面。连接者本身未必获利，连接后会引发神奇的效果。回顾历史，19 世纪是英国人的世纪，他们雄霸地球，但为什么衰落呢？取代者是美国和俄罗斯，火车出现之后，陆地的连接产生红利，海洋帝国开始衰落。陆地连接红利的大规模出现后，俄罗斯的经济实力突然爆发，20 世纪是美苏大国拥有霸权的原因。每有连接，必有红利。”

在尼尔·弗格森的《近代英国何以走向强大？》一文中关于航海技术的改

进有一段描述："到伊丽莎白一世时，一种'帆船式巨型舰'的结合体，或者说大型帆船诞生了，上面能够装载四门朝前开火的大炮，这种大型帆船成为英国舰队的主力。它的打击力或许不如巨型舰，但是在速度和军火装运方面已经完全可与之媲美了。在船只设计不断进步的同时，英国的枪炮也随着铁矿的发现和铁用途的增加而得到了改进。英国人自己生产的铁制加农炮虽然很难发射，但造价便宜（是一般加农炮价格的1/5）。这就意味着'每英镑打出的炮'更多，这种技术优势差不多持续了一个世纪。另外，随着德特福的港务局重组、欧几里得几何学的应用、对磁罗经及磁极认识的提高，以及对诸如《水手的镜子》等书中用荷兰语绘制图表的翻译，和一些更加精确的地图的出版（莎士比亚的《第十二夜》中就提到过'新增了东西印度群岛的新版地图'），英国水手的航海技术也逐渐提高了。"

这些事情发生在19世纪，航海技术的发展让通过海洋连接远在千里之外的人、货物和目的地成为可能，英国因为掌握了这样的连接技术和某种程度的连接霸权，最终成就了日不落帝国的宏伟大业，从此跨越大洋的人、货因为这样的连接技术，突破了空间的阻碍，实现了交易，这个规模迅速地突破，于是英国变得强盛并进入良性循环，日不落帝国最终形成。

其实，除了交通运输的连接能力外，人和信息的连接升级也在改变人类社会，并制造前所未有的商业模式。固定电话的连接能力让人们进入了一个新的时代，曾几何时，我们的幸福标准是楼上楼下、电灯电话，而家家户户都为能争取到电话在家装机而找人帮忙。随着固定电话的普及，越来越多的商业奇迹出现，AT&T这样的公司雄踞500强很多年。随后让我们耳熟能详的摩托罗拉、爱立信、诺基亚、西门子、阿尔卡特等公司也层出不穷，所有这些公司都是以连接人和人或连接人和信息为主业的公司，它们的名字也豁然进入了500强公司列表之中。这些公司的成功背后，无一不是连接技术的创新。

一个有创新的连接可能会催生商业模式，但未必就一定能产生出商业模式的支持，是否能催生出商业模式，还要看市场、技术、时机、模式本身，好的连接技术应该能帮助产业链整体优化，使运营效率显著提升。摩托罗拉曾经提出一个非常宏伟的计划，这个计划就是铱星计划，即通过 66 颗地轨道卫星，让地球上任何两个使用手持铱星终端设备的人在任何时间和地点、实现联系，真正实现全球范围内的人和人的通信连接。这是一个非常好的计划，可惜最后核算出来，发现在成本上没有什么优势，仅用户语音终端（手机功能）的价格就达 3000 至数万美元，而通信费用达每分钟 3～7 美元（目前国内通信费用仅为每分钟 0.5 元人民币），也就是说，这个模式在商业模式上没有可行的方案，最终草草收场。这一点也证明了连接如果没有商业模式的支持，虽然有需求，也难以成为一个长期的生意。

和无线通信设备类似，还有很多的连接方式，如报纸、电视、广播，这些媒体将报社、电台、电视台等和读者、听众、观众连接起来，虽然这样的连接或单向的，或是间歇的，但是因为有广告这样的后向付费的商业模式的支持，在不同的阶段得到了飞速的发展，使用户的使用成本大幅度降低，导致最终导入市场的时间也越来越短。

连接性的技术是神奇的技术，连接技术的创新应用有机会造成无行业和领域差异的效率提升或质量改善，即无论什么人、在什么行业、做什么的生意，都有可能得益于甚至依赖于某项连接技术来提升效率，如老师、医生、农民哥也会用到高铁网络，而教授、法官、毒贩都可能会是中国移动 5G 的用户，因为连接技术无行业差异的贡献，如果它再和稀缺性资源结合，在连接过程中逐渐获得资源的影响或某种程度的控制优势，就有可能在所有行业里获取超额收益，甚至某些时候按照这个行业的交易比例获得收益，而不管这个行业里被连接的玩家是否赚钱，这就是连接技术的神秘所在，具体的秘密，我们会在后面的章节中揭示。

第三节 连接性技术和非连接性技术：为什么 IT 劳模雷军最后强调风口论

小米的 CEO 雷军，如今几乎是家喻户晓的人物，但其风头还是不及马云、马化腾。倒退十年，雷军的名气更多在 IT 圈子里。其实雷军出道很早，江湖辈分高，是中关村里的元老，在软件行业从业的时间要比 BAT[百度公司（Baidu）、阿里巴巴集团（Alibaba）、腾讯公司（Tencent）中国三大互联网公司的首字母缩写]三家的历史更长，实现财富自由的时间也比 BAT 三家的老大更早。通过从不同的渠道了解的信息，雷军在天资和勤奋及为人方面，并不输给 BAT 三家的大佬，为什么早期同龄人中雷军在财富积累还有知名度方面都没有获得马云、马化腾、李彦宏那样令人瞩目的成功呢？而最终在小米出来后，雷军才被广泛地认可。这一点雷军自己的总结是“站在台风口，猪也能飞起来”。其实雷军之前在软件方面的技术是很优秀的，但是非连接技术上的沉淀和优势形成的市场机会远远无法和这个互联网时代连接性技术形成的市场机会相比。

我们从网上的一篇报道，回顾一下这个大佬对自己既往经历的总结。

雷军 1969 年出生于湖北仙桃，18 岁考入武汉大学计算机系。大学毕业后，雷军只身闯荡北京，1991 年年底在中关村与求伯君结识，随后加盟金山软件。1998 年，风华正茂的 29 岁的雷军升任金山公司总经理，可谓是年少得志、意

气风发、挥斥方遒。

雷军在这个台阶上一待就是十年，直到 2007 年年底才离开。这段时光，是雷军“推着石头往山上走”的日子，是他职业生涯中最熬煎的十年。2007 年 10 月 16 日，八年间五次冲击 IPO 的金山终于在香港联交所挂牌上市。众人欢呼雀跃的时候，雷军却是黯然神伤。他发现，自己和同志们 16 年、5840 天日夜奋斗的青春，只换来 6.261 亿港币的市值，这与同年在香港上市的阿里巴巴的 15 亿美元简直是天壤之别，与 2005 年在纳斯达克上市的百度的 39.58 亿美元更是相距十万八千里，甚至不值一提。

金山的艰难上市并没有给雷军带来成功的快乐，而是更为痛苦的思考：“为什么有人付出 100%的努力只能换回 20%的增长？反之，有人付出 20%的努力，却能获得 100%的回报？”“金山软件有中国最优秀的一批工程师，大家都很团结，执行力也非常强。但为何最后上市依靠的反而是网游业务？”

雷军担任金山公司总经理时，马化腾的腾讯与周鸿祎的 3721 公司刚刚注册成立，李彦宏还是硅谷的一名工程师，马云正在为中国黄页在北京到处碰壁。但是，短短几年后，这帮“小字辈”都成了赫赫有名的互联网大佬，丁磊、陈天桥、李彦宏更是先后成了“中国首富”。痛彻心扉的反思与复盘，让雷军找到了出力流汗却收成不好的原因：“金山在 20 世纪 90 年代还很火，1999 年互联网大潮起来的时候，我们却忙着做 WPS，忙着对抗微软，无暇顾及。到 2003 年时，我们再环顾四周，发现我们远远落后了。”有人总结说：别人做互联网的时候，雷军写了 16 年的代码做软件，最后却迎来了软件行业整体滑坡的悲剧。之后，雷军仿佛意识到了什么，一边做软件一边做互联网，但已错过了互联网发展的黄金时间，最后还被软件公司给绊住了。

在疑惑、纠结而痛苦的思考过程中，雷军得到的结论是：“这些年就像是在盐碱地里种草。为什么不在台风口放风筝呢？”他自问自答，“站在台风口，猪都能飞上天。”雷军认识到，光有勤学苦练是远远不够的，关键问题是多一点点运气。所谓运气，在雷军看来，其实就是“在对的时候做对的事情，这比任何时候用对的人把事情做对都更重要。”

互联网技术和传统软件技术，本质上是两种不同的技术，它们的差异不仅仅是生产方式的不同，更多是商业模式的差异。互联网是一种连接技术，或者说会很容易被用于连接的技术，金山做的 WPS 等虽然是很领先的技术，但是未能有效用于连接，这两种技术都很有挑战和市场价值，都需要大量的时间投入，但是商业模式的差异，使得其投入的时间努力相同，甚至可能在软件的技术上努力更多，但是商机却很不相同。在特定的历史阶段，连接技术创新如果在特定时间获得的优势占据市场主导地位，所得到的回报将远超过做非连接技术，因为连接技术一旦在市场地位确定和锁定后，会在整个市场规模上按照销售比例取利，更重要的是，在软件领域，连接性技术产生的新的商业模式对这个领域的非连接技术会产生颠覆的作用，如现在微软和 Google 的竞争，Google 随时可以推出免费版本的 Office 软件，而通过广告来获取收益，虽然微软采取这样的模式有机会，但是很多成熟的公司很难自己颠覆自己的现金收入，最多舍弃老的商业模式而进入一个新的没有收入的模式。

事实上，历史上几乎所有的技术创新都对人类发展起到了很重要的作用。基于非连接技术的新产品进入市场能更好地满足一些客户未被满足的需求，也会有很好的市场位置，这种技术是一种供应侧技术。另外一类技术创新在解决供需之间的矛盾，即连接的技术，它通常解决的矛盾不是供应侧的矛盾，而是供需之间的矛盾，后面章节中会介绍供需的六个主要矛盾。很多技术创新被用于解决供需之间的一个或多个矛盾，这样的技术支持的商业创新，如果连接商业模式中的一些重要元素让更多的供需之间达成交易的效率大幅度提升，又找到了市场的奖励方式，最终有很大的商业价值就是必然结果。

例如，我们家里使用的电冰箱和洗衣机的技术就是非连接性技术，它们的创新更好地满足了人们在生活中的很多日常需求，但是它们是供应侧的技术，并不能用来解决连接供需的问题，即不解决在某个领域的供需之间矛盾的本身。而广播、电视、互联网技术就是连接的技术，这些技术应用在一些场合时，就成了需求和供应之间连接的工具，如果利用得比较好，就可能没无差异地帮助到很多厂家（包括电视、冰箱等供应侧技术的厂家）解决好对接市场的问题，进而促进商业模式的变化，如在电视技术上产生的电视台网的商业模式，让快销产品能更好地导入市场，电视台本身的商业模式也成为一个非常性感的模式。

在罗振宇的跨年演讲中，他把连接技术产生的商业模式的机会称为连线的机会，把供应侧技术产生的机会称为“点”的机会。并宣称，连线的机会已经没有了，只有点的机会。

其实历史上非连接技术按照自己的进度不断改进，为人类社会的发展做出了极大的贡献。而这些年来，连接的技术创新在每一个阶段都在更大限度地促进人类的进步。

从广义上看，解决交通、物流、通信、广播电视等的技术都能被利用作为连接的技术，这些技术的进步和发展因为在促进人类连接和协作方面的作用而更大程度地解决了不同行业的供需之间的共同问题，特别是一些技术能够在全国、全球的范围，在一时甚至所有时间内解决问题。有些技术针对的是部分人，有些技术可以针对到所有人，这项连接技术的价值自然不言而喻。

连接技术的发展，对非连接技术的发展会提供非常大的帮助，主要的原因是连接技术让非连接技术在研发过程中的协作关系得到显著改善，生产效率进一步提高，最终的结果是产品的品质和生产的效率大幅度提升，随之而来的就是竞争力的加强。

人类的发展就是这样的，在一波又一波连接技术和非连接技术的发展中不断螺旋上升，最终获得发展。

第四节　不同连接技术的逻辑相似：为什么发明集装箱的意义堪比互联网

罗振宇曾经说过，20 世纪对人类贡献最大的两个东西，一个是互联网，还有一个就是集装箱。互联网的发明对人类社会的影响不难理解，但是为什么集装箱技术可以与互联网媲美，为什么不是家用小汽车或核能或其他什么，这一点就有点令人费解。

其实，这个道理要从集装箱发明影响的产业谈起。集装箱的发明人叫作迈克莱恩，他产生集装箱的想法是在 1953 年，当时他有一家运输公司，主要跑的是美国的东线，当时的运输方式是汽车，走的是高速路。很快，迈克莱恩发现这个方案不经济，主要原因是高速路上实在是太堵了，汽车经常堵着，效率就难以提高，所有局部解决措施都难以改变这一点。于是他就想造一个码头，然后让车直接上船，绕开高速路从海上跑，在目的地再造一码头，然后车再下来。这个方案的妙处是在多路径的设计和路径优化，有效地规避了拥堵的高速公路，确保了时间和效率。因为航运技术已经比较成熟，该方案的要点是在基础设施，一个是码头建设，一个是汽车上船。必须考虑汽车上船的最重要原因是规避大量装卸时间，提升运输效率。顺着这个思路，迈克莱恩一步一步优化，最终发明了集装箱。集装箱发明后，据说迈克莱恩和纽约的港务局做了一次实验，如果运啤酒，先用散装的方式运一次，从工厂出来，先上货车装卸，到码头再装卸，然后再运，这时每吨啤酒的运价是 4 美元；如果采用集装箱，成本是每吨 20 美分，每吨啤酒的运费节省了 95%，于是，一个巨大的、全新的航运业机会到来了。

从前文所述过程中不难看出，在微观上对运输物体通过集装箱之后进行标准化“封装”，以便于实现端到端、随需实时发起连接的高效运输；在宏观上对基于封装对运输过程的骨干运输和交换的网络和节点的建设是提升效率的根源。到现在，物流这种方式的出现，让原来只能以稳定持续树形线路连接实现从工厂到消费者的供货方式发生了大幅度的变化。

众所周知，集装箱的发明极大地影响了全球物流行业的效率，因为集装箱把人类的车站、码头、港口、桥梁、隧道、工厂、车间、物流、系统全部打通，导致了我们今天能够看到的、如此辉煌高效的全球化的物流体系，而物流是几乎所有商品交易都要用到的基本能力，物流的效率和成本机会对所有行业都会产生影响，因此集装箱这种技术自然对整个社会产生了巨大的影响。集装箱技术的出现，彻底地改变了国际、城际的货物运输，使运输的效率大幅度提升，使全世界范围内的分工协作成为可能，甚至影响到世界政治军事格局，可以说，集装箱及相关的货运技术是人类在货物连接技术上的一次升级。集装箱乃至现代物流技术是一种解决任何两个地点的货物的运输技术，实现了人和货物的连接在时间、空间距离上的突破。

与集装箱解决地球上两个地点的大规模端到端的货物运输相似，互联网技术解决了地球上任何两个地点信息的高速双向传输，实现了信息传递在时间、空间距离、传输速度等方面的突破，从而使人类的协同和发展有了历史性的进步，人类社会的发展也掀开了新的篇章。

我们知道，在没有互联网之前，两个点之间的信息传输还必须以羊皮卷、鸡毛信、书籍和胶片为载体甚至是传教士本人讲解的方式低效高成本地进行。这一点类似于集装箱之前的货物运输，互联网在解决这个问题上的思路是对待传递的内容进行某种形式的标准化再传输，再通过高速传输和交换网络传输到需要的地方。实现这一点是一个漫长的过程，在互联网技术出现之前，信息的载体不是 01 的数字信息，而是书本、课件等，世界上的人只能到一些类似书店或图书馆的地方获得一些信息，后来电报机和电话机的出现可以解决一些人和人之间的沟通。人类发明了电视广播的技术后，沟通的效率越来越高，再往后，有了无线通信和数字通信的技术，信息技术交换有了更进一步的发展，互联网及移动互联网出现后，人类的沟通彻底改变。从传输的信息格式演化过程可以看出，信息的电子化是一个趋势，数字化是另外一个趋势，实现了内容的电子化和数字化后，通过互联网，更大地域范围、更高效的端到端传输才有了可能；实现方式上，通过 TCP-IP 协议，对需要传输的数据包进行封装，并加载地址和校验信息，之后在互联网端到端的数据传输才成为可能。其中重要的是技术对信息进行编码和封装，即通过封装和编码的技术，让传动的各个环节能够分工明确、各司其职，然后通过传输技术改进和效率提升，实现人和两个地点信息的传递，该信息既可以是一封邮件，也可以是一段视频，甚至可以是游戏数据。这一点很像迈克莱恩在集装箱的发明中不断优化最终找到运用集装箱的最好办法的过程，即所谓的3C原则——一种货物、一个目的地、一个客户，只有这样运才是最节省的。这些规律让集装箱运输技术的效率优势成为现实。在互联网技术里，对一段数码信息的封装最后也是一个数据包、一种应用、一个目的地、一个客户。

在对传输内容数字化、标准化封装的基础上，互联网实现信息沟通成为传输能力和交换设备能力的比拼。到目前，光纤和交换网络成为主宰，光纤传输一般使用光缆进行，单根光导纤维的数据传输速率能达几Gbps，在不使用中继器的情况下，传输距离能达几十千米。据朗讯科技公司贝尔实验室科学家对光纤理论极限的研究表明，光纤的理论数据传输的潜在能力可望达100Tbps，而在交换设备方面，思科目前的核心路由器型号NCS6008，单槽位1Tbps（1T=1024GB）交换，10个100Gbps，整机达8T交换能力。Juniper核心路由器型号是PTX系列，容量最大的是PTX5000，16槽，单槽位支持15个100Gbps，整机达24T交换能力。传输能力就像高铁，交换能力就像火车的枢纽，结合在一起，信息包就能快速低成本地从一源地址抵达目的地，再通过终端的手机、计算机还原出来，变成我们想玩的游戏、想看的电影、电视剧等。

可以说，集装箱的发明就是物流行业数字化的过程。和互联网技术一样，数字化其实就是标准化，数字技术把模拟信号变成了0和1，集装箱就把非标准的货物变成了长、宽、高各个方面都标准的无差异的一个箱子，箱子在移动，货物就在移动，而箱子移动的方案在效率上有大量提升的可能。在集装箱物流网的建设方面，骨干网的运输能力及节点的服务能力会影响整体的运输效率，因此，以集装箱货运技术的发展历史，就是骨干运输网络和节点不断地进行扩容的历史。一方面，通过海洋高速公路等干线运输的方式可以大幅度提升效率，缩短运输时间；另一方面，让全世界范围内的基础设施联网，通过编码技术寻址，可以让货物快速智能地从网络上的一个节点到达另外一个节点，实现端到端的货物运输。

历史上，码头和骨干网货柜船成为影响物流效率的最重要的因素。到现在，香港的货柜船，一艘船就能装 3000 个集装箱，巴拿马级可以装下 8000 个以上的集装箱。而马六甲级，就是一艘船要大到刚刚好通过马六甲海峡，船上可以装 18000 个集装箱。这样，骨干网的运输能力会十分强劲，效率和成本的优势就成为现实。

所有这些，如果没有集装箱技术的发明和改进，是难以实现的，因此说集装箱和互联网技术在连接的效率提升上有异曲同工之妙。整体封装、实时组网、全网寻址的设计和在此基础上快速传输和交换，是这里面的精髓。后面的章节告诉我们，互联网的 TCP-IP 是互联网实现信息流创新的基础，而集装箱是现代物流创新的基础，分别解决了信息不对称和空间不对称，而空间不对称的难度要大于时间不对称，这样一来，集装箱的发明和互联网相提并论就可以理解了。到现在日常物流也完成了小件的封装、实时组网并全网寻址配送，效率也正在不断优化，很多人的网购金额到一定程度就会享受“包邮”，这是端到端物流效率极大提升的体现；物流是 C2C 电商能做起来的前提。这个案例也再一次告诉我们，太阳底下没有新鲜事。

第五节 消费者是无辜的，连接引发颠覆：为什么连接创新会创造商业机会

为什么连接能创造商业奇迹？

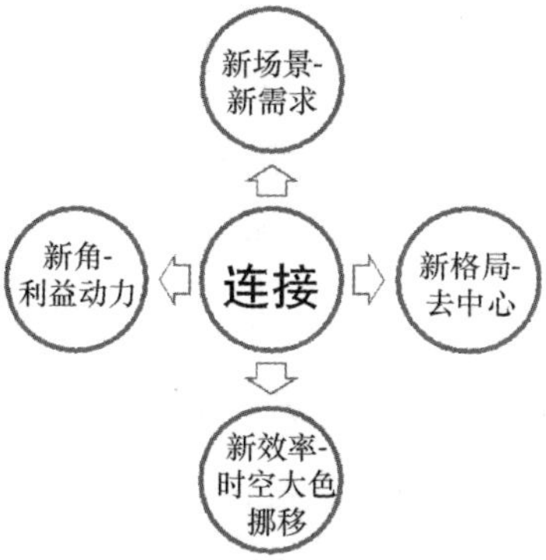

人和物最大的差异是协作能力新的连接模式让新的协作模式成为可能
商业是交换的游戏，新连接方式交换的对象、方式、效率、质量发生改变

整体上看，连接技术的创新产生颠覆性效应不难理解，因为商业是交换的游戏，没有供需之间的交换，是没有商业机会的。消费者是无辜的，任何时候商家赚不到钱都是自己的问题，和消费者无关。是否能有大的商业机会，都是供给方的问题，除了供应侧的创新外，那些能深刻理解客户需求并把交换游戏玩到极致的公司会有显著的竞争优势，这些公司的特征是在交换的内容、范围、地域、金额有突破从而实现持续规模的人。

这一点看看五百强的公司就知道原因了，大部分的五百强企业，除了能源等垄断性行业以外，做连接的公司占了很大比重。这是因为交换规模有时是会受到制约的，落后的连接技术就是制约交换游戏规模的一个重要因素，如农村

山区道路条件，再好的水果运不出来，有再多的需求也无法形成交易，供需双方的价值都无法最大化。而高速公路+汽车的连接技术就解决了这一问题，交通运输的机会也就来了。这个案例中的高速公路和汽车这种连接技术的创新和突破就为交换游戏的规模扩大提供了可能。市场是公平的，做出贡献的连接的公司因为贡献会被市场奖励，每一斤被运输出大山的水果和人都需要给汽车和道路缴纳相关的运输费用，在某种程度上，汽车和道路方不会承担运出去的水果是否滞销亏本的风险，这种低风险的按照贡献比例的奖励让连接的公司有了很强的盈利能力。

具体来说，连接技术的革命会带来革命性的商业机会，主要体现在以下四个方面：首先，新的连接技术会导致新的交换场景的出现；其次，新的连接技术会导致产业链格局的变化，新的机会会诞生；第三，新的连接技术让效率提升成为可能，效率的极大程度提升，有可能让以前做不了的生意可以做了，如在 PC 互联网时代，网站的流量难以转化为销售额和收入，但是有了短信支付方式，ICP 找到了商业模式，存活下来，并且得到了飞速的发展；第四，新的连接技术会催生一些新的角色，后面会详细介绍。

一 连接改变造就新场景：为什么《罗辑思维》两年多俘获数百万粉丝

在过去一年多的时间里，场景是一个非常热门的词汇，互联网圈子里的人，言必称场景，“这件事没有场景”，“这个场景不对”，云云。

场景到底是什么？在我看来，场景就是需求，是特定时间、特定空间、特定环境、特定氛围下的特定的需求。我们经常听到互联网产品经理说寻找场景，其实就是在寻找这种特定的需求；互联网人经常说这个场景不存在，其实就是说这个需求不存在或不普遍，基于这个需求假设基础上的商业模式就不是能成立的。对任何一个商业模式来说，需求的真实性存在都是十分重要的，如果需求不存在，商业机会就是虚无的，按照现在比较流行的说法，这就是在“YY”。场景这种需求不是无条件持续普遍的，是在特定时间、空间、环境、氛围下出现的，给孩子买奶粉的爸爸，买完奶粉后突然想犒劳一下自己，顺手买个啤酒，这个时候对啤酒产生的需求就是一个场景。

需求的另外一种形式是流量，流量这种需求的特点是被在特定时间、特定空间汇聚了的需求，如《顺流而为》所说，这些流量对商家是有价值的，而场景也是需求，只是这种需求不一定在时间空间上有汇聚，而是分散的在时间、空间、情绪、氛围下的需求。

连接技术会产生新的场景是指在新的连接技术出现之前，很多需求是没有的，或者是没有被满足的，当新的连接技术出现了之后，这些需求的机会就来了。在解决交通出行方面，人类一直有自己的解决方案。在没有出现家用轿车时，马车就是最重要的交通出行的连接工具，如果此时你直接问消费者需要什么样的交通工具，他们就会说“给我一匹跑得更快的马”。直到亨利·福特造出了家用轿车，人们才知道一辆轿车会更好地满足自己对于出行的需求。之后有了汽车金融、4S 店、二手车交易等，甚至酒后代驾都是汽车普及后的结果，汽车后市场的各种产业，都是因为汽车出现后而产生的，人们并不是没有轿车或汽车金融或二手车的需求，而是在汽车出现之前，人们的需求没有被用这种形式满足过。

没有智能手机时，人们每天早上上厕所时虽然也有阅读的习惯，但是通常是对纸质书的使用习惯。其实通过计算机和互联网可以看到、听到更多、更新的内容，但是在智能手机出现前，这一需求没有能被满足过。当然，你不可能带台台式机上厕所，除非你是码农，否则一般也不会带着笔记本电脑坐在马桶上。但是有了智能手机以后，特别是有了微信以后，罗振宇发现大家可能在这个时间有上网或听书的需求，于是创造性地推出每天60秒的语音内容，再加上和这个语音配套的文字内容及广告内容，每天准时出现在大家的微信公众号上等待大家上厕所的这几分钟场景，借助这一点，罗振宇的《罗辑思维》已经吸引了超过600万粉丝，罗振宇的公司也因此获得超过10亿元以上的估值，移动互联网及微信连接技术导致的新场景的出现在这中间起到了很重要的作用。

每个火车站站前都有很多人在卖充电器，充电器换个场景卖也能有销售量，但是没有火车站卖得好，为什么？因为很多人在火车上待几个小时后手机已经没电了，买个充电器直接充满就可以继续用了，这时的充电器不是产品，而是服务，把握了这个场景，这个生意就做活了。

在一个国际航班上，免税的香烟一直在被推销，我的一个抽烟的同事抱怨说“卖烟有什么用，这时应该提供的是吸烟室，按照分钟数收费，绝对是一个好的生意，一分钟收取50元都有人愿意”。你看，飞机和高铁上乘客对吸烟室的需求，也是一个服务的场景。

从这些案例看，互联网的很多创业者正在重新定义一些产品，满足一些前所未有的需求，或者更好地满足一些老的需求，找到这些场景和需求，找到满足这些需求的新的方法，发现这个“秘密”，就找到了具体实现的方法，也就是彼得·蒂尔说的从0到1的过程。

这样的例子在历史上屡见不鲜，乔布斯之所以伟大，就是在不断寻找新的场景，基于场景来定义新的产品或重新定义一些老的产品，并一次又一次超越人们的期望实现这样的产品，最终满足了用户的需求，实现了商业历史上的一个又一个奇迹。

在商业发展史上，类似乔布斯对手机这种的重新定义很多，重新定义就是重新思考和回答在新的技术条件和社会背景下一个事物是什么、为什么的问题。正是因为技术的快速发展及社会的不断进步，原来的一些定义失去存在的价值，或者不再准确，或者有了新的可能，而这些可能就来源于用户新的需求。

大家一定会想，为什么互联网特别是移动互联网出来后，场景会成为一个新的对需求进行表达的词汇。其实主要原因是和以往的连接技术相比，以移动互联网为代表的新技术让需求出现的维度、时间、空间、氛围、环境等大大扩大了。在移动过程中，人们在不同时间、空间、环境、氛围的需求有新的满足的可能，或者满足人们的一些特定需求的成本大幅度降低，在这些多维度分散产生的少量甚至零碎的需求，积累起来就是很大的生意，没有移动互联网的连接，就不可能完成积累和汇聚，而这些连接背后的需求，总是和时间、空间、情绪、环境等因素有关系，用场景来描述更为准确一些。因此，在移动互联网时代，很多人都在说场景是否存在，同时场景背后的需求可以通过一个APP、H5 或者微信公众号等被连接、被汇聚，进而被变现，这就是连接带来的商业机会。

二 连接颠覆原产业格局：为什么传统手机厂商开始惧怕苹果和小米

新的连接技术引发商业奇迹的第二个原因是，连接会让原来的产业链格局发生根本的变化。在新的格局下，有一些原来的玩家会大幅度受益于这样的变化，从而在市场规模、效率或服务品质上系统性地优于原来的竞争对手，这样，掌握了优势的公司就会赢得市场，商业奇迹就出现了。

没有移动互联网时，手机生产行业的格局较为稳定，厂家负责设计生产产品，代理商负责产品的物流和分销，零售商或运营商负责产品向最终用户的销售。随着时间的推移，各个环节的利益安排趋于稳定合理，每个环节也各司其职，各安其位。厂家之间的竞争是产品的竞争、产业链的竞争及运营效率的竞争，但是不同的厂家整体上在产品品质或成本结构上没有系统性本质性的差异。

在这个状态下，厂家在研发、生产、销售、售后过程中的一些弊端或低效也显而易见，例如，对市场和认知理解的匮乏，对消费者使用产品的场景和行为缺乏理解，没有最终客户的数据和信息，对零售市场的控制有一定的难度等，如果没有新的连接技术出现，这样的局面始终在维持，大家在一个水准上进行竞争，没有谁有绝对的优势，各个竞争对手之间只有相对的优势而已，这就是在 20 世纪 90 年代至 21 世纪初移动通信的整体状况，在这个时代，有核心技术并长于产品设计的诺基亚和摩托罗拉这样的公司成为时代的王者。

但是好景不长，随着互联网的发展，新的玩家出现，苹果这样的公司从一开始出现就具备一个互联网公司的视角和格局，再往后手机厂家的竞争就开始发生了质的变化。关于苹果及乔布斯的介绍很多，此处不做更多表述，说说中国的小米吧，中国的小米公司也是这样的一个新的手机公司。手机是一个通信工具还是一个互联网终端？智能手机是一个功能手机加上了上网的功能，还是一台便携式电脑加上通信的功能？手机是一个软件产品还是硬件产品？手机上市后和消费者还能保持联系还是销售出去后，就发生了资产产权的转移？手机应该向消费者收费赚取最大的利益还是多元化，通过后续的一些产品销售来获取更多的利益？手机的销售还需要多级分销还是厂家直接向消费者销售？消费者帮助定义新手机的功能还是找最有经验的设计师来设计这样的产品？

以上问题，传统手机厂商和小米公司有着截然不同的答案，其结果是，小米手机横空出世，并在很短时间内实现了销售额的提升，并获得资本市场超过

450 亿美元的估值，要知道，诺基亚这种曾经占据 40%以上市场份额的公司，在卖给微软的时股价也只有 100 亿美元不到。

如果深入分析，我们就知道，小米和苹果生产手机的逻辑一致，那就是硬件的软件化和软件的服务化。硬件成为一个通用的软件平台，给消费者最基础的体验，最终消费者得到的产品体验可以通过互联网软件的快速迭代模式不断优化，使客户体验始终最具有竞争力，而厂家也保持了和消费者持续的联系，这种联系是厂家能够理解消费者，不断提升用户体验，并可以实现多次购买效应，实现竞争优势的根源。在这个故事的背后，移动互联网的连接技术的变革导致产业格局的变化和调整是最重要的原因。

有人说 VIVO 和 OPPO 手机的异军突起说明了小米模式的失败，其实不然，一方面小米从 0 开始，到现在的规模，如果是覆盖线下为主，不可能有这样的速度；另一方面，VIVO 和 OPPO 的兴起是因为线下的人流还是占据 80%的比例，而线上只有 20%的比例，按照本书后面章节的内容，时间不对称、空间不对称和信息不对称还是手机销售的主要矛盾，在线下的充分覆盖是有价值和必要的，因此雷军在复盘时也提到了应该尽早建立线下渠道，并引入明星代言人等措施。

三 连接能大幅提升效率：如果每笔贷款成本可以低至 2.3 元

连接之所以会创造新的机会，还有一个重要原因，即新的连接技术会让一些事情的效率得到大幅度提升，成本结构发生显著的变化。这不仅会给产业带来新的变化，进而影响生产制造分工和格局，而且让掌握这种技术的公司在原有领域具有很大的竞争优势，出现赢者通吃的情况。例如，在前面讲到的物流领域，集装箱货运技术会影响全世界的物流效率，将物流成本降低为原来公路运输的 4%。随着基础设施的完善和管理的提升，不仅仅是物流行业，全球的生产制造、军事甚至政治格局都为之改变。连接技术的创新对效率提升有多大的帮助，让我们来看一份来自证券时报记者蔡恺的报道摘录。

作为利用网络数据放贷的小贷公司，阿里小贷管理层称，该公司已实现单笔信贷成本 2.3 元、客户 3 分钟获贷、不良率低于 1%。据了解，实现这些看似“玄乎”的指标，关键在于借助数据分析工具。

单笔信贷成本 2.3 元

2003 年支付宝诞生，阿里巴巴开始自己掌控用户的线上资金交易流水，另一方面，日后阿里小贷发放自营贷款也不必通过银行渠道。2004 年阿里巴巴推出衡量电子商务会员信用情况的“诚信通”指数，阿里巴巴开始逐步打造信用评价数据库。对此，业内人士表示，这些只是原始数据的积累，如何把数据用到业务中，才是大数据金融的奥妙。

阿里小贷负责人胡晓明曾对证券时报记者表示，阿里小贷单笔信贷操作成本为 2.3 元，而一般银行的成本在 2000 元左右。

出现巨大成本差别的主要原因在于网点建设、人员数量和薪酬福利差距上。一位不愿具名的阿里巴巴内部人士对证券时报记者表示，银行的融资方式是割裂的，融资方作为独立一方，获取生产者信息的成本巨大、环节繁多，且信息质量不高；而当交易、融资平台（即阿里巴巴和阿里小贷）结合，且两者间的信息高度互通，成本问题得到极大缓解。

“借助阿里巴巴的数据，阿里小贷不用像银行一样作为局外人花高成本去获取信息，而是作为交易参与者去发现、提供融资机会。”上述阿里巴巴人士补充道，“这样一来，阿里小贷发展壮大的关键就是扩大交易平台以及客户覆盖面。”

另外，长城证券银行业分析师黄飙分析称，银行客户的资产规模较大，以及银行运作高成本的特点决定了贷款额度高、无法向小微企业下沉的特点。像阿里小贷这种一笔几万元的放贷额度，银行唯一可以媲美的只有通过信用卡来实现自动受理和放款。

同时，阿里小贷的小额授信、快速放款、随借随还的特点也令小微商家资金周转率大大提高。上述阿里巴巴人士说，典型的淘宝小商户是没有库存的——前一晚上收齐订单，向阿里小贷申请一笔订单贷款，第二天就去批发市场拿货、发送快递。买家确认收货后货款到账，系统自动扣取相应金额还贷，丝毫用不到小商户的自有资本。

该人士还援引一份调查称，获得淘宝贷款的小微卖家交易额增速比没有使用贷款的卖家高，同时“生存”时间更持久。

这表明数据分析在整个阿里小贷决策中处于核心位置。不过，数据的获取并非没有成本，从员工结构上看，阿里小贷更依赖数据分析团队。据介绍，阿里小贷下面的微贷事业部数据分析员工约占整个团队人数的两成，风控团队的数据分析员工占比更超过50%，而一般金融机构的比例只有4%左右。

人人聚财网首席执行官许建文表示，银行从客户获得的数据是很零散的、有限的，但阿里巴巴是一个完整的生态圈，数据种类和容量大大胜过银行。银行只抓住了“三张表”——资产负债表、利润表和现金流量表这些“主要矛盾”，但阿里小贷除了用数据重构“三张表”外，还抓住了用户其他方面的数据，同时抓住了主要和次要矛盾，使得风控、定价更加准确。

评分模型判断违约风险

截至去年年底，阿里小贷的不良贷款率保持在1%以下。该数据背后的关键问题是：如何判断贷款客户的违约风险？对此，阿里小贷有一套自己的评分模型来判断，即根据客户的已有数据（包括个人信息、征信信息、历史表现、交易信息、经营状况等）来预测未来一段时间发生违约风险的概率，区分出好坏客户，决定准入客户，细化客户授信，实现贷前风控。

另外，这套模型还可用于自动申请贷款、自动审批、贷中风险监控等，因此就出现了阿里巴巴公众与客户沟通部总监王彤所说的“绝大部分小微企业3分钟即可获得在线贷款”的情形。

据了解，阿里小贷利用违约风险概率，结合利率敏感度的模型，对每个客户制定“最优定价”。同时，还采取了差异化定价思路，即对新客户采取“前低后高”的体验式定价模式，对续贷老客户采取“前高后低”的鼓励式定价模式。

上述阿里巴巴人士还称，今年阿里小贷开始依据获贷客户的信用状况以及贷款申请、支用情况，逐步执行“敏感定价”。根据该策略，阿里信用贷款部分客户的贷款年化利率能低至12%，即比原来的18%减少6个百分点。

另据了解，除了上述违约风险模型和定价模型，阿里小贷还设计出贷中、贷后管理、反欺诈、市场分析等板块的模型。不过，业内人士普遍认为，由于现实原因，银行无法照搬阿里小贷模式，也不能证明该模式就是最完美的。

黄飙说，阿里小贷的理念和模式很可能部分是从微贷技术发达的国外市场引进的，对于国内银行来说有很多借鉴之处。但前提是银行要么整合已有的客户数据，要么自己搭建平台收集数据。对于大企业来说，许多销售行为还是在线下发生的，实体经济完全“互联网化”还有很长一段路，而且社会信用体系还处于建设阶段。换句话说，银行仍会依赖于客户经理在线下实地收集数据。

许建文则表示，阿里巴巴的生态环境决定了阿里小贷模式具有不可复制性。不过，归根结底，阿里小贷的审贷和定价的逻辑本质其实跟银行一样，都是看企业和个人信用；虽然阿里小贷有比较创新的风控和定价模型，但毕竟“人是活的，公式是死的”，现实中不可能有一套精准、完美的信贷模式。

互联网的技术，加上支付宝多年在支付上的实践和数据积累，造成淘宝信贷成本及风险的显著降低，贷款反而效率显著提升，这样的竞争优势一旦获得，对竞争对手的打击几乎是灾难性的。成本结构上系统性的优势来自于连接技术的进步和商业模式的独特，而这种成本结构上的优势会让市场份额大幅度提升，在一个自由的市场体系里，这就是市场对创新者的奖励，最终会导致商业奇迹的诞生，无论是微信用于语音传输，集装箱用于物流，还是支付宝做贷款，当新的连接技术使一个领域的成本结构发生质变时，新的商业模式的产生也就是必然的了。

四 连接成就新的商业角色：为什么滴滴成为时代王者

连接技术的出现，会让新的市场角色出现。某些角色出现的背后，是很大的商业价值，对很多人来说是非常重要的机会。

集装箱作为一个创新的连接技术催生了很多大公司的机会，如在中国就有远洋运输方面的中国远洋运输（集团）公司，即 COSCO，这是中国大陆最大的航运企业，全球最大的海洋运输公司之一，在《财富》世界 500 强企业中排名第 327 位。而集装箱的生产领域，产生了中国国际海运集装箱集团这样的公司，如果没有集装箱这样的连接技术，就没有这种体量的公司出现。

互联网连接技术的出现，导致了更多商业角色的产生。百度连接了人和信息，百度的搜索推广也成为众多中小企业的推广工具，同时催生了 SEM（搜索引擎营销，帮助企业在付费进行搜索引擎营销时进行投入回报的优化，最优地达成企业的目的）和 SEO（搜索引擎优化，是帮助企业合理利用搜索引擎收录和排序的规则，获得更多免费的流量的企业和个人）的市场，出现了专业的 SEM 和 SEO 公司，这些公司都是增长很快的公司。这些公司，实际上是因为搜索这种连接技术导致的连接任何信息方式变更后产生的新角色。

在《顺流而为》一书中，我们已经说过，企业实际上是买了一个搜索营销的漏斗，这个漏斗非常好，能够高效、持续、可管理地、经济地漏出销售线索给企业，让企业从行商变为坐商。随着这种人和信息的连接技术的出现，新的市场角色也出来了，一些 SEM 和 SEO 公司成为市场的宠儿。在这些公司中，已经出现了很多上市公司。如果没有搜索这种连接技术的出现，SEO 和 SEM 公司是不会产生的。

相似的，淘宝的发展也催生了一个代运营的生态，很多企业有网上建立店铺和销售的需求，但是没有这样的人手来做专业的工作，于是就求助于第三方，第三方的人员就是代运营的公司。在国内已经有国内上市的代运营公司，这些角色本不存在，但是因为淘宝这样的公司让连接人和商品的方式改变后，才出现了这样的角色，所以它们也是因为新的连接造成的机会。

没有移动互联网时，打车软件的生意是不存在的。司机走在路上，没有办法获得客人的实时位置、状态信息，自己的状态也难以被客户得到，因此拉不到那些看不见的乘客；而乘客走在路上，也没有办法获得此时司机的位置和状态，因此也打不到那些看不见的司机的车。直到移动互联网时代，滴滴这样的打车软件出现，司机和乘客分别被滴滴软件连接，供求的信息在这里相聚，加上匹配的算法，供需之间的交易就能达成。这个实现方式的结果就是一个新的巨大的平台快速形成，滴滴成为“巨无霸”公司，短短四年多一点的时间，其估值已经到了近350亿美元。滴滴可以说是连接方式创新后的产物。没有移动互联网，没有在移动互联网方式下的连接机会，就没有打车软件公司的机会。国外的uber也采用了相同的模式，无论是uber也好，滴滴也罢，都是移动互联网时代连接的产物，只是这个时代需要一个好的连接者在人们出行的场景对供应方和需求方进行实时高效的连接而已。

第六节 连接通过改变“四流”改变商业：为什么PC互联网时代的英雄是BAT

以上只是概念性地从现象上说了一下连接技术创新的颠覆效应，按照本书的习惯，还是要回到“为什么”的层面，即分析其颠覆效益的原因，分析完这些原因，就可以解释更多的现象。我们知道连接技术通过制造新的场景、改变行业格局、显著提升效率和产生新的角色在改变商业，那么连接技术到底是怎么实现这些改变并创造新的商业模式呢？为什么PC互联网时代仅仅是BAT的天下呢？这要回到我们的商业模式和四流关系的问题上来。

现实生活中的连接有很多种，也各有各的价值，但是真正有商业价值的连接其实都是从人的需求角度出发，能普遍改善、满足人们需求的交换而进行的连接。从商业的角度研究连接，要先从人出发，根据人的需要来看连接的对象和目标及连接的方式。不难看出，如果以交换和协作为目的，以交易为表现形式，从人出发和人的连接因素总共有四种，分别是人、信息、物、钱，因为这四种要素组合在一起才能实现交易。考虑到时间、空间、环境的各种差异，满足一个人需求的人、信息、物、钱这四种交易要素有时在一起，但多数时间是分离的，有价值的连接让这些要素中的一个或多个跨越时空，机会就这样产生了。通常，这种连接解决的不仅是个案的交易机会，而是普遍改善很多交易的问题，其价值不言而喻。下面分别举例说明。

任何产品和服务都需要人来提供，人和人的连接是最先的需求，这种需求既有物理上的，也有精神上的。例如，夫妻两地分居，需要回家探亲，每个春节，大家从各地回到老家，交换一年的感受，交换自己的礼物，此时火车承载了运输的工具。人们聚在一起就是在做物理上的连接。有人说物理距离会影响心理距离，也就是说，人的连接还包括心的连接，人之所以能爱一个人，就是在心理层面建立深度连接。

货物（产品）是满足人需求的重要形式，因此人和货物是需要连接的，这个连接的需求还是人的需求的延伸。例如，我在北京，需要一台冰箱，上海有货，把一台冰箱从上海送到北京给我，实际上就建立了北京的一个人和上海的一个物体的连接；天热我需要一台空调，我从网上下单，商家送来一台空调并安装，我和这个空调就通过这个商家及送货的服务商建立了连接。各种交通运输技术及在此基础上的物流服务都让人和物体的连接变得更加快捷便利。

信息也是满足人们需求的重要形式，有时信息本身就是商品，有时信息帮助人们完成交易，人和信息是需要连接的。人们需要快速学习成长，需要更加准确地判断和决策，这样才能更好地协同和交换，信息是做好这些工作必备的要素。图书馆的馆藏书目是一种信息的收录方式，图书馆的阅览室就提供了个人和书连接的场景，不需要找一个有经验的人去问，直接到图书馆就实现了人和信息的连接。有了互联网后，人们不再需要到图书馆了，可以直接通过互联网实时连接到所有的信息。

钱既是人的需求，也是人在满足其他需求时的载体。商业生活中，人和钱的连接更是十分必要的。我们知道钱本身就是一般等价物，承载了交换中间媒介的作用，极大地扩展了人和信息及物体连接的范围和效率。人和钱的各种方式、各种场合的连接，构成了金融业的丰富多彩的发展。现代金融不仅让人可以和自己现在的钱连接，还可以让人和未来可能的钱连接，也就是说，人可以通过信用进行跨越时空的价值交换，因此耶鲁大学的程志武教授说“所谓金融，其实就是跨时空的信用交换”。这种因为连接而产生的交换让人们协同和交换的范围和效率进一步大幅度提升。

因为使用一个交换或协同需要的四因素可能分别处在不同时空，所以流动可以帮助以上四种连接的达成，从而满足人们交换和协同的需求。专门从事连接的组织规模化运作，这就形成了人流、物流、信息流和资金流，称之为商业模式的传统四流。人类历史上连接技术的不断升级，体现在人流、物流、信息流、资金流的方式上就是不断地变化和创新，新商业模式也是在这样的连接技术导致的四流变化的基础上产生的。有时有一个流变化就足以导致新的模式出现，有时是几个流组合变化导致新的商业模式的产生。BAT 就是 PC 互联网时代解决四流问题的胜利者。

在很长的一段时间内，人们在尝试理解互联网上的不同公司，它们究竟是做什么的公司？但是很难用一句话来形容。互联网市场规模最大、影响范围最广的三家公司是 BAT（Baidu、Alibaba、Tecent 三家互联网公司的首字母缩写）。这三家公司从业务范围和数量来说，都十分地庞杂，如果算上这些公司在各个领域的投资布局，已经很难说清楚它们究竟是什么公司了。

直到后来从连接的角度来理解，才让这三家公司最核心的特点被抽象出来，让人们最深刻地理解了三家公司的差异，并很好解释了在实现这些最核心特点的这些年里它们各自的努力。

百度公司的实质是连接了人和信息，它通过强大的搜索收录能力和内容创造机制，实现了最大量的中文资料和信息的收录，其结果是在百度上寻找所有信息都是最方便的。百度给自己定义的质量标准是“全、新、快、准、稳”，这些都是百度在收录信息上最基本的准备。2011 年前后百度著名的“721”战略，也始终围绕着更广泛和更精确的信息收录及护城河的建立这一目标。其结果是随着时间的推移，百度在连接人和信息上的能力逐渐成熟，人才培养机制也日臻完善，最终确定了在中国人在寻找信息时的路径依赖，从而成为搜索的入口，继而成为熟流量入口。

如果用一句话来总结阿里巴巴在前十五年最成功的地方，其实就是连接了人和商品。马云有一句话，那就是“让天下没有难做的生意”，这句话是对所有卖家说的，为什么不是反过来说“让天下没有难买的东西”，主要的原因是即使淘宝和天猫最终要成为一个收录了大量商家和商品的连接器，但是其起点也需要从供应商出发，没有大量的拥有商品并愿意提供服务的商家的聚集，用户是不会过来的。在这个方向上，马云是“逢山开路，遇水搭桥”，如果信任支付是问题，那就通过支付宝来解决；如果物流是问题，那就来解决菜鸟物流，最终的结果是通过十多年的努力，淘宝不仅实现了人和商品的连接，还打造了支付宝等周边众多的产品，将人和钱连接起来。同样，因为也拥有类似百度的搜索推广的人流量优势和产品变现机会和能力，这个连接器就有了强大的收入的支持，最终成为数以千亿计的互联网公司，阿里巴巴成为一个中国的奇迹。从一定程度上看，阿里巴巴的商业模式和百度没有核心的差异，都是在收录产品方面领先一步，逐步成为海量熟流量的人口，之后再变现这些搜索引擎的熟流量来获取收益的。

腾讯公司这些年的成果是在中国范围内连接了人和人，让人和人之间的沟通更高效、更便捷，这么大范围内这么多的人对人、人对一群人的沟通的实现是一个浩大的工程，但是由于腾讯的出现，这个问题得到了有效的解决，每一个人都有了互联网的身份证，使用互联网的技术可以进行有效的沟通。互联网所谓的网络效应，也在腾讯的几款产品中有了最明显的体现；微信的横空出世，更是加强了移动时代腾讯的优势，为腾讯获取了移动互联网时代的车票，这个连接了超过 7 亿人的巨大连接器，不仅成为中国人最普遍使用的 APP，而且其移动互联网属性，连接了移动中的人和人，并让熟人的关系在互联网上真实地映射，之后让亲情回归，让人们之间更加信任和合作，有效地挽回了人们在 PC 互联网时代一人一屏相互隔绝的态势。在收入方面，因为社交流量是游戏的熟流量，所以腾讯也成为中国最大的游戏公司。

至此，我们可以很好地解释为什么几乎所有互联网公司都在做着连接的应用，游戏、读书、新闻都在做连接，为什么连接这四个领域能成就伟大的公司？这是因为广泛地、无差别地连接信息、人、商品正好是商业模式构成中最重要、最关键的四个因素中的三个。剩下一个是连接人和钱（资金）。造成资金流改变的机会目前看属于阿里巴巴和微信，因为支付宝的原因，中国的互联网资金流有了较大的改变，银行的业务均受到一定程度的挑战，所以阿里巴巴的市值得到了很大的提升，最近蚂蚁金服更是估值超过 600 亿美元，接近百度的市值。这一点没有什么好奇怪的，因为连接人和钱也是四个因素连接中的一个重要的方向。

正因为借助互联网的连接能力，在连接商业模式最重要的几个核心因素上的成功，所以在 PC 互联网发展的上半场，BAT 三家公司因为各自在不同历史阶段和不同领域的连接能力而成为整个时代的骄子。

值得注意的是，这几种连接其实都是中心化的连接，就是连接者居中，消费者和商家各站一边，其商业模式的核心是挟用户以令商户，因为商户渴求用户，所以会支付相关的成本去买流量，这就体验出需求的稀缺，商家对新客户的需求的刚性程度。这一点在《顺流而为》一书中已经有详细的阐述，此处不再赘述。

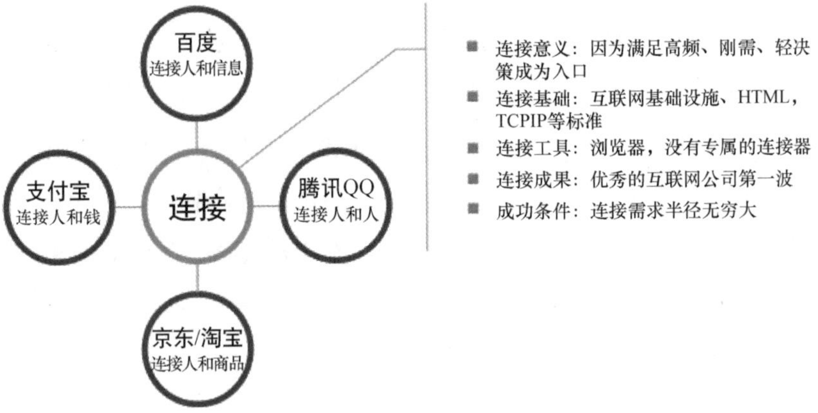

信息流+物流+人流+钱流=商业模式

第七节 四流模型和互联网时代的物流新机会：为什么马云剑指物流

正如上一章节所述，人类历史上，人及连接四对象之间的连接技术一直在升级中，造成了商业机会的出现甚至颠覆的出现。近年来，互联网和移动互联网技术作为连接技术出现，因为这种显著的升级，人流、信息流、物流都有了飞速的发展，最终导致了BAT巨头的出现。

互联网时代在人流、信息流、资金流方面的创新已经制造了很多的机会，配套的，在物流方面还有一次新的机会：虽然也已经产生四通一达和顺丰这样的优秀公司，但是这些公司伴随互联网的发展野蛮生长，也一直在激烈竞争。

这些年正是因为物流的不断发展，电子商务才会得以顺利地成长，但是中国目前的物流效率还是很低，解决这个问题的价值和意义还是非常大的，这个商业机会如此之大，使得马云也给了物流领域的从业者极大的认可。

由菜鸟网络主办的全球智慧物流峰会2016年6月13日在杭州召开，众多互联网、科技界及物流界大咖出席会议，共同探讨智慧物流的未来。在会上，菜鸟网络还携手32家全球物流合作伙伴共同启动“绿动计划”，承诺到2020年替换50%的包装材料，填充物为100%可降解绿色包材。同时，通过使用新能源车辆、可回收材料等举措，争取达成行业总体碳排放减少362万吨。2016年6月13日晚间，阿里巴巴集团董事局主席马云在该峰会上发表主题演讲，不断对中国快递业提出赞扬。他说：“如果大家讲电子商务在中国是一个奇迹，在世界是个奇迹的话，我个人认为，物流行业才真正是中国过去十年诞生的最了不起的奇迹。”他认为，中国快递用10年时间，将一个还不能称之为行业的行业，做成了一个超过了美国近一百年的积累的行业，是非常了不起的。“我刚刚看到我们的快递公司居然帮客户送房子，还有人送电线杆，我发现了我们中国有600多个区县能够达到了当日达或者次日达……在全世界很少有一个国家，能够在短短的十年以内，几乎实现到处都可以送到”。他在现场特别向物流从业者表达感谢，“你们是我心中很大的英雄。”

马云希望大家共同努力，让中国的物流真正成为未来世界的物流，变成绿色的物流。

马云之所以剑指物流，最重要的因素是物流的巨大机会。互联网时代的商品线上交易的信息流、物流、资金流的解决方案都在阿里麾下或与阿里巴巴有关，阿里巴巴的商业帝国一定会更加稳固，而消费者也将得益于物流效率的提升，整个社会的运营效率也会大幅度提升，这是毋庸置疑的。

马云重视物流的另外一个原因是中国物流的效率相对于全世界的水准，依然有提高的空间，据了解，我国社会物流总费用占 GDP 的比重保持在 18%左右，这一比例是发达国家的 2 倍，高于全球平均水平约 6.5 个百分点。物流成本高企，物流效率低下，实际上是影响了电子商务的最大因素，如果在物流上进行很好的解决，无论是效率还是成本上有优势，一定会给企业带来巨大的竞争优势。

马云的重视也来自于压力，同样做电子商务，京东从中心城市自建物流出发，将所有的投资向仓储物流倾斜，砸出了次日达和 211 限时达的效果，极大地提升了用户体验，加上京东以“真”为卖点，这种快和好上的优势，加上多和省上未必有明显的劣势，使京东能吸引更多的用户，这的确需要引起马云的重视。一旦用户的流量都到了京东，淘宝和天猫的好日子就会结束，这是为什么马云会如此重视物流的原因。这两家巨头都是为了给用户更好的购物体验，但是用了不同的方式来解决电商的物流问题，在物流方面的解决方案上最终谁能胜出，还需要我们拭目以待。

第八节 心流是商业模式的第五流：为什么宗教是最好的商业模式

下面是网上传播的盛斌子的一篇文章，题目为《佛陀的商业模式与营销智慧》。

世界上最成功的商业模式是什么？最成功的连锁机构是什么？每个人都有自己的不同的答案。我觉得，最成功的商业模式之一，最成功的连锁机构之一，非创办的佛教莫属。为什么它是最成功的商业模式？

第一，持续的时间最长。我们常说百年老店，比喻一个企业的生命周期长。而佛教从起源到现在至少有 2000 多年的历史。它不仅是百年老店，更是千年老店了。

第二，品牌知名度最广、认知度最深、美誉度最高。佛教的影响力，迄今为止，任何商业组织难望其项背。

第三，网点覆盖率最广。有道是“世间好语书说尽，天下名山僧占多”。从闹市街区，穷乡僻壤，风景名胜，到处都是寺庙的影子。

第四，营利能力最好。首先是低成本，甚至无成本运营，寺庙的所有财产都是政府免费给的，或者信众捐赠的。他们不仅捐得心甘情愿，而且乐此不疲。其次，利润很高，僧众的日常用度全是信众捐赠的。寺庙的财产及诸多收入，也是以功德的名义由信众捐赠的。而且佛陀没有不良贷款、不良资产，不用纳税，现金流相当充裕。最后是销售业绩佳，不管经济好与坏，寺庙每年的收入都是噌噌地往上涨。甚至经济环境越差，寺庙的收入反而越高。

究竟是什么原因，佛教打造了什么样的商业模式，让自己成为千年老店？

最成功的商业模式，之所以成功，无外乎以下几点，佛教的商业模式也是如此。

第一，市场的存量及增量的空间很大。佛教解决的是人性中最本源的问题，如生老病死、爱恨别离。这些问题每个人一生中都或多或少会遇到，是现实生活中不可避免，但又必须要面对的问题。佛教从理论上讲给出了一个完美的解决办法。

第二，拥有核心竞争力（独特的销售主张）。首先，佛教有一套理论上讲完美的解决方案，用于去解决人性中深层次的问题，也是人人必须面对的问题。其次，佛教最早提出了以上系统的价值主张，在人心中占位，使得后来者的模仿成本很高。再次，佛陀根据不同的市场需求，提出差别化的利益，如大乘佛教与小乘佛教。又如主顿悟的禅宗，面对的是高端人群；主苦修的净土宗，面对的是中下层人群。而且佛教漂洋过海，在日本、韩国、东南亚生根发芽，利用差异化的销售主张实现本土化生存。

第三，营利模式标准化，继而实现规模复制。首先，佛教把思想标准化，僧众每天都要学习，修炼自我的同时，为众生答疑解惑。其次，动作标准化，僧众吃斋念佛打坐唱诗，无一不是标准化的动作。而且工作饱和度刚刚好，不至于“保暖思淫欲，见色心起”。再次，形象标准化，全世界和尚的着装及造型都是一样的，连脑袋上烫的疤痕也是大小间距完全统一的。而寺庙的布局及寺庙里的各路神仙鬼怪造型也是几乎完全一样的。至于佛乐，素食更是严格地标准化。为了实现高度的标准化，从而感化众生，佛陀还运用移动互联网时代的体验营销 From EMKT.com.cn，让僧众与信众通过六情（眼、耳、鼻、舌、身、意）去体会与感知六尘（色、声、香、味、触、法），从而领悟高妙的手法，心甘情愿地买单。最后，营销手段多样化。佛教从来不自己打广告，但是佛陀从来不拒绝传法，如发展俗家弟子，让俗家弟子来为自己蓄客拉客。佛陀也时不时地让僧众登台讲法，或者云游传播佛法。佛陀还时不时地推出促销活动，如捐赠多少享受什么样的待遇（兑现时间是下辈子）。佛陀还搞拍卖，如新年第一炷香据说炒到上百万。

第四，价值链设计高明，岗位职责明晰，合理授权到位。很多很好的项目，之所以失败，不在于它有没有核心竞争力，而在于它的内部分配机制非常糟糕。佛陀是这方面的高手。佛陀设计了高明的带升迁机制，让每个“光头”都有奔头。而且每个“光头”为了奔头，几乎是不用领工资的。除了吃喝穿戴的基本费用，就是以修行的名义每天干活不拿工资。而且方丈与住持各司其职，相互监督。而佛陀自己，则把金身安放在大雄宝殿，在袅袅香烟、飘飘佛乐、咚咚木鱼间，与信众做成买卖，达成交易，接受众生的膜拜与捐赠。至于佛陀本人，则是虚无缥缈、仙踪难觅、高不可攀。而且佛陀设计了免责机制，医患纠纷、城管打人、消费者闹事，在佛头那里根本不存在。

最高明的是，佛陀还解决了接班人的问题。一旦自己圆寂，或者被赶下台了，由弥勒佛代替，掌管日常事务。

一言以蔽之，佛陀商业模式的成功，在于它定位了一个广阔的市场，打造了自己的核心竞争力，加上具备标准化的运营管理系统，科学的价值链设计。向佛陀学营销，学习佛陀设计的商业模式，对当下职业经理人与老板及诸多的创客而言，具有源源不断的启示作用。

不仅佛教，其他很多宗教从商业角度去解读，都有类似佛教的优势，远

好于现存的所有其他商业模式。为什么宗教能做到这一切？如果以我们存在的就是合利的分析，自然有其道理，那就是宗教解决了每个人的终极问题，它是一种到信徒心的连接，这个连接会影响所有信徒。虽然不影响资金流、物流、信息流，甚至未必会形成商业上需要的巨大人流，但是宗教解决的问题实际上是人心的问题。从宗教出发点的运营结果都是收获了人心，基于人心，之后的经营都会事半功倍。信徒的增长形成了真实的心流，心流是人们共同的远景、使命、价值观、信仰。人是自己的主宰，心流会影响人流；心流是根本，当信仰成为最重要的载体被广泛传播时，宗教商业层面的成功也就不难理解了。

中外很多企业的内部文化建设都在心流，希望大家能有共同的使命、远景、价值观等，也会制造很多的仪式感活动，这无一不是按照宗教来解决问题的。很多从一个公司出来的人都有相同的思考、语言、行为方式，这一点很符合宗教的特点。这些企业文化的打造，不仅使得在传统行业里出现了卓有成效的案例，甚至在互联网公司里，也有像阿里巴巴这样对高管强调价值观的考核胜过对业绩考核的情况。

优秀的公司还把自己的客户或用户变成了自己的信徒，哈佛大学著名的心理分析家和人类学家迈克尔·马可比（Michael Maccoby）如此向我解释苹果风靡的原因：“20 世纪 90 年代，很多年轻人认同于乔布斯的叛逆，以及他对巨型公司，如 IBM 的攻击。与此同时，富有创造力的人群发现，苹果电脑非常容易使用。这两者的结合，孕育了对苹果宗教般的喜爱。”1984 年，苹果推出 Macintosh（Mac）——世界上第一台采用图形用户界面的个人电脑（PC），并为它制作了一个经典的苹果广告。该广告名为“1984”，用乔治·奥威尔《1984》的政治预言来隐喻当时的个人电脑“老大哥”IBM 对日常生活无处不在的渗透。在昏暗的房间里，一群表情木讷、动作整齐划一的人走进来，呆坐在大屏幕前，屏幕里一张表情凝固的脸用命令式的语调讲解什么是PC。一个白衫红裤的姑娘冲进来，将手中的铁锤掷向屏幕，一声爆炸和一道电光，屏幕上的人消失了，台下的人惊呆了。这条充满叛逆激情的广告造成了空前的轰动，苹果由此被赋予了玩世不恭的嬉皮士精神。在此后的20多年里，乔布斯的个人传奇继续演绎了苹果精神。“一个身着叛逆色彩的黑色上衣、自恋、桀骜不羁、与癌症宣判的死亡做斗争的伟大表演者，他把苹果的故事变成了跌宕起伏的戏剧。”马可比说。媒体进一步把苹果变为大众化的符号：好莱坞电影的通常逻辑是好人用 Mac，坏人用PC，因为苹果是反对强权和庸俗的符号。在热播美剧《24小时》里，杀手用的是PC，代表正义的CIA特工小组用的全是Mac，主人公特工鲍尔用的是Apple Cube和一款Power Book笔记本，他的同事用的则是Power Book、iBook或Power Mac。一名似乎值得信赖的CIA特工法莱尔换掉了Mac，开始使用一台Dell的PC，结果后来被发现是一个内奸。iPod对音乐市场的涉足，让苹果得以与娱乐、艺术和流行文化联姻，摇滚乐队U2、披头士、酷玩乐队、说唱天王埃米纳姆等演唱的歌曲都做过iPod+iTune的广告歌曲，苹果也因此成为“酷”的符号。

无论是阿里巴巴还是苹果，无论是对内还是对外，都是对心流的成功经营，心流经营成功帮助企业建立了非常高的竞争壁垒，人们基于信仰来认清楚自己，解决了人格不对称的问题，最终让他们可能忽略供需间6个不对称因素中的其他因素，或者自己设法跨越其他的因素完成交易，如苹果迷会用排长队等待新品的发布，自己到店等待的方式来突破时间、空间不对称的问题。苹果迷对乔布斯、苹果产品的每个动向的关注，让信息不对称的问题成为过去，有了这样的信徒，产品成功也成为必然的结果（这一段建议读者在阅读后面的6G模型后再阅读一次）。

第九节 连接技术正在快速演进：拥有五千万新用户，需要多长时间

连接技术和非连接技术交替发展，共同绘出了人类历史发展的绚丽篇章。这些年来，由于信息技术特别是互联网技术的不断发展和成熟，连接技术，特别是连接人和信息、人和人、人和钱的技术发展速度越来越快。这也是连接创造新的商业奇迹的原因所在。

广播、电视、PC 互联网、移动互联网都是连接技术，比较共性的是连接人和信息。这些年来，连接技术进入时间的节奏越来越快。收音机经过 38 年积累了 5000 万用户，电视积累 5000 万用户经过 13 年的时间，而互联网仅仅用了 5 年的时间就拥有了同样的用户规模，到了移动互联网时代，微信仅仅用了 10 个月就拥有了 5000 万用户。

支付是人和资金的连接，借助微信的红包功能，腾讯在连接人和资金方面的发展速度更是惊人。最新数据显示，截至 2016 年 4 月 22 日，微信支付绑卡用户数超过 3 亿个，线下门店接入微信支付总数超过 30 万家，5 个月产生超过 5000 个注册服务商。这是移动互联网及社交媒体双重作用的惊艳结果。不妨请大家一起看一下百度百科上微信红包的一些运营数据和惊人的记录。

自 2014 年春节“一包走红”后，每逢节日发微信红包已逐渐成为一种全新的用户习惯和文化现象，微信红包的收发数量也在一路飙升，出现了神一样的速度：

2014 年除夕夜红包收发总量为 0.16 亿个；

2015 年除夕当日微信红包收发总量达 10.1 亿次；18 日 20:00—19 日 00:48，春晚微信摇一摇互动总量达 110 亿次。

2015 年 5 月 20 日红包收发总量为 4 亿个；

2015 年 6 月 1 日红包收发总量为 5 亿个；

2015 年 8 月 20 日，七夕全天微信红包收发总量达 14.27 亿次，突破 2015 年除夕 10 亿的峰值；

2015 年中秋红包收发总量则为 22 亿个，超过除夕的两倍；

截至 2016 年 1 月 1 日零点，24 小时内微信红包收发总量达到 23.1 亿次。另外，跨年夜微信红包的峰值出现在 00:05，这一分钟里有 240 万个红包被发出，620 万个红包被拆开。

2016 年 2 月 7 日，除夕全天微信红包的参与人数达到 4.2 亿人，收发总量达 80.8 亿个，是 2015 年的 8 倍。

……

可以说，随着互联网技术的不断快速进步，连接的技术正在引领商业的变革和进步，这个速度是前所未有的！

移动互联网及相关技术的快速发展，正是处于这个时代人们的机会和挑战的来源，就像微信支付的发展速度给支付宝带来巨大的竞争压力一样，很多传统行业的公司也发现互联网带来的巨大影响：方便面不好卖了，结果是外卖造成的；速溶咖啡不好卖了，和消费升级有关系；化妆品不好卖了，居然和美图软件有关系；武装资金押运不好做了，因为人们使用现金的比例在下降；地面实体店开一个亏一个，连大购物中心都感到了前所未有的压力，因为人们可以在家消费。所有的这些现象背后，就是四流在快速变化后的场景的变迁，这一次技术革命就像蒸汽机或电的发明那样对社会的改变和颠覆是前所未有的，另外，这一次技术升级的速度迭代如此迅速，如果想跟上这个时代，甚至是驾驭这个时代的机会，理解连接、理解本章的四流和6G是十分重要的。

第十节 随连接产生的角色和竞争：为什么连接性机会只有一次且可能会被过顶

连接的机会有自己的特点，一方面，很多连接是一个一次性的机会，即在一个领域内的助连者的机会只有一次；另一方面，连接的机会也不是永久的，随着新的连接技术的出现，旧的连接方式可能会被过顶。

连接的机会只有一次不难理解，连接的机会是助连者的机会而不是连接者的机会。所谓助连者的角色是以连接为生，连接是收入来源，如商业地产、码头等。所谓连接者是指那些借助连接工具的人，有自己的收入来源，如卖电视、冰箱、洗衣机的人。善连者就是善于借助助连者的贡献来提升自己的效率的人，助连者就是路和桥，路和桥一定不会像车和人那么多。从社会效率最优化来看，有商业模式的助连者的机会十分有限，如从西宁到拉萨的铁路只有一条，多数中小城市的飞机场、火车站只有一个，一些港口城市的客运码头也只有一个。到了互联网时代，在全国甚至全世界，同一个模式只有一次机会，这是因为互联网技术本身是一个跨越时空的连接技术，即一个地方的网站，全世界的人都可以无差异地使用，现在理论上全国有一个军事网站或小说网站，就能满足所有人对军事信息感兴趣或看小说的需求。

连接技术快速升级的例子很多，如寻呼机是一种单向广播式的点对点连接技术，20世纪90年代初期，中国无线通信几乎是摩托罗拉的天下，男女老少，到处是别着寻呼机的人，大街小巷，到处是带着寻呼机寻找固话的人，但是到1998年年底，几乎就在这个业务最辉煌的时候，整个寻呼产业的生命戛然而止，摩托罗拉一夜直接关闭了寻呼业务，这是为什么呢？

其实一种连接技术及这个连接技术下的商业模式都有其存在的环境及生命的周期。信息的连接技术升级产生很多机会，但是如果有新的连接技术，旧的技术被过顶就有可能。例如，原来人们都是用手机号连接的，大家都是中国移动的客户，入网都入的移动的网，如果不是国家强制各个运营商的互联互通，基本上所有人都使用移动了，移动的好日子最终被微信给终止了，因为微信这种连接方式相对于蜂窝这种连接方式更为先进，这种替代过程就是过顶，用英语说就是OTT（Over The Top）。寻呼业务也是被手机的短信息功能给过顶的。如果手机的渗透率足够高时，寻呼机的文字或数字的通信在强大的数字手机的功能下就显得没有存在的必要了。

这种现象很多，曾几何时，我们预装一部电话需要数千元的初装费，为了维持这个电话能用，我们还要支付高额的月租费，而且装这样一部电话，还需要到电信局找熟人帮忙。我们这么做，只是为了被连接到一张固定电话的网络里，让别人能找到我们或随时找到别人。时至今日，几乎每家的固定电话成了摆设，很少有人想起来用固定电话通话，连电话诈骗的骗子都不怎么通过固定电话行骗了，固定电话被手机过顶了。

伴随着功能手机发展起来的诺基亚、爱立信等公司，随着智能手机的兴起，也逐渐走向颓势，小米、苹果这样的公司正在通过移动互联网的技术和能力，把每个手机终端变成一台随时可以接入互联网和许多应用的电脑，又成功地把功能手机过顶。这次过顶代表着诺基亚这样的公司走向衰败。

移动通信技术让中国三大移动运营商的生意如日中天，背后的原因是移动技术是当时最好的连接技术，而且连接了人和人，间接地，通过呼叫中心等技术也能实现任何商品的连接，但是这种连接有一些缺陷，它只是语音的连接，而且以一对一连接为主，无法满足多媒体时代人们连接的需求。

随着微信的出现，新的连接能力逐步淘汰了老的连接方式，现在除了语音外，大家手机上使用的大多数通信需求都是在微信上满足的，甚至连语音的需求，也有很多人在微信上得到了满足。类似微信的技术也出现过，微信并不是唯一的一家，如最早的米聊，它也拥有数千万用户市场，包括后来的宜信等新的连接者，但是在这其中，技术能力和产品能力都十分综合的微信赢得了先机，最终收获了最大的成功，成为这个时代的王者。

连接的技术会不断创新，新的技术会满足新的需求，借助网络效应快速占领市场，颠覆原有模式，因此过顶连接在未来会不断发生和发展，这样的变革也给了新的玩家一些机会，让大家能不断超越，让其生活越来越好。

以上案例表明，在所有人类不断进步过程的创新中，连接技术的创新是一种特殊的创新，这种创新会在宏观上给无论是个人生活还是商业带来很大的变化。因为连接的技术会作用于供需关系，甚至会扩越时空、跨越用户地影响供需关系，使得交易更可能成立，结果就是一个大的商业机会。

连接给予每个人和公司的机会和挑战并不是这个时代的每一个人都能正确理解、认知的。互联网这一波浪潮来了之后，很多人的担心恐惧就出于此，即看到现象、看到后果但不知原因，不知自己应该做什么，因此积极提升自己作为一个连接者，提升基于连接技术创新的连接能力，最终作为善连者享受到这个创新，让自己更加幸福或商业上更加成功是这个时代每个人重要的工作。

撇开商业，连接在我们生活中的作用也是十分重要的。作为一个生活上的个体，我们需要不断修改更新自己的连接能力，从而让自己收获一个更加美好的人生；作为一个组织，我们需要升级自己的连接能力，让这个组织具有更强的连接能力，实现组织的目标；作为一个商业单元，我们需要不断升级自己商业上的连接能力，最终实现商业目标的达成，同时实现更大的社会价值。

接下来会从这两个方面介绍和论述连接的价值和意义，以及在实践中如何建立和提升自己的连接能力。

第十一节 连接突破供需之间的“六堵墙”（6G 模型）：连接技术在怎样解决五流问题制造商业机会

连接的每一次创新都带来新的商业机会，互联网这一波浪潮更是如此，短短数年，一个年轻人就可能因为互联网的创新成为世界级富豪。如果仅仅从连接的创新会产生新的机会解释，大家可能还无法理解，因为其他科技的进步也在产生一些机会，为什么偏偏连接型的机会会导致财富如此快速地积累和更迭？为什么互联网行业能得到幸运的眷顾？在一轮又一轮的商业创新、首富更迭之后，财富的幸运之船下一站驶向何方，为什么会是这样的航向？

根据本书的习惯，还是要进一步剥洋葱，回答为什么，还要回答怎么做，这个问题的回答还是要回到商业最基本的层面，那就是供需之间矛盾的层面。在市场经济下，交换是自由自发产生的，但是宏观上看，交易是有交易成本的，交易成本（Transaction Costs）又称交易费用。交易成本理论是由诺贝尔经济学奖得主科斯（Coase, R.H., 1937）提出的。他在《企业的性质》中认为交易成本是“通过价格机制组织生产的，最明显的成本，就是所有发现相对价格的成本”、“市场上发生的每一笔交易的谈判和签约的费用”及利用价格机制存在的其他方面的成本。在一个领域降低交易成本，提升交易效率其实是巨大的商业机会，商业上某一些供需之间突出矛盾解决的最大功臣往往不需要由一个第三方组织来奖励，创造了多大价值，就一定会有机会得到市场的奖励。

历史上，码头、车站、商业街都催生过富豪，围绕这些地方的争夺，演出了人间一幕幕跌宕起伏的戏剧，而从来被中国人鄙夷的商人却是最富有的人，而不是勤勤恳恳在地头劳作的农民，甚至地主也未必比商人更有钱。古有范蠡，后有胡雪岩，今有李嘉诚和王健林，还有马云、马化腾、李彦宏这些成功的企业家，为什么是码头、车站、商业地产、互联网新贵收获财富成为最有钱的人？因为他们都是连接器或连接器的关键环节。例如，码头是连接货物的重要环节，车站是连接人和货物的重要环节，商业街是连接人和商品的重要环节，这些连接环节都得到过市场奖励，在互联网时代也概莫能外。

前面的章节已经说了，五流是改变商业交换中的重要因素，连接改变了五流，最终导致商业模式的改变。如果再具体一些，连接是如何改变四流的？作用在哪些因素上？这就需要回到本节所讲的 6 个不对称模型上来，我称之为 6G 模型（6-GAPs between Demands and Supplies）。

哪些因素是供需之间最常见但交易成本提升的因素？这些年互联网和这些连接器主要解决了哪些供需之间的哪些问题？在我看来，就是解决了供需之间 6 个主要不对称的问题，分别是时间不对称、空间不对称、信息不对称、信任不对称、能力不对称、人格不对称。

- 由于时间不对称无法成交很好理解，如我想吃午饭，但是你只能在晚上 8 点做好饭，我有需求，你有供给，但我们无法成交，时间不对称是主要的问题。

- 由于空间不对称难以成交也很好理解，如我想吃午饭，你也能做午饭，我在北京，你在上海，我有需求，你有供给，但我们无法成交，空间不对称是主要的障碍。
- 由于信息不对称造成难以成交的情况大家的体会会更多，我在此时此地有吃饭的需求，你正好在我的隔壁做好了午饭，但我不知道你有供给，你也不知道我有需求，我们还是无法成交，信息不对称，无法成交。
- 信任不对称是我此时此地想吃早餐，也知道你做好了鸡蛋灌饼，但是我觉得你的摊子太破，不知道你是否用了地沟油，用的鸡蛋和原料是否新鲜，我有需求，你有供给，但是我不信任你，我们还是无法成交。当电商刚刚开始在中国兴起时，信任不对称是一个很大的问题，面对一个1000千米外的买家，我不知道你是不是会给我付款，我不敢发货给你；面对一个1000千米外的卖家，我不敢付款，我不知道你是不是骗子，信任不对称导致我们不能成交。
- 能力不对称不能成交也不是很难理解。我是一个中国人，我到了韩国，时间、地点、信息、空间、信任都没任何不对称的问题，但是你的菜单是韩语的，你的服务员也是讲韩语的，我不知道买什么好，因此能力不对称，难以成交。或者，我只有30块钱的预算，你的午餐套餐消费最低为50元，我有需求，你有供给，但是我们仍然无法成交。
- 人格不对称是什么呢？通常供需之间在时间、空间、信息、能力、信任方面没有任何不对称的问题，但我就是不和某个交易对象产生交易，前面几项甚至有一些鸿沟；又如我发现我喜欢的某个人推荐了某个产品，我依然会选择和购买这个产品或服务，我的消费决策与其他根本没关系，就和我是哪一类人有关系，这一点在粉丝经济中体现得十分明显。例如，我是韩寒的粉丝，就不用郭敬明代言的产品；我喜欢周杰伦，就不喜欢用陈冠希推荐的产品；我是张靓颖的粉丝，就不买李宇春代言的产品。甚至张靓颖和李宇春都在成都开演唱会，粉丝还设法让自己喜欢的明星的门票价格更高，这样以显示自己喜欢的明星的粉丝支付能力更强。这种能够对消费者产生巨大影响的人或产品很厉害，中国甚至为这种现象发明了一个词汇，那就是IP，而2016年出现更多的是那些网红，他们没有李宇春、张靓颖有名，但是也有一些铁杆粉丝，做一些直播有人打赏，推荐一些商品有人会买单。前文讲述的苹果的案例就是人格不对称的典范，乔布斯和苹果成为苹果教，而果粉成为苹果教的信徒，用这种方式解决了人格不对称的问题之后，前面五个不对称的问题问题也迎刃而解：信徒们会自己排队等待新品的发布或到苹果店购买最新款的产品；时空不对称不再是问题，果粉会像歌迷关注歌星的每个动向那样不断挖掘苹果产品的每个细节动向，并如数家珍地介绍给周围的朋友；信息不对称也不再是问题，对苹果教的信仰形成的信任会转化到苹果的每个产品上，甚至可以给其他朋友背书这种信任；信任不对称的问题不再存在，而极端情况，为了买一款苹果的产品，有的苹果迷甚至会卖肾，大学生群体主动利用分期贷款购买苹果的产品的人更不在话下，消费者自己会设法解决能力不对称的问题。不难看出，人格不对称是供需之间矛盾最高级的地方，解决这个不对称也最有价值，这就是为什么一个富足的时代来临后，网红 IP 正在成为这个时代商业的趋势。

实际上，供需矛盾是困扰几乎所有企业的问题，中外很多企业的创业都始于某种供应能力，他们认为“我有这么优秀的供应能力，应该就有自己的客户”，如我能造最好的电磁阀，我能教孩子写作文，我们家四叔做的饭非常好吃，我正好在南四环有一个小楼可以开经济型酒店等。但是当企业创立之后，很快会发现找到自己的客户即真实需求是有很大问题的，而且要持续地、可规模化地找到自己的需求，形成交易，确保持续经营，获得长期收益，这件事就变得难上加难。如果找这里面存在的问题，六大不对称是原因。我把六大不对称也称为供需之间难以成交的“六堵墙”。

解决问题的思路可以是在需求侧思考、供应侧努力、供需间见功夫。所谓需求侧思考和供应侧努力，就是一切围绕用户和客户出发，先找到需求，然后再做好供给，而不是从供给能力出发，再找需求，供应侧努力是在需求找到后，在供应侧下苦功夫，让自己的产品或服务品质有保障，能满足或超越客户期望。这样的做法满足了人们从未被满足过的需求，这样的供给能力有一定的稀缺性，人们会有惊喜、口碑、传播，在一定程度上有饥饿的感觉。苹果就是这样的公司，不断研发出新的产品，基本上是再重新定义一个产品甚至是一个行业，针对了人们从来没有满足的需求，其饥饿营销就有了坚实的基础。国内外很多公司无法制造新的产品，它们能做的事情就是在供需之间解决好问题，有两种方式，一种是做一个供需直接矛盾解决的桥梁，另外一种是利用供需之间的一些新的产品和工具，解决好自己产品的销售和市场扩展的问题，也就是不断突破供需之间“六堵墙”的问题，六堵墙突破了，销售就没有问题了。

实际上，所有领域的业务发展规模，都取决于“六堵墙”的突破程度，所有新的商业机会是否存在，或者其机会大小，都取决于对“六堵墙”突破的范围和程度。而在这个连接的时代，很多公司发现帮助别人突破“六堵墙”是一个很好的商业机会，这样帮助别人连接的公司及专业制造连接的公司就出现了，这些公司无差别地帮助其他几乎所有的公司解决其供需之间的某个或多个不对称的矛盾，并得到报酬和奖励，从而成为商业上的巨无霸，如阿里巴巴，它本来是让“天下没有难做的生意”，最终变成了几乎是天下最大的生意。让天下没有难做的生意，本质上就是帮助别人突破供需之间的“六堵墙”，其业务也支持了这个使命，如菜鸟物流间接解决了时空不对称的问题，淘宝和天猫网站及其机制解决了信息不对称的问题，支付宝解决了信任不对称的问题，蚂蚁金融正在解决能力不对称的问题，而马云本身就是一个教主，其对全国网商的影响力对全世界准备在中国市场销售产品的商家来说已经形成了巨大的崇拜，这突破了人格不对称问题，这六个不对称问题的解决普惠了几乎所有网商和网民，阿里巴巴有今天的市场价值也在情理之中。

6G 模型是本书最重要的模型之一，后面很多案例中都需要用到这个模型。

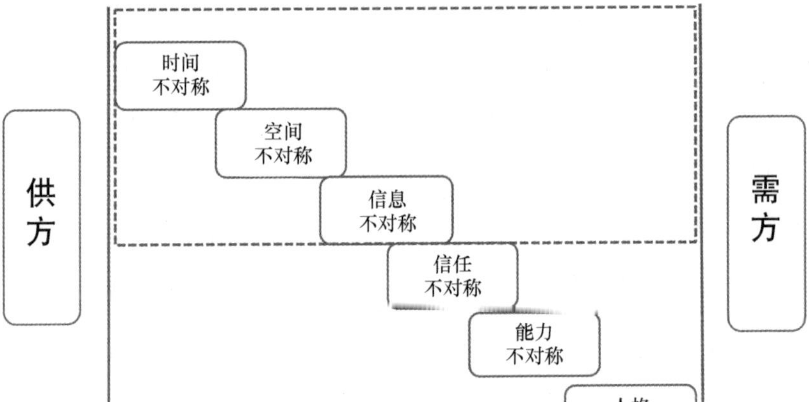

一 六大不对称是挑战也是机会：为什么商业机会都是市场对问题解决者的奖励

市场经济的核心是交换，供需之间的“六堵墙”阻碍了供给和需求的有效见面，最终阻碍了特定的组织和企业的业务的拓展，继而影响了社会资源的有效配置。很多企业生产出来产品却销售不出去，很多需求未得到有效满足，“六堵墙”是核心的原因。“六堵墙”是挑战，也是机会。商业历史上，很多的商业机会都来自新的产品、新的技术、新的模式对“六堵墙”局部或整体、地方性或全国性、特定时间或全部时间的突破。每次突破，都增加了供需的见面和成交，让流通效率提升，让产能得到释放，让税收增加，而这些“六堵墙”的突破者也正在得到市场的奖励。用这个原理，可以解释已经获取成功的机会；用这个原理，也可以判断正在实施的方案的价值和意义的大小。

在一些场合里的六大不对称问题及可能解决方案的发现，其实就是彼得·蒂尔在《从0到1》书中所说的一类秘密，发现这个秘密的人，找到了有效的解决方案，就可能会是那个成功的人，这样的例子屡见不鲜。

突破“六堵墙”的机会有两类，通俗地讲，一类就是修路建桥（线的机会）；一类就是利用桥和路，扩展市场（点的机会），点的机会也是供应侧的机会，线的机会也是供需间的关系。在本章，我们会讲一下这些机会的来源。

1. 时间不对称的问题和机会：为什么7-11会延长营业时间

几乎任何商店都有打烊时间，营业时间的有限一定会限制一些可能交易的发生，这是因为供需之间时间不对称的问题。

很多人认为延长营业时间十分简单，但是如果考虑成本和运营能力，延长营业时间不是一个简单的决定。一般非工作时间的需求量较小，如果商家提供更长时间的服务，意味着增加成本，同时，员工得不到好的休息，需要额外劳动，即使有一些交易，他们也不愿意延长时间去做了。但是随着人们生活习惯的改变，非工作时间的需求会增长，加上随着运营成本的控制，有一些商家如果延长营业时间，这一部分需求和供给方的不对称问题就能得到解决。比较典型的案例就是7-11便利店（商标中的表记方式为7-ELEVEN）。7-ELEVEN品牌原属美国南方公司，2005 年成为日本公司。Seven&I Holdings 公司是Seven-Eleven Japan公司、Ito－Yokado公司、Denny's Japan公司在2005年9月合并成立的新公司。它于1927年在美国得克萨斯州创立，7-ELEVEN的名称则源于1946年，借以标榜该商店营业时间由上午7时至晚上11时，后由日本零售业经营者伊藤洋华堂于1974年引入日本，从1975年开始变更为24小时全天候营业。发展至今，其店铺遍布中国、美国、日本、新加坡、马来西亚、菲律宾、泰国等国家和地区，成为距离人们最近的超市，大部分的需求都可以在这里方便地得到满足。

从7-11的案例来看，消费者的很多需求都是在非工作时间产生的，供应方和需求方的时间不对称造成了很多需求难以得到满足，时间不对称成了这里最大的问题，解决这些问题的价值也就凸现出来，7-11科学地捕捉到这些需求的时机，通过运营体系升级满足了这些需求，在一些其他便利店不再营业的特定时间形成了供应的垄断。理论上来讲，7-11可以因为这样的垄断收更高的费用。当然，为了延长经营时间，7-11也会提升经营的成本，收入增长减去成本增长，就是超额利润的来源。

医院的普通门诊都有特定的时间，一些科室可能因为医生资源的限制，造成门诊时间更加有限，因此病人有问题，需要提前挂号预约，这就产生了很多灰色市场，号贩子在里面渔利，主要就是为一些病人解决了时间不对称的问题。医院里的急诊科解决了时间不对称的问题，对一些需要紧急医治的疾病可随时解决，因此如果只考虑经济的问题，就应该收取更高的费用。而一些民营的医院，因为服务时间的灵活，就有了很大的市场空间和机会，一些 24 小时药店作为医院的补充，赢得了一些小病小灾的需求机会，也获得了较大的空间。

通过解决时间不对称来获取利润的方式司空见惯，特别是在中国，很多商家都愿意延长服务时间来满足需求，很多夫妻老婆店起早贪黑，提供更多的额外服务，就为了挣更多的钱养家糊口，这是很多国营机制或连锁店难以打败这些个体店的主要原因。很多中国商人到海外，也延续了这样的服务理念，在欧洲、北美，中国的商户延长经营时间，进而获取了超额的利润。

解决一个地点的一段时间不对称的问题，的确是一个机会，但只能是小机会，成就的是小生意，如果能在一个地区甚至是全国范围内永久性地解决时间不对称的问题，就可能是一个大生意，做成这件事，就能成就一个大公司了。靠人来延长时间，有点难度，但是靠机器就好一些。互联网技术从一诞生就是 24×7 提供服务的，人们可以随时获取互联网的服务，借助互联网，很多服务的“营业时间”也延长为 24×7，互联网正在成为解决全国甚至全球内时间不对称问题的重要利器。互联网解决了这么大的问题，给用户造成这么大的价值，孕育出大公司就不足为奇了。这些会在后文中讲解。

2. 空间不对称的问题和机会：为什么日本的自动贩卖机遍地都是

供需之间的空间不对称会对供应方造成问题，对需求方也会造成很多问题。我们都有一些经历，如突然就想吃家乡的牛肉烩面、兰州拉面、重庆小面、山西刀削面，但是周围却没有人能提供服务，如果没条件自己做，就只好忍住口水。如果这个时候有人能提供服务，即使加点价，我们也一定会买单，但是结果往往是事与愿违的。

这样的例子太多了，人们的需求可能突然在任何地方产生，如徒步的路上，渴了没有矿泉水可以买；办公室加班时肚子饿了，周围却没有餐厅；想买本杂志，但周围没有书店或报摊。人的需求随时随地产生，如果空间不对称，就会导致很多需求没有被及时满足，很多的商机被浪费。

利用空间不对称的生意机会很多。我小时候在农村长大，村里的小卖部只有三十几样东西，按照现在的话叫作三十几个 SKU，但往往还是断货，而且货也不新鲜，有时买什么东西要给店家说，下次进货时他就会帮着进来。而公社里的商店店员永远是一副冷面孔，其商品也不是很丰富。我们很多人的期望都是每周来一趟供应车。我家住在铁路边上，供应车是火车上的一个车皮改造成的便利店，主要供应沿途火车站的职工，如果周边的群众需要，也可以在这里买一些商品。供应车从兰州发车，里面有很多我从来没有见到过的商品，小时候的零花钱都花在这里了，而周围几个电厂、化肥厂等富裕家庭的钱也多花在这个车上。我现在还能记得人们簇拥在供应车商的情景及那个售货员的模样。现在回想起来，这些火车的生意，就是充分利用火车的移动解决了边远地区商品空间不对称的问题，让火车变成了流动的商店，让以前很多未能满足的需求得到了满足，从而达成了更多的交易。

在美国，沃尔玛的生意深入各个地区，全美国一共有数千家沃尔玛超市，这些超市的覆盖极大地便利了周边人群的消费，解决了空间不对称的问题，为沃尔玛的发展提供了强大的动力。

在中国，目录销售和电视直销曾经受到小城镇的人欢迎，后来因为一些骗局也被严重诟病过。但是从某种程度上，这些目录销售公司或电视直销公司也创新性地解决了空间不对称问题，目录销售的杂志可以很容易随邮政覆盖到更多的地方，而不需要做货物的覆盖，而如果有定点后，通过第三方物流和COD（货到付款）的方式提供产品，最终覆盖了原本无法地域上进行覆盖的更多的人群，因此在中国这种人口大国及曾经商品匮乏、供不应求的市场上获得了高速的成长。

互联网上的空间不对称解决得十分彻底，互联网上信息的消费没有物流的限制，电影、电视剧想看通宵也没有问题，游戏想玩到几点就可以玩到几点，不像图书馆和书店或电影院、游戏厅有营业时间的限制。互联网上的服务覆盖到各地的成本都是一次性的，一旦接入互联网，让该地客户享受服务对经营者成本没有额外的增加，而很多商品通过成熟的第三方物流流通，导致全国范围空间不对称的问题得到解决，空间在互联网上不再是问题。

需要注意的是，时间不对称和空间不对称有时是相互关联的，解决时间不对称会引起空间不对称，解决空间不对称有时也会引发一定的时间不对称。例如，如果你现在就需要购物，而且想马上得到，就需要到现场去，这样就只能接受一定的空间不对称；如果你不能在空间上移动，就要接受一定的时间不对称，如等一段时间的送货上门。值得骄傲的是，中国的一些电商网站已经通过自营物流仓储的建议，让送货时间大大缩短，因此对于时间不对称和空间不对称人们都不需要忍耐太久，这就是京东这种公司的竞争力所在，他们的24小时直达、211等物流解决方案，让用户体验大幅度提升，几乎同时解决好了时间不对称和空间不对称的问题，因此在用户体验方面有非常强的竞争力。

3. 信息不对称的问题和机会：为什么滴滴能连续融到几十亿美元

时间、空间都没有问题，但是仅仅因为信息不对称造成很多需求不能满足，很多商业机会难以达成，在生活中也屡见不鲜。

以前，中国如此巨大，人们获取信息的手段如此之少，人们对信息的掌握能力和渠道如此局限，都是信息不对称的来源，加上一些政府管理的需求，信息不对称成为巨大的交易障碍，也成为交易安全的巨大问题。

“买的没有卖的精”，就是买卖方之间存在巨大的信息不对称，卖方通过了解很多信息的优势，达成对自己有利的交易，这也是利用信息不对称而获益的一种方式，虽然这样做并不是很道德，但是如果抛开道德方面的谴责，信息和知识的差异有价值也是正常的情况，道德和方面的问题需要制度和机制方面的解决方案，这是后话。

我在中学的一个同学，毕业后没考上大学，但是挣了很多钱，他开了一家信息旅社，通过了解南来北往司机的供求关系，撮合交易，从中获取利益。他最骄傲的案例是发现从兰州回到北京途径老家的汽车空载率为 50%以上，司机非常愿意在回城时带一些货物以降低成本，赚点小钱。正好有很多的人大米、西瓜运不出去，撮合这样的交易，让他挣到了比一般的旅馆更多的收入，他的信息旅馆也得到了媒体的关注，这是我见到的第一个利用信息不对称挣钱的人。

信息不对称往往让买家本来有的需求得不到满足，让买家本来可能的成交无法实现销售，当然有时也会让需求方花更多的成本，这些成本既包括交易的直接成本，也包括很多时间成本和机会成本，这些都严重阻碍了交易的效率，限制了本来可以发展起来的商业规模。如果解决了信息不对称，就会给需方带来很大的好处，让需求得以更好地满足。当然，一般也会给供方带来很多的好处，自由市场的社会里，这样的价值一定会得到某种程度的奖励。

在交通出行里，因为需求方和供给方都是移动状态，只有在大街上相互可以看见式的相遇，即供应方需要打出空车的信息，而需求方需要招手表达需求，这样两个人同时看到对方信息，才有机会成交，这个匹配效率是如此低下，因为信息只能有人体动作器官的参与才能发出。没有移动互联网的技术，所有信息不对称的问题很难得到系统解决。例如，去医院的人打不到车，即使拐过弯20 米开外就有一辆空车，却看不见打不着；出租车在路上空驶，即使一分钟后，楼上就有人下来去机场，却碰不见拉不着。

有了移动互联网和智能手机，当每个需求方或供给方的位置信息、状态信息、需求信息可以通过智能手机发出时，这种信息不对称就有机会解决了，Uber 和滴滴就是抓住了这样的机会创业的公司。一方面，滴滴连接所有的司机，把司机的状态提供给意向乘客；另一方面，滴滴也在连接所有乘客，获取实时的需求信息，经过滴滴的匹配，就可以成交，加上滴滴把非出租司机大量引入平台，因为动态的定价导致市场调节供需，根本上增加了供给能力和弹性，又适当地通过补贴降低了价格，最终需求也会爆炸性增长，结果就让整个出行行业发生了很大变化，而滴滴则因为市场地位可以获得超过 20%的毛利。正是因为这个原因，滴滴在每次融资过程中都得到了投资方的认可，融资数十亿就在情理之中了。

互联网及移动互联网在解决信息不对称问题上十分有效，后面的章节中会专门介绍解决这种问题的例子。

4. 信任不对称的挑战和机会：为什么蚂蚁金服是千亿市值公司的胚子

信任不对称导致供需之间难以产生交易的情况，在中国是十分严重的，这和中国经济、文化、法制的大环境有很大的关系，也与中国在个人征信等方面的机制建设落后有很大的关系，这些方面的原因在这本书里不做分析。

很多商家在成为供应方的初期，都有被骗的经历，我们老一代的企业家，如柳传志，刚刚创业就遇到了骗子，20 万的资金被一下骗光。这几乎是一种灭顶之灾。很多客户也有被欺骗的情况，稍不留意，就被以次充好，价格欺诈。

作为供应方，不能忘记的是我们从开门营业的第一天起，就面临这样的一个现状，我们的客户对我们产生信任是有很大难度的。当然，在作为需求方的场合，我们也会非常谨慎地来选择供应方，否则因为对方诚信的问题，我们很有可能会遭受到很大的损失。很多时候，我们担心风险，就倾向于不成交，这样很多本来应该产生的交易就不能产生，社会资源被大量地浪费。

信任不对称造成很多本应该成交的交易不能成功，也会让很多交易的成本、交易周期严重增加，交易金额、交易频次降低，阻碍商业的发展，这一点大家有很多共识。正因为如此，解决供需之间的信任不对称，让更多的交易产生，让商家和客户都获利，也逐渐成为一个很大的生意。

著名的山西票号就是通过解决了这样的信任不对称问题而获得了巨大的利益。票号即票庄、汇兑庄，主要办理国内外汇兑和存放款业务，是为适应国内外贸易的发展而产生的。以前用的是起镖运送现银的办法，费时误事，开支大，不安全。自嘉庆、道光年间，民间有了信局，通行各省，官吏及商人迫切要求以汇兑取代运现，遂诞生了票号。票号的产生原因是社会经济发展、商品流通扩大、交通发达、国内外汇兑的客观需要。票号办理汇兑、存放款，解决了运送现银的困难，加速了资金周转，促进了商业繁荣。

银行通过抵押等方式，解决了信任不对称的问题，最终帮助实现了很多的交易，也获得了巨大的利益，保险公司的出现，也是解决信任不对称的一种方式，这种机制的安排，让很多不能做的生意变成了可能，最终其自身也得到了市场极大的肯定。

15 年前，人们就知道因为时间空间不对称，电子商务在中国有巨大的前景，但当时的交易很难发生，主要原因就是供需分在两个地方，从来没有打过交道，即使解决了信息沟通交易商讨的问题，到了最后的关键环节还是可能无法成交，因为供货方不敢发货，买方不敢付钱。这个问题一直是妨碍中国互联网电子商务发展的大问题，直到支付宝的出现，支付宝居中来对交易进行监控，从而解决了供需在两个地方不信任对方的问题，很多难以成交的交易最终成交。支付宝打开了异地电子商务的大门，自此中国电子商务得到了飞速的发展，而支付宝在全国范围内、全天候地解决了供需之间电子商务的不信任问题，支付宝公司的估值也不断攀升，目前以支付宝为核心的蚂蚁金服公司还未上市，但早已是估值数百亿美金的大公司。

5. 能力不对称的挑战和机会：为什么有人会卖肾买苹果手机

能力不对称体现在很多方面，有渴求但是买不起是一个比较常见的场景，如对苹果产品的渴望，就出现了卖肾换 iPhone 的情况。也许你曾把它当作一个段子一笑而过，但它却真实地发生在安徽少年小王身上。

2012 年 4 月，17 岁的小王通过网络找到黑中介，想卖肾换钱。在黑中介的牵线下，他奔波千里来到郴州，做了检查后，在郴州一家医院的“男性泌尿科”做了手术，事后得到 2.2 万元。拿到钱后，小王去买了苹果手机和 iPad2。

要不是身体变差被家人发现后赶到郴州报警，一个黑中介、黑医生的地下器官买卖链条还不会浮出水面。这则消息迅速通过互联网传遍了中国，大家分别用“卖肾”来表达对一些商品的喜好。苹果 iPhone 5 竟然被誉为“肾六”。

对某个产品有强烈的需求，但是没有能力购买，这是典型的供需之间能力不对称的表现。在现实生活中，能力不对称是供需达成交易的一个很重要的障碍，很多交易都是因为能力不对称而无法达成的，最基本的能力是支付能力，你有产品，我想要，但是买不起。肾六就是这样的故事，虽然是开玩笑，但也揭示了一个道理，即能力不对称是无法成交的一个重要因素，通过卖肾这样的极端手段来解决能力不对称，也是一种解决方式，但还有其他比较健康的方式。

除了支付能力造成的供需之间的能力不对称以外，还有很多能力不对称是供方的产品和服务本身带来的问题，供应方的产品和服务在设计和交付过程中，总有一些默认的前提，如对使用者的能力，如计算机的使用能力的要求。中国很多公司在导入 ERP 系统时，都遇到了很大的挑战，甚至是最终失败，主要原因是 ERP 对使用者的使用习惯甚至能力有一些基本的要求，这样一个客户端的软件并不是每一个人都天生会用的，这样的情况加在一起，就造成了很大的阻力，另外在实施方面也有很多困难。

很多老年人对电子产品有恐惧症，因为之前接触得非常少，也没有使用习惯，最终就不买电子产品，买了也不会使用，只有苹果手机，操作起来十分简便，而微信这种产品设计得又极为简便，操作十分容易，所以微信和苹果都因为解决了能力不对称的问题而得到了很好的市场回报。

除了互联网和信息技术外，还有很多能力不对称解决后产生的机会，如那个著名的美国老太太和中国老太太的故事，没有住房按揭贷款，其中中国老太太的到老才能住进新房不是偶然。一个大学生刚毕业时每月挣 3000 元，本地的房子每平方米 15000 元，很多人买不起房子，但是如果有了住房按揭贷款，情况就变化了，父母出一些首付，自己月供 1500 贷款 30 万，马上就可以有住房了。住房贷款的设置，解决了很多场合下能力不对称的问题，最终是一个非常大的机会。数据显示，仅 2014 年个人房屋贷款余额达到 10 万亿元。中国人的能力不对称的问题只靠自己来解决，解决不了就延缓交易，而外国老太太使用的是金融产品，这里既有产品的问题，也有理念的问题，无论如何，机会就在这里。

汽车金融业是一种新的解决能力不对称问题的手段，能力不对称，造成很多的年轻人买不起车，一方有需求，另外一方有供给，但是很难成交。汽车金融，可帮助暂时买不起车的人通过贷款方式买车，从而解决了能力不对称的问题，最终得到了市场的肯定。根据百度百科，到 2015 年，汽车消费金融市场金额将达 6700 亿元。其中，通过商业银行消费贷款的金额预计将达 3250 亿元，占比为 49%；信用卡车贷分期余额将达 1350 亿元，占比为 20%；汽车金融公司消费贷款金额将达 1600 亿元，占比为 24%。其他金额为 500 亿，占比为 7%。

大学生分期市场是一个新兴的市场。大学生这个群体的人比较集中，对新产品非常敏感，敢于尝试新的产品，但是大学生没有固定的持续的收入，大部分的生活来源都是家长每月给的生活费，而一些大学生兼职的收入也呈现很强的周期效应，分期付款天然地满足了大学生的需求，通过这样的方式，让大学生能买得起自己心仪的产品和服务，最终商家也得到了利益。提供分期付款的公司因解决了很多人的能力不对称问题，最终也得到资本市场的认可。在这个领域知名的公司是趣分期，创立于 2014 年。2015 年 8 月，趣分期获得约 2 亿美元的融资。2016 年 1 月，趣分期获得近五亿美元的 F 轮融资，实现拆分 VIE 架构并回归国内市场，完成了新一轮人民币融资。

还有一些能力不对称的问题也给一些人带来了机会，如一个人不懂法律，很多合同不敢签，很多买卖不敢做，法律能力不对称就是其主要的问题，律师就是这样的角色，他解决了这个人的能力不对称问题，交易就可以继续了。一个中国人和一个外国人很难做很大的交易，主要的原因是语言不通，这时翻译就变得很重要，翻译解决了能力不对称的问题，自然也获得了市场的奖励。现在语音识别和同声翻译能力正在取代翻译，这些技术因为解决了能力不对称的问题也会有很光明的未来。

淘宝兴起时，很多小商户既会生产商品，也会在线下销售自己的产品，但是如何在网上销售自己的产品就一窍不通，这时代运营就变得十分重要，好的代运营公司中都出现了上市的公司。

百度搜索推广，是中小企业的营销利器，但是其复杂性也不是一般人能对付得了的。关键字的出价、标题描述、调整策略等都直接影响最终的投入回报比，这时就有专门的 SEM 出现了，他们做的事情就是解决这种能力不对称问题，随着搜索营销的走热，类似 SEM 这样的职业也变得越来越热门。

作为一个家长，我们都希望能对孩子各方面的成长提供帮助，但是不是每个家长到现在还能对孩子的功课提供帮助的。现在的孩子学的很多东西，家长未必接触过，这时培训机构及专业课程顾问就起到了非常重要的作用。这些机构和老师的作用就是解决能力不对称的问题，因为他们帮助到了一些人，自然就会有很好的回报。

6. 人格不对称的挑战和机会：你是粉《小时代》还是粉《后会无期》

2015 年的电影市场中有两部著名的电影及现象级事件，这两部电影分别是由郭敬明导演的《小时代 3》和由韩寒导演的《后会无期》，这两部电影先后登录全国银幕。郭韩两人同是“少年天才作家”出身，多年以来口水战不断，光是舌战的内容就可以拍一部纪录片。这次他俩再次跨界同台竞技更加引发全民观影热潮。《小时代 3》上映 10 天票房 4.47 亿元，《后会无期》上映 3 天票房 2.21 亿元，观众间更是爆发了“粉谁/不粉谁”的站队问题，在网络上掀起激烈争论。“是去看《小时代 3》还是去看《后会无期》”成为大家站队伍、分品位高下的一个“大问题”。粉郭敬明“小时代”系列的攻击韩粉“装文艺”

“假正经”：“去看你的 Word 文档吧！人间烟火的绚丽不适合你。”粉《后会无期》的则会反驳对方：“因为你专看脑残片，才会过不好这一生！”韩寒的粉丝和郭敬明带领的“时代家族粉”在各种网络平台上分成两派，争吵不休，一为偶像而战，二为自己的品位而战，更有甚者，吵到激烈时连生活中的好朋友都不能一桌吃饭了。

韩寒和郭敬明的粉丝之间的大战不是开始，也不是结束，相同年龄段不同明星之间的明争暗斗已经有很多案例，在各种电视选秀节目背后，粉丝经济正在引爆，粉丝之间的站队也十分明显，而借助粉丝经济，明星代言的产品正在把消费者划分成不同阵营，他们成为商家的必争之地。

粉丝大战背后，实际上是明星背后粉丝对自己的人格属性的自我表达和捍卫。喜欢郭敬明和韩寒的人完全是两类不同的人，他们在人格上不同并且或许还会排斥对方的人格类型，因此对相同的一部电影，所持态度各不相同，双方明里暗里也有很多的争斗。例如，对郭敬明的剧本喜欢的人大赞：“故事青春、纯粹，诚如广告语写的那样‘暗黑无边，与你并肩’、‘成长无憾，为你而战’。励志！向上！”更有粉丝呐喊说：“这就是我们的人生，70 后的大爷大妈、80 后的叔叔阿姨你们不会懂！”韩粉们则攻击郭的电影部分内容为“意大利盗贼联盟史上最为暗黑的一天！”

供需之间的“六堵墙”实际上是稀缺之墙。稀缺在时间、空间、信息、信任、能力上形成，阻碍了可能产生的充分交易。随着社会的发展，生产能力越来越强，很多连接被突破时，供需之间的“六堵墙”中的时间、空间、信息、信任能力都不是问题了，我们甚至能在一些领域看到需求方在选择供方时有明显的偏好。有时面对两种商品，虽然一种商品在时间、空间不对称方面有一些缺陷，但消费者还是坚持购买这些产品。这些偏好就只能有一种解释了，即消费者和供应者人格的不对称。也就是说，消费者在消费过程中对商品或代言人的认知超越产品，在对方的人格和自己的人格之间建立了联系，基于对自己人格属性的坚守而购买某一些产品，不购买另外几乎没有差异的产品。或者说“消费者买的不是实用性，买的是自我表达。”

按照消费者在购买决策中的影响因素分析，对消费者消费路径依赖的因素进行判断就是人们常说的交易入口。对交易入口有很多的影响因素，最主要的因素是稀缺性，如果稀缺性是铺货的稀缺性，流量就是交易入口，如果消费者支付能力导致需求具有稀缺性，那么价格就是交易入口。按照罗振宇的讲法，第一代的交易入口是流量，第二代的交易入口是价格，第三代的交易入口是人格，第四代的交易入口是知识。

在我看来，流量之所以成为交易入口，主要解决的是供需之间时间不对称、空间不对称和信息不对称的问题，而价格之所以成为交易入口，则是因为能力不对称的原因，买不起嘛；人格成为交易入口是因为富足和消费升级后，供需方的人格不对称可能成为某一些领域的主要供需矛盾。供应方的产品或公司其实在消费者中有人格特征，如果这个特征和消费者对自己的人格特征不符，交易也无法实现。在现代社会中，鄙视链是很容易形成的，背后的原因是消费者对自己的人格认知和归属问题，人们不希望因为某个产品的购买而让自己成为别人眼里鄙视的对象。当然，知识成为交易入口最重要的原因是信任不对称和能力不对称。随着社会分工越来越细和竞争越来越加剧，人们没有时间和精力来了解自己不熟悉的领域，但是因为有具体的需求，所以获得这方面靠谱的知识就是必然，知其然并且知其所以，然后进行交易，掌握知识的人和媒体自然就成为交易入口，因为这是对消费者进行影响最重要的渠道，而罗振宇用逻辑思维卖书就是这样一种方法，可以让人们知道某本书的价值，以及在自己生活中的用途，自然就能帮助到更多的人。

回到人格不对称的问题上，人格不对称严重影响消费，特别是随着互联网电商、物流等造成的信息不对称、信任不对称逐渐被弱化时，人格是否对称成就是消费者选择购买的相对重要的因素。其实粉丝经济、社群经济早已出现，从2015年非常火的IP现象，2016年开始的网红身上，人们都看到了新的流量入口，也看到其背后巨大的商业机会，在这些机会的背后，其实都是人格不对称的原因。人格不对称产生了很多的问题，特别是在消费升级的今天，我们有很多的人都会出现这样的情况。

实际上，所谓的明星也好，IP也好，社群也好，都已经连接了一些特定的人，而这种连接主要是基于人格的连接，因此在人格不对称方面没有问题，基本上完成了物以类聚，人以人格分。当某个商品的定位正好和这个明星连接好的人群很类似时，这样的代言和背书就有了深刻的意义。

互联网上经常说的鄙视链，实际上是因为身份认同不同，这就是人格不对称背后的原因。这一点充分利用了人性中的分别心，即人们需要在内心把自己定位，并基于这样的定位，使自己处于某种心理的优势，从而保持自己心里的平衡。

二 商人的使命就是解决六个不对称：为什么范蠡被后人称为“商圣”

中国古代把人类身份划分为几个等级，有官职的人等级是最高的，商人的地位是最低的。商人对一个国家的经济可以说起着重要的作用，是经济的命脉了，但是中国各朝代的政府几千年来一直实行“重农抑商”的政策方针，各朝代的政府所宣传的理论是：商人以倒买倒卖为生，不事生产，不从事和参与生产活动，靠“投机倒把”挣钱。因此，古代的封建政府把商人的地位排得比工人还低（士→农→工→商，士大夫、官员、举人、读书人、士人地位最高，其次是农民和地主，然后是手工业者、工匠，最后才是商人）。

虽然商人地位低，但是商人比“士、农、工”都要赚钱是一个不争的事实，这是为什么呢？我们结合6G模型及中国历史上最有名的商人之一范蠡来看一下。

史书记载，范蠡（公元前536—448年），字少伯，春秋末年楚国人，春秋末著名的政治家、军事家和实业家。后人尊称他为“商圣”。他曾辅佐越王勾践“卧薪尝胆”灭吴兴越，功成身退。他北上经商，居陶，号朱公。堪称历史上弃政从商的鼻祖和开创个人致富记录的典范。范蠡三次经商成巨富，又三散家财，自号陶朱公，乃我国儒商之鼻祖。《史记》中载“累十九年三致金，财聚巨万”。他经商致富具有很多经商理论，致富后，肯于帮助别人，威名远播，堪称“中华自古商之祖”。他的行为使他获得“富而行其德”的美名，成为几千年来我国商业的楷模。

据史书记载，范蠡带着家人，泛舟五湖，飘然远引逃到有山有海、有林有田的齐国海畔。为避免身份暴露，他隐姓埋名，自称“鸱夷子皮”（古代用牛皮做的酒器，即“酒囊皮子”）。范蠡在当地购买了一些土地，还亲自饲养贩卖五畜。等有了一定的积蓄之后，他就利用天时、地利之便雇人开盐田，搞渔业捕捞，还兼营杂粮等生意。范蠡开始经营当地核桃、木耳、山珍野味、肉类皮毛、粮食药材等土特产，对收购来的山货开始分门别类进行放置，每种货物还分有等次。根据各地商贾的需求，他先将各类上等货用牲口运往各个要货的地点进行出售，收款后，他再购买食盐、葛麻布衣等各类日用杂货运回到镇上。这样，他不仅解决了当地人日用品缺乏的问题，自己也赚到了钱。

范蠡善于捕捉市场信息。他经常与雇工及当地的百姓、镇上的商贾在一起高谈养畜经，阔论市场行情。他对人温和友善，为人也慷慨大方，遇到天灾人祸时，他总是乐善好施，常开粥场赈济灾民。灾民听说有这么一个大善人，千里之外都赶来投奔他，不久，鸱夷子皮就名扬四海了。范蠡买卖公平，决不会倒卖腐烂变质的货物，不坑害消费者，因此，他的生意能细水长流，他的名声能传遍四方。他就是以这样的行事风格，在齐地种养经商，勤勤恳恳，在与家人的齐心合力之下，很快就积累了高达数十万的财产。

齐王听说范蠡搞经济很擅长，又仗义疏财，施善乡梓，是个贤能之人，便力邀范蠡进宫，请他进国都临淄做主持政务的相国。范蠡欣然答应。在任相国期间，他大力发展经济，不仅促进了齐国与其他诸侯国之间的贸易往来，冲抵灾年对齐国物资短缺的困扰，也奠定了齐国经济与文化繁荣的基础。三年之后，齐国民富国强，而这时，范蠡又做出了一个惊人之举：他向齐王归还了相印，决定散尽家财再次远走他乡。他说："官高招怨，财多招忌，这都是惹祸的根苗。人贫我富，人无我有，如果只取不施，为富不仁，钱财再多也无益，还不如趁早放弃！"他把财产分散给知交和那些贫苦的老乡，携家捎带贵重财宝再一次抽身离去。

在陶邑，他又一次重创家业。由于当时本钱不多，他的生意不是很大，就像刚到齐地那样，平日里只做一些当地的粮盐买卖。好在陶邑四通八达，是商贾往来的必经之地，范蠡自然也从这些商家那里找到了很多商业灵感。没过多久，他又在陶邑发家致富了。他富了就爱施舍，施舍不但不要回报，还喜欢帮助穷人一起致富。

后来，范蠡又散尽家财，周济那些贫困的同乡老友，为此他还表白说："其实，在我看来，经商只不过是生活中的一种乐趣。钱财是身外之物，贪得无厌往往会适得其反。懂得用钱才能得到钱，这也是生财之道！"

古代商业不发达，整个社会以农耕文化为主，但是人们对日常生活的其他产品有必然的需求，但却难得到充分的满足，也就是说，六个不对称问题十分严重。没有现在的科技手段，人就是最重要的因素，专门解决供需之间六个不对称问题的人就是商人，而范蠡就是这里面最杰出的代表。范蠡主张把握商机，候时转物。他遵循经济丰欠循环论经商，提出“待乏论”，不要人等货，应让货等人；要准备别人没有的或想不到的货物，这样才能在市场上占据优势。范蠡将各类上等货用牲口运往各个要货的地点进行出售，收款后，再购买食盐、葛麻布衣等各类日用杂货运回到镇上。这就是在解决时间、空间不对称的问题；与跟雇工及当地的百姓、镇上的商贾在一起高谈养畜经，阔论市场行情，实际上是获得供求信息，通过解决信息不对称来获取利益；范蠡买卖公平，决不会倒卖腐烂变质的货物，不坑害消费者是在建立信任，解决信任不对称的问题；范蠡主张逐十一之利，薄利多销，不求暴利，这种非常人性化的主张，符合中国传统思想中的经商求诚信、求义的原则。这也是在解决能力不对称的问题；“范蠡对人温和友善，为人也慷慨大方，遇到天灾人祸时，他总是乐善好施，常开粥场赈济灾民。灾民听说有这么一个大善人，千里之外都赶来投奔他，不久，鸱夷子皮就名扬四海了，”范蠡自己成了网红，人格中介也逐步形成。

不借助技术和工具，范蠡解决了供需之间6个不对称的问题，获得了商业上的巨大成功，但是个人的能力毕竟有限，靠个人而不是机制或技术来解决六个不对称有一定局限，商人的角色正在被技术创新取代或放大，这是为什么后来的每一次连接升级都引发商业文明的进步，也制造更大商业奇迹的原因。

第十二节 6G 和五流的关系：为什么五流和 6G 是理解连接的基础

交易源自于供给和需求，如果暂时不考虑供给侧的创新导致的对新的需求的满足，供给和需求之间有这“六堵墙”之后，所有的交易就要供应方或需求方设法在突破这“六堵墙”上产生。前面说过商业模式的影响因素是五流，那么大家一定会问，六个不对称和五流之间是什么关系呢？

实际上，6G 和五流之间的关系是问题和解决方案之间的关系。供需之间无法有效形成交易的问题在于六个不对称，而解决方案来自于五流。如果人不能移动、货物不能移动、钱（一般等价物）不能流动，信息不能流动，这种情况下增量规模交易是难以达成的。在古代的中国封建社会，人们被各种户籍或井田制度囚禁在自己的家乡，像树一样一生无法远距离迁移。如果人不移动，货物可以移动，也有机会产生很多的交易，但当时一方面物流也不发达，另一方面缺少让货物移动的人（商人被社会认为是最低贱的职业），交易难以形成是十分必然的结果。交易的五因素不能流动，其结果是供需之间的六个不对称无法打破，需求无法有效满足，整个社会交换在十分有限的范围内进行，经济的发展也没有可能，而五个因素一旦流动起来，六个不对称就因为流动而被突破，新的机会就来了。

人流的前提就是人开始流动起来，一旦人流动起来，更多交易就有可能形成了。从需求方的移动寻找机会，最终可解决时空的不对称问题。例如，广告放在人流如织的公园里，自然，这里流动的人流会产生需求的，可是厂家不懂，他们只会在电视台上打广告，其实可以通过这种方式将人流虚拟移动到产品上，或使他们在去超市时采购，或者在他们下班的路上购买。

物流的前提是货物商品开始移动，即使人不动，但是通过货物移动方式也能解决时空不对称的问题，有时还可以解决信息不对称的问题，即人可以待在家里，货物送上门，交易自然达成。

资金流一方面解决了支付和信用的问题，即有了钱，钱又能动起来，很多支付的工作就变得很简单，山西的票号就起到这样的作用，人们不需要带着大量的现金才能交易；另一方面资金流如果向金融方向演化，则可以解决能力不对称的问题，陈志武说，所谓金融就是跨时空的价值交换，一方面支付的便利，让很多以前必须要带着现金甚至需要以易货方式难以成交的场景可以成交了，另外一方面很多人其实没有支付能力，有了资金流的一些安排，如借贷，这样短期的能力不对称就被解决了，交易又能被达成了，社会效率又得到极大的提升。

信息流的创新能极大地解决信息不对称的问题，有时信息流也能解决能力不对称的问题。获取信息的能力差异本身就会造成能力不对称，有时，如果获得更多的信息，这种能力不对称就可以解决了。共同的信仰形成后，更多的交易能够因为需求方的动力突破交易成本来进行新的交易。

连接引起五流解决方式改变，五流解决导致六个不对称问题的弱化或解决，新的增量交易达成的可能性提升。我们也发现，在几个不对称解决的过程中，有一种替代效应产生，如时间不对称和空间不对称的替代效应，如我只要多等等，就可以接受一个从外地送过来的更便宜的水果，而不需要非要到社区附近的一个店里购买。或者反过来，只要我愿意走几步，解决空间不对称，我就可以立刻享受一顿美餐了。

此外，信息不对称和能力不对称也有替代效应，如有一些人能力强，会说英语，能和当地人交流，就可以吃很多美味，而不需要受到对信息不对称的限制，而一个人的信息足够丰富，就不需要去学习英文来寻找到一个好餐馆。

人格不对称和信任不对称之间也有一定的替代关系，如虽然我不了解一个产品的质量，但是代言人是我的男神，我就会去买；即使一个产品的质量没问题，但代言人是男神的对手，我也不会去买。

这方面的研究很有意思，也会企业认知机会和新的一些常识的商业模式是否存在并执行战略产生一些影响，值得大家做更多的研究。

本章小结 连接升级催生的新角色：为什么让天下没有难做的生意的人，最终做成了天下最大的生意

在商业社会中，供求关系是永恒的命题，在这个大的命题之下，本章的主要内容是讲解连接和商业机会还有供需矛盾之间的关系，其逻辑十分简单，在所有的角色中，消费者是无辜的，商业的问题都是供应方的问题或供需间的问题。新技术分为连接技术和非连接技术，非连接技术在供应侧产生价值，满足用户之前未能满足的需求或满足得更加高效。而连接技术的创新在供需间制造影响，好的连接会影响商业模式中最重要的四个因素：四流，即影响商业模式的最核心的四个因素。这样开始了商业模式的革命而不是改良。这样的革命体现为连接技术的应用者有机会在供需“六堵墙”的一个方面或多个方面永久性消除一些障碍，最终显著地降低交易成本，提升供需之间成交的效率，继而满足新的需求、改变行业格局、创造新的角色或让效率颠覆性地提升，因为主宰市场的重要连接只能由一家或几家公司承担，因此以连接为生意的机会是一个

大机会，也是一次性的机会。在市场经济中，最终市场会奖励这样的创新者，结果是这些创新者得到合理的回报，这就是历史上连接技术催生大的公司和富豪最主要的原因。这就是连接者、助连者、造连者三类角色，助连者和造连者因为帮助了众多商家和用户，自己会有更大的商业机会。

理解本章，只要记住一个案例就够了，这个案例就是阿里巴巴。阿里巴巴的使命是让“天下没有难做的生意”，但一定不是所有阿里巴巴上的商家生意都能得到改善。阿里巴巴本身成为全世界前十名的大公司，市值也超过2000亿美元。一个以让“天下没有难做的生意”的公司竟成为最大的生意，就是因为在互联网时代用互联网的技术连接供需的机会，这个技术和运营可以在打通供需之间的不对称方面有新的做法，让很多不同行业的人在这个过程中能够更有效地成交，更多人能因为这个连接效率做成以前做不成或不赚钱的生意，而阿里巴巴是这个解决方案的主导者，让天下没有难做的生意也就成为一个最大的、最赚钱的生意。

你会发现在阿里巴巴的整体战略布局里，很多安排或主动的或被动的在解决六个不对称中的一个或多个。一个包罗万象的网站、标准的网铺解决的是时间、空间、信息不对称的问题，而支付宝解决的是信任不对称的问题，余额宝一开始就是为了解决能力不对称的问题，淘宝上的网红又在开始解决人格不对称的问题。当然，马云每次成功的对外演讲和合作，让他已经成为一个世界级的超级IP，这个IP带给阿里巴巴巨大的品牌效应，也是一种商户追求人格不对称的表现。这在后面的第四章中会有详细介绍。

本章中的五流和6G模型是本书最重要的概念，其中五流是商业模式最核心的因素，而6G是分析新模式的机会来源和大小的工具。

第三章

善于连接的个人赢得幸福人生

前言中说过，太阳底下没有新鲜事，为了便于帮助读者理解较为复杂的商业中连接或善连者赢的道理，本章将从生活中连接的场景出发。如果读者对生活中的一些连接的现象和背后道理理解透了，商业中连接的问题也很容易类推得到结论。

上一章讲到，连接在商业上的一些对象和场景，特别是以人为出发点，对人、对物、对信息、对钱的连接，连接形成流动，也就形成了人流、物流、信息流、资金流四个要素，而这四个要素恰好是商业模式中最重要的四个方面。优秀的企业就是拥有领先商业模式的企业，他们或成为创造连接的造连者、或成为帮助大众连接的助连者，或成为一个在市场中善于对接外部资源及客户的善连者，这些企业都是非常善于连接的企业。

实际上，连接的概念不仅适合商业交换的领域，我们每个人都是连接者，连接是我们天生的需求和能力，连接的概念和主要的理论在几乎每个人的个人日常生活领域也是完全适用的。换个角度看，每个人的一生，从生到死，其实也是一个自我经营的过程，虽然大家经营的目标不同，有的人求名，有的人求利，有的人求安心，但是每个人都是在朝着自己的目标经营自己。这种经营和商业上的经营没有本质不同，也是供需的问题，如果能成为更多人需要的人，或者因为能为更多人提供服务让对方满意或惊喜，继而深度连接更多的人，这个人成功的可能性就会变得更大。

因此，连接不仅是商业的概念，也是每个人在工作、生活、学习过程中每天都经历的事情，人生处处皆连接，而连接质量和效率也是我们人生成功的重要影响因素。

例如，从连接的角度来看，我们出身于什么样的家庭，基本上决定了我们最主要的连接范围。出生伊始，我们就在和父母连接，我们每个人身上都有很多父母的影子，这就是连接的结果，如果有哥哥、姐姐、弟弟、妹妹，这样亲人之间的连接会维持很久。结交朋友也是很重要的连接，有人说朋友是自己选择的亲人，因此连接朋友和连接自己的家人并没有多大的区别。长大后结婚，又有一次至关重要的连接，这次是和自己准备相守一生的爱人连接。进入学校，和同学连接；参加工作，和同事连接；接待客户，和客户连接，这样的连接在成就我们，也在塑造我们。马克思说，人是一切社会关系的总和。从某种程度上说，我们连接了什么，我们就是什么，我们是我们连接的对象。我们的大部分艰难决策和纠结都和连接有关，或者说是下一步连接的决策：和谁在一起，进入什么样的一个单位，是不是开始创业，从 0 开始经营自己的商业连接；要不要移民和另外一个全新环境和体制进行连接，等等。

有人说，人最重要的能力是判断能力，其很大的成分是我们判断要做下一次连接的能力。也有人说，选择比努力更重要，这实际上是因为选择的结果导致连接对象和时间的不同，而连接的不同会给我们带来非常大的影响。

正因为如此，我们需要好好研究一下连接的学问。这一章，我们就来看看连接的价值。

第一节　人生处处皆连接：连接的普遍性和特殊性

本书主要是讲互联网连接的，但是理解互联网连接有时并不很容易。在本章中，我们会讲到什么是生活中的连接，生活中连接的普遍性，连接的目的和标志，成功连接的要素等。举了很多例子后，还是要回到终极四问题上，理解了生活中的连接是什么、为什么、怎么说、怎么做四个终极问题之后，再理解互联网连接就变得轻松了。

一 早期教育靠环境连接：为什么孟母三迁和学区房价飞涨的背后原因很相似

孟母三迁的故事大家肯定都知道。孟子小的时候非常调皮，他的妈妈为了让他受到好的教育，花了好多的心血！有一次，他们住在墓地旁边。孟子和邻居的小孩一起学着大人跪拜、哭嚎的样子，玩起办理丧事的游戏来。孟子的妈妈看到了，就皱起眉头："不行！我不能让我的孩子住在这里了！"

孟子的妈妈带着孟子搬到市集旁边去住。到了市集，孟子又和邻居的小孩学起商人做生意的样子。一会儿鞠躬欢迎客人，一会儿招待客人，一会儿和客人讨价还价，表演得像极了！孟子的妈妈知道了，又皱皱眉头："这个地方也不适合我的孩子居住！"于是，他们又搬家了。

这一次，他们搬到了学校附近。孟子开始变得守秩序、懂礼貌、喜欢读书。这个时候，孟子的妈妈很满意地点着头说："这才是我儿子应该住的地方呀！"后来，大家就用"孟母三迁"来表示人应该要接近好的人、事、物，才能学习到好的习惯！

在一个人的成长过程中，环境影响因素会起到极大的作用。人最早的成长就是和环境的连接，在这个时候，孩子的习惯、世界观、价值观等没有形成，周围人的行为就是他模仿和学习的对象，家长对孩子的影响肯定有，但是比不过环境的力量，连接一个好的环境，孩子的成长会更加健康。

太阳底下没有新鲜事，其实现在的家长对学区房的追捧和孟母三迁没有什么本质的不同，今天的城市里，学区房已经成为一个特殊的现象，如北京市已经爆出每平方米 30 万元的学区房，但是作为当事者的父母，并不觉得这个钱花得冤枉，一方面，在这个地区买房子，不用找关系求人，孩子就能直接就读最好的学校，和最好的学校、同学、老师产生连接，而这个连接是后续所有连接的起点，对孩子的发展有深远的影响，因为不是家家孩子的爸爸都是李刚，所以有这样需求的人会很多。另外，因为学区房是一个大多数家长都有需求的商品，兼具升值或流动性优势，即在上完小学后，这个房子再流通依然有很高的市场价值，因此，作为一项投资，整体算来也并不亏。父母跟着孩子住在学校附近，成为北京的一道独特的风景。说起来，这和以前的孟母三迁也没有什么区别，都是为了孩子未来的连接环境而奔波。

二 辛苦读书为更好连接：为什么读书为的就是不遇到不想遇到的人

人一生中能连接到什么样的人是争取来的，这不难理解，但是有时不连接到一些人也是需要争取的，因为如果不努力提升自己的连接力，从而连接到自己想连接的人，那么连接某些人就可能是一种宿命。例如，如果没有上大学，很多高佳林连接的人就只能是身边固有的那些人，其事业格局、思想见识和自己都不相同，想摆脱都难。

为什么要读书？不同时代有不同的回答，在如今这个人们选择越来越多元化的社会，如果以世俗的眼光看，要不要寒窗读数十年是困扰越来越多人的一个问题。如果仅仅用赚钱能力的提升来衡量一个人是否读书的效果，你会发现很多案例显示其实一个人读书多少和他收入的增长并不一定有很大的关系，甚至一个刚毕业的大学生可能还不如一个保姆或月嫂挣钱多，那究竟为什么我们要读书上大学呢？

记得龙应台写给儿子安德烈的一段话：“孩子，我要求你读书用功，不是因为我要你跟别人比成绩，而是因为我希望你将来会拥有选择的权利，选择有意义、有时间的工作，而不是被迫谋生。当你的工作在你心中有意义，你就有成就感。当你的工作给你时间，不剥夺你的生活，你就有尊严。成就感和尊严，给你快乐。”

可以看出，龙应台希望自己的孩子通过读书实现选择的权利和能力，如果不是读书，这两种能力是难以习得的。读书后，一个人的潜力会被放大，能识别自己连接的需求，从而做出符合自己的需求。另外，读书让自己有能力做出这样主动的选择，而不是被动的选择。

也有人说，读书就是为了不遇到我不想遇到的人，这一点和龙应台的说法一致。物以类聚、人以群分，有时遇到一些人或特定的事情，是由一个人所处的阶层、学识、职业决定的，不是他自己能选择和逃避的。也就是说，连接可能是主动的，但也可能是被动的，有的时候，社会越发展，物以类聚的效应越明显。连接能力决定一个人所在的“类”，而读书就是在修炼连接能力，最终会影响到连接的对象，使我们不去被动地连接那些不想连接的人，而是主动地连接那些自己想连接的人。

三 人生贵人即关键连接：为什么不是曹云金而是岳云鹏成了德云社一哥

2016 年 9 月初网上最热的事件是郭德纲和曹云金的互撕，里面的是是非非外人难以判断，但是可能无人会质疑，当今的相声界里，除了郭德纲和于谦，最红的恐怕就是岳云鹏了，他已经是德云社当之无愧的“一哥”。倒退十年，曹云金比岳云鹏成为德云社一哥的可能性应该大十倍，但曹和岳的发展路径却大相径庭，我们就看看岳云鹏的成长路径吧！

岳云鹏其实是地地道道的农村孩子，家境十分贫寒，资质也十分普通。岳云鹏的成长，离不开一个人物，那就是郭德纲。可以说，郭德纲是岳云鹏的贵人，与这个贵人的一次连接，开启了小岳岳传奇的职业生涯。

小岳岳出生在河南农村，13 岁不上学了。年仅 14 岁的岳云鹏一路北漂到了北京，吃苦是少不了的。14 岁开始，岳云鹏从保安做开始了自己的职业生涯，很快就因为入不敷出换了工作，之后岳云鹏换了很多家饭店，洗碗、扫厕所、当服务员，期间受过各种委屈，吃尽了各种苦，如果沿着这条路发展下去，岳云鹏最多成为一个餐厅的领班或经理，运气好可能还能当个厨师。

一次偶然的机会改变了岳云鹏的命运，岳云鹏在饭店工作时认识了郭德纲，吃尽苦头的岳云鹏立志要学一门手艺养活自己，于是就拜郭德纲为师傅，学习相声，那时的岳云鹏已经 16 岁了，算是出道比较晚的，学起来很困难。但岳云鹏能吃苦啊。刚进德云社的岳云鹏，最重要的工作就是扫地，然后学相声。因为出身的原因，很多师兄、前辈们都看不起他，岳云鹏也一点点忍了下来。岳云鹏的坚持终于得到了回报，德云社发生动荡那一段时间，不少功勋人物都走了，德云社成了一个空架子，都没人说相声了，郭德纲就找来了岳云鹏，岳云鹏也知道，自己的出头之日，来了。

岳云鹏传奇般的成长经历告诉我们，关键时间的连接是有多重要。作为一个普通得不能再普通的孩子，岳云鹏第一次和郭德纲的连接是这个成长故事的开始，如果没有这次连接，岳云鹏和众多在北京打工的河南籍保安或服务员没什么区别，或者就在一个餐馆、或者在一个公司默默无闻，但是和郭德纲的这次连接，让他有了一次新的开始。当然，这次连接不仅得到了贵人的指点，也是小岳岳在北京多年后思考自己的未来，“总不能当一辈子店小二”后的寻觅，但是不得不说，有他这样的想法和资质的店小二在北京千千万万，这次关键的连接造成了其职业成长的机会。

这次连接虽然给小岳岳带来了新的机会，但不是所有，小岳岳在成长过程中有很多次机会可能会断开和郭德纲的连接，就像之前在德云社里的一些人离开德云社一样，但是小岳岳坚持了下来，并一步步加强了这样的连接，坚持连接是他最终获得成功的重要因素之一。

当然，岳云鹏的成绩也源于他自己连接力的修炼。正是因为他做服务员的修炼，加上师从郭德纲的指导，岳云鹏掌握了和观众连接的心法和技法，连接能力了得：他永远是那个出身卑微，但是努力、善良诚恳，但又能平等交流，永远低姿态让人放心的服务员，永远保持和听众很近的距离但又不失尊敬，永远能拿捏好每个包袱的分寸。作为一个好演员，不仅需要连接到好的师傅，更重要的是要持续地连接到观众和粉丝。而不论什么原因，曹云金和郭德纲的失连都是一种悲剧，不仅让人们看到了师徒之间的反目，而且人们也可能无法欣赏到曹云金本该在德云社体系下更精彩的表演。

一个人在成长过程中，每一次显著成长都是因为关键连接，连接了不同的人，到了不同的环境，就有了不同的发展路径。连接正确的人，连接争取的环境，坚持自己的连接就十分关键。

四 大学教育价值在连接升级：为什么高考减招引发大规模请愿

如果对发生在 2016 年 5 月的社会新闻进行排名，江苏、湖北入学名额的调整引发的家长请愿活动一定排在前三名。搜索高考的关键字，搜狐新闻上的江苏高考减招事件引发抗议的一则新闻跃然纸上。

多省将调出高考招生计划引发家长质疑

此事的大背景是，今年 4 月底，教育部、国家发展改革委印发《关于做好

2016年普通高等教育招生计划编制和管理工作的通知》，要求高等教育资源丰富、2016年升学压力较小的上海、江苏、浙江、福建等12个省（市），将向中西部10个省区调剂共16万生源计划。其中湖北调出最多，达4万，江苏其次，达3.8万。

这一通知随即在考生家长中引起轩然大波，他们认为孩子在关键一考前突然少了几万个机会，颇为不公。据搜狐新闻弧度栏目了解，连日来，尤其是湖北、江苏两省大量考生家长，已多次前往省教育厅和省政府集体陈情。

其实每年的高考在社会上都是一件大事，从政府到普通民众，从学校到家长，从考生到老师，从交管部门到学校，每年都有各种各样的新闻产生，也有各种各样感人的故事发生。

为什么大家对大学升学如此重视？其实上大学既是一个学习长知识的过程，也是一个开始新的连接可能的机会，更是为下一次更高级别连接做准备、打基础的过程。大家一般都会认为，只有大学教育结束后，一个人对社会普遍连接的大门才敞开，才会有更多职业发展的机会。对于很多寒门弟子而言，很多人灿烂丰富的人生，往往是从大学生活之后才开始的。因此，对高考的公平性的重视，从来就是社会是否公正的体现。

上不上大学，决定了是不是有一次新的读书深造机会，对很多莘莘学子而言，这次机会意味着将走出家乡，和全国优秀的学生一起，和这个学校的老师，和这个学校设立的某个专业，和这个学校的历史连接，甚至是和这个学校曾经就学过的人建立连接，或者和未来自己的另一半连接。这些连接成为大学生走向下一个职业阶段和人生发展最重要的一次台阶。

如果有条件，很多学子也会争取考清华北大，或者“985”和“211”学校。

其实考入一个名校和考入一个普通学校相比，学到的知识有很大区别吗？其实不然，特别是现在互联网教育方式如此发达，是否在名校学习，都不妨碍获得全国乃至世界一流的教育资源和信息。那么为什么大家还会争相报考名校呢？其实大家考名校最看重的是和名校里优秀的同学、老师、专业及学校的校友的连接机会，这种连接因为有共同的经历和背景，有共同的朋友及曾经生活的环境，建立信任相对更加容易，而和优秀的人连接可以相互激发，激发很多新的思路产生。成功是需要协作的，已有连接可以提升协作的机会，降低成本，成功就更加容易了。

随着互联网技术的发展和社会的进步，人们获取信息和知识的通道越来越多，加上慕课等形式的教育兴起，一所大学能给一个人在知识上的成长带来竞争优势的帮助已经十分有限，甚至这些在校学习中学业上的提升对一个人未来的发展所起的作用也越来越有限。那么，什么是最有帮助的因素？其实是连接的同学。大学同学四年的时间，在没有特别利益干扰的环境下形成的相互欣赏、友谊将会影响人的一生。很多时候，人和人协同合作最主要的挑战在于信任或建立信任的成本，特别是高手之间，正因为如此，共同的学习经历就是建立信任最好的渠道。

五 读商学院为升级连接：为什么黄晓明、吴奇隆还花钱花时间去读 EMBA

2015 年 4 月，吴奇隆在 45 岁高龄时选择了读北大 EMBA，黄晓明也成了长江商学院 2016 年秋季班的学员，这些消息吸引了很多人的关注。如今明星读 EMBA 早已经不是新鲜事，任泉、佟大为、赵本山都是 EMBA 的学员，而这些明星读 EMBA 还是引发了人们很多的关注和评论。

EMBA 教育是商科教育的最高端，如果单从单位时间的成本来看，是十分昂贵的。从这些 EMBA 学员的学习重视程度及商学院在知识传承上的安排和考核上看，知识的学习并不能说是 EMBA 的重点。那么为什么很多人花高价学费要读商学院呢？国内著名的商学院如长江商学院、中欧等更是让企业家们趋之若鹜，甚至出现很低录取比例的情况。其实商学院的读书过程也是一次连接的过程。这次新的连接给参与者带来的价值是难以用金钱衡量的。

事实上，在商业社会，随着企业家或企业高管事业的成功及位置的不断变化，和外界的新朋友建立信任有一定的难度，但是业务的环境在变，时代在变，和新的人、新的业务进行深度连接是必需的，无论处于事业的考虑还是学习的考虑，那些相似事业阶段的人会给自己带来更多的启发和帮助，如果在深度信任的基础上进行一些合作也是很正常的。在这个时候，离开自己的日常工作，到商学院学习就是一个可能的选择。进入商学院意味着到了一个学习而不是生意的环境，和相似背景的人在一起，远离自己在社会上的身份，一起参与一些活动，这些成为建立深度连接的机会。从长江商学院的军规看，这些指导商学院学生学习的一些自发性的原则正是让大家得到深度连接成为可能的保证。

现在的商学院不仅在入学前有要求，在入学后还有公约对学员的要求，这些要求指导了大家在商学院期间的一些行事风格。网上流传的长江商学院的 21 条军规如下。

第一条　永远记住，你不是在上大学也不是在公司。这就要求你既不要像大学一样和人比成绩，也不要像你在单位里颐指气使，发号施令，否则别人会以为你傻帽或有病。

第二条　即使你是亿万富翁也不要炫耀财富，因为这地方习惯鄙视有钱人。如果你实在忍不住，可以多捐班费，这样既赢得了敬仰又表现了自己，除此之外没有更好的办法。

第三条　即使你并不富有也不要自卑，除非你连思想也没有，再说金钱也不是个东西。

第四条　假设你的学识非常有限，要记住保持沉默，因为你越是深沉，别人越以为你高深。

第五条　不要“忙”字不离口，这会给人两个感觉，一个是你在故作重要，一个是你不会管理，因为对于地球来说有你和没有你都一样。

第六条　不要试图和你的同学做交易，因为即使交易没做成，他以后也会在你面前很牛。

第七条　不要试图跳槽到你同学那里，因为到头来既做不成同事也做不好同学。即便能凑合下来，你总会感到郁闷。

第八条　不要轻易否定教授的讲课水平，因为这等于自招了你根本没听懂。

第九条　不要轻易为了表现自己和别人争斗，因为你只能痛快一时而长时间和你的对手陷入囚徒困境。

第十条　不要太相信教授的话，因为大部分教授都不会做生意。

第十一条　不要不相信教授的话，因为你没有做好的原因，教授会说是因为你没有听懂他说的话。

第十二条　过分表现自己不是“帕累托最优”而是“帕累托最差”，因为你不但使别人丧失了快乐，你也没有多得到快乐。

第十三条　不要试图以完美示人，因为在这个群体里永远达不到“纳什均衡”。

第十四条　吃别人两次要记住回请别人一次，这是铁律，如果既不吃请也不请人就更愚蠢。

第十五条　你可以拒绝说话，但说出来的话既不要夸大也不要虚假，至少不能夸大到卫星上天、虚假到无中生有，因为 EMBA 中没有一个傻瓜，他们很容易判断真假，然后对你敬而远之。

第十六条　不要说你和某某省长、某某局长吃过饭，因为即便是真的，别人也会认为你不成熟。

第十七条　如果你总不拿上课、听课、作业当回事，那你的亏就吃大了，因为你的成本会比别人高出 *N* 倍，即使收入一样但你的净利少了。

第十八条　不要太担心考试，因为你不想及格的难度远远高于你能及格。

第十九条　即便你很世故，也要装出一点童心来，尤其在做集体游戏的时候。

第二十条　记住，多点赞美少点批评，因为这帮人总喜欢别人拍他马屁。

第二十一条　不要用学到的新理论到你的企业里做试验，因为企业不是试验田，何况做生意只需要常识性的东西。

与其说以上是 EMBA 的同学军规，还不如说这是高质量 EMBA 同学正确的连接操作指南。本质上，大家到商学院就是为了新的连接，深度的连接和高质量的连接，但如果没有一定之规，不同背景和身份同学之间未必会有高质量的连接，甚至会有一些不愉快发生。这就让所有同学的预期难以达成。在和同学交往中，注意连接的方式，善心善念、真诚、不功利不仅是 EMBA 连接的心法，也是一切连接的心法，用对方喜欢的方式来和对方连接是连接的方式。只是对于已经成功的多数 EMBA 学员，做到这一点是很不容易的，因此特别做出一些提示也是必要的。我觉得这个连接指导手册不仅是 EMBA，也是大家日常和同事、朋友、亲友连接的操作手册。

六 婚育是男女之间的深度连接：为什么生完孩子离婚率就下降了

俗话说，男怕入错行，女怕嫁错郎，这是为什么呢？实际上，按照中国普遍的价值观来说，事业是男人的名片，男人的成功与否和事业成败有直接的关系。行业是承载男人事业的基础，不同行业对男人的素质和能力有不同的要求，因此行业和男人的优势之间会有错配的情况。此外，行业的发展是有周期的，因此在错误的时间进入一个错误的行业对男人的影响更大一些。

换句话说，男人的事业，首先是和行业的一次连接，这次连接正确，则可以事半功倍；这次连接错误，最终是导致宝贵时间的损失，结果很可能事倍功半甚至是一事无成，这对一个男人来说无疑是需要规避的。

对女人而言，结婚基本上是最重要的一次连接。在中国传统的价值观看来，婚姻是否美满是人生幸福最大的标志。因为女人在生育和照顾孩子方面花费了更多的时间精力，而在很多社会角色中，男人更有时间和精力的优势，因此很多人认为，女人最大的事业就是婚姻和家庭的经营。虽然到了互联网时代，持有这个观点的人仍不在少数。

美国的一项调查发现，离婚率和离婚次数有关系，而有孩子的夫妻离婚率低于没有孩子的夫妻。调查显示，美国首次结婚的夫妻离婚率为41%，二次结婚的夫妻离婚率为60%，而到第三次结婚的夫妻离婚率则高达73%。该调查还显示，有孩子的夫妻的离婚率要比没有孩子的夫妻低，至少有66%的离异家庭是没有孩子的。这一点不难解释，因为男人和女人的婚姻生子是一种紧密连接。

结婚是一个瞬间结果，在到达这个瞬间结果之前，有很多步骤要经过，每一步都有可能因为一些原因而中断，这种中断的可能性会随着连接的深度增加而越来越降低。仅仅男女之间简单得认识没用，双方有好感也不代表会走很远，开始暧昧甚至暧昧很久，这种关系可能也会随时终止；恋爱三年后分手就会感觉到痛，但也不意味着关系一定持久，该分手时就会分手。让朋友们知道双方在谈恋爱是一个关键的里程碑，在这之后，如果二人分手，多半会估计一下朋友们的感受和眼光，因此进入这个状态需要做好准备。接下来相互上门拜见对方的父母更是一件大事，分手的成本会变得高了很多，因为这时的连接不仅仅是两个人的，还是对方家庭建立连接；再往后，会迎来一个连接的高潮，即结婚，即从法律上确认了这种连接形式，加上双方家庭成员的连接，两人分手的可能性就在进一步下降，而且特别是高调地举办了婚礼，让很多人都见证了这一场景，并当着大家的面相互承诺，连接的程度在仪式感中强化，分手的顾忌就会更加严重。婚后没有孩子时，离婚率还有一定的比例，而且大城市有逐年升高的趋势，但是有了孩子以后，离婚率就逐渐降下来了。男女之间最深度的连接还是靠生育，有了孩子，父母的责任顿时就重起来，当孩子就是大家最大的共同利益时，也是双方相互信任最重要的纽带。生了孩子，多半婚姻就稳定了下来，这是巨大信任，是双方共同利益的结果。这一点在商业上也有十分相似的案例，只有挑剔的人才是真正的买家，挑剔是因为准备付钱，那些有契约关系的商业连接才是深度的连接，频繁交易、大额交易的连接更深。钱是最负责任的东西，商业上用钱来表达的连接才是最真诚的连接。这一点会在后面的章节中重点介绍。

七　创业是男人和男人之间的深度连接：毛泽东是如何靠深度连接成功“创业”的

如果男女之间的最深入连接是结婚生子，那么男人和男人之间的最大连接是什么？男人和男人之间最大的连接就是一起创业。

什么是创业？创造一个前所未有的东西，就是创业，如果把革命也算作创业，就是揭竿而起造反，或是创办一个公司，或在一个公司中一起做出一个新的产品和服务，或打开一个新的市场和局面。一般的创业大多都是男人和男人一起连接的结果，特别是在革命的过程中。这期间有戊戌六君子、搬上银幕的新东方的三位创始人、阿里巴巴的十八罗汉，无不充满了男人和男人式的连接。在这期间当然也有很多的女人在里面，但是因为这种连接模式很男人，所以我们把创业看作男人和男人间的连接。

和男女结婚生子相似，创业以共同实现利益和价值最大化为目的，如果有相互之间的深度信任的基础，这样的连接就可能建立起来。

一般地，男人之间的信任来自于共同的、真实的、无功利的甚至有时是不堪经历的事，类似于人们经常说的“一起扛过枪，一起嫖过娼，一起分过脏，一起同过窗”，这些都是男人之间因为共同的目的在一起艰苦时甚至是不堪时的经历，这种经历会让彼此看清对方的本质，最终导致信任产生。

《中国合伙人》中新东方的合伙人的产生就是这样一个过程，王强和徐小平这样的大牛人物对新东方的发展起到很重要的作用，而俞敏洪在大学期间的老实厚道、为宿舍同学服务的精神，获得了徐小平和王强的信任，这才是三者在新东方旗下深度连接共创大业的基础。当俞敏洪需要人才时，这两位大神级人物的加入就变得相对可能，因为他们之前在大学里已经连接过，而大学期间的连接过程让徐和王对俞敏洪的信任比较深刻，加上新东方创业的未来又提供了很大的共同利益，结果是三人再次连接创业，创造了上市公司新东方的奇迹。

毛泽东是一个天生的战略家，他的一生是革命的一生，也是创业的一生。在这个创业过程中，毛泽东连接了很多的同伴，包括周恩来、刘少奇、朱德、任弼时等。如果把我党类比为一个公司，这个公司俨然是世界上最大、最具影响力的公司。

中国革命是如此巨大的话题，毛泽东只有连接所有能连接的人，形成巨大的合力，才能实现创业的成功。革命成功的背后，是连接战略的成功。在这个过程中，毛泽东展示了其无与伦比的连接能力，仅举几例说明。

1. 激励政策：打土豪分田地

如果说我们的目标是推翻旧的统治，那么我们一定要打击旧的势力，要打土豪，那谁来帮你打?当时当然只有农民会来帮你，但广大农民凭什么来帮势单力薄的红军打?为何帮连军饷都发不了的共产党军队来打?这里就涉及一个激励机制的问题，毛泽东同志解决得很好，很干脆。一句话："打土豪分田地"。就是说打土豪是为了来大家家里分田地，是为了解放广大贫苦百姓，百姓一听，也对，反正我不革命也是什么都没有，一革命参加去打土豪说不定还能革点什么出来，不干没指望，干了还有点希望，那我就干了。

这里的妙处有几个：一、分的田地又不是共产党的，是少数专制土豪的；二、团结了大多数人，因为大多数人都没地；三、低成本，毛泽东同志的这句口号比国民党发正规装备、正规军装及大洋来得有效，因为那是为官老爷打仗，这可是为了自己打，这年头为自己干革命谁不拼了命一样；四、目标清晰，我们去打了土豪就能分到田地，简单明了，农民一听就懂，一听就觉得有利。中国几千年的文化，农民总是处于最低层被剥削，只要哪个政党将农民当回事，并且为他们的利益而谋福利，哪个政党就能在中国兴起。打土豪分田地，这句口号，成功连接了农民的心，成功了一半。

2. 对干部：星星之火可以燎原

任何要做大事的人或机构，必然有一群人跟着他一起冲，就像《亮剑》里的团长一样，自己冲在最前面，还有一班兄弟跟着一起冲，这才是成功的先决条件，独木总是成不了林的。而伟大的毛泽东同志是明白这个道理的。1931年，他写的《星星之火可以燎原》就非常明白地告诉大家，我们的力量还小，但这股火我们准备将它烧到全国，我们一定能在中国彻底革命。正是有了这种精神与理念，红军才能走完长征，才能跟着毛泽东到达延安等待时机。让你的团队心中怀着燎原的理想，大家走得才能更远更长。

这句话使革命事业和革命队伍里的每个人有了深入连接，激励每一个人的过程就是连接他们最好的方式。

毛泽东的连接技术，不仅体现在他对每个阶段中国革命的是什么、为什么的深刻认知和准确把握上，还体现在怎么说和怎么做上。上面的几个例子就是在怎么说和怎么做方面他的高超技巧，这样的结果就是他连接了大多数先进的知识分子和革命者，最终带着中国共产党人走向一个又一个胜利。

第二节 深度连接目的和前提：连接双方的信任和共同利益

好的连接让人生更加成功，也让一个人更加幸福。人的连接力就是社交商，是非常重要的个人品质和素质。

好的连接是从弱到强一步一步加强的，每一次连接都是下一次连接的基础。如果一次连接以双方的满意结束，下一次的连接就会更加深入；如果一次连接以双方或任何一方的不欢结束，下一轮连接就很难成功。

为什么好的连接会使人成功和幸福，这是因为人和人的好的连接的出发点往往是信任和共同利益最大化，而如果信任和共同利益最大化是某一轮连接的结果，则更深层次的连接就成为大概率事件。往复下去，双方的连接成为一个良性的循环，关系也逐步加深。而整个社会发展靠的是个人成功、家庭幸福，因此这种好的连接、信任和共同利益之间的关系会让整个社会的协同和沟通的成本不断降低，从而让整个社会的生产效率提升，让家庭越来越和睦，让人和人之间的关系更加亲近，最终有利于人类的进步和社会的福祉。在这个过程中，善意的出发及正确的连接方式是实现这种目的的重要因素。在本章，我们会看到很多这样的例子。

一 为什么古代有那么多政治联姻？信任和共同利益是连接的出发点也是目标

大家都知道昭君出塞、文成公主入藏的故事，关于昭君出塞，百度百科有关于王昭君的一段描述。

王昭君，即王嫱，字昭君，原为汉宫宫女。公元前 54 年，匈奴呼韩邪单于被他哥哥郅支单于打败，南迁至长城外的光禄塞下，同西汉结好，约定“汉与匈奴为一家，毋得相诈相攻”。并三次进长安入朝，向汉元帝请求和亲。

元前 33 年他再次亲自到长安，要求与汉朝和亲。元帝同意了，决定挑选一个宫女当公主嫁给呼韩邪单于。

后宫里有很多从民间选来的宫女，整天被关在皇宫里，很想出宫，但却不愿意嫁到匈奴去。管事的大臣很着急。这时，有一个宫女毅然表示愿意去匈奴和亲。她名叫王嫱（qiáng），又叫昭君，长得十分美丽，又很有见识。管事的大臣听到王昭君肯去，急忙上报元帝。元帝就吩咐大臣选择吉日，让呼韩邪和昭君在长安成了亲。王昭君在汉朝和匈奴官员的护送下，骑着马，离开了长安。她冒着塞外刺骨的寒风，千里迢迢地来到匈奴地域，做了呼韩邪单于的妻子。

昭君慢慢地习惯了匈奴的生活，和匈奴人相处得很好。她一面劝单于不要打仗，一面把中原的文化传给匈奴，使匈奴和汉朝和睦相处了 60 年。昭君死后葬在匈奴人控制的大青山，匈奴人民为她修了坟墓，并奉为神仙。昭君墓即青冢。

人类历史上，国家之间的冲突和政治上的争议随处可见，国家之间的合作也十分难以进行，天下分久必合，合久必分，主要的原因是国家和国家在利益上的潜在冲突，即使有共同的利益，国家之间信任的建立也是十分困难的，这不难理解，即使在一个大家庭里，成员之间的信任都是巨大的问题，两个国家之间的信任就更难以建立。联姻就是一种短期建立信任的创新，和后面章节中讲到的投名状很相似，国家通过联姻不仅实现了更深的沟通和信任，而且让双方的利益最大化的机会得到挖掘，最终国家和国家之间的连接走向良性的循环，更多共同利益带来更多信任，更多的信任和共同利益又成为进一步深度连接的起点。正如王昭君给汉朝和匈奴带来 60 年的和平一样，这样的案例不仅是在中国，在国外也十分普遍。

二 为什么会有投名状？为了巨大共同利益快速建立信任的方式

什么是信任，为什么信任如此重要？有人说所谓信任就是在自己可能受损害的前提下，对对方报有正面期待。信任是合作的前提。德国社会学家鲁曼说：“一切的信任起源于重逢，在没有重逢的地方是没有信任的。”因此，在现实生活中，信任是很难建立但是却很容易瞬间打碎的东西。

有时，连接的一方或双方都知道双方如果连接后有巨大的利益，连接不好则有巨大的风险，这时相互信任就是是否连接需要考虑的最关键的问题，或者说，在一个巨大的历史机遇前面，如果没有连接到应该连接的那个人，机会成本是非常巨大的，但是没有背景、没有历史，信任如何在最短时间内建立起来？投名状就成为这种场景下的选择。

百度百科上关于投名状是这样解释的：投名状在古代用于忠诚之征，意思是加入一个组织前，以该组织认可的行为表示忠心。所谓“但凡好汉们入伙，须要纳投名状”，大意是指一个人在进入绿林时必须签署一份生死契约，有了“投名状”便落草为寇。而摆脱“投名状”的方法，就只有接受官府的招安这一条路了。后世沿用了这一系列的说法，即为“投名状”。

《水浒传》第十一回“朱贵水亭施号箭　林冲雪夜上梁山”写王伦要求林冲拿一个人头来当见面礼。小说原文描写如下。

林冲道：“小人一身犯了死罪，因此来投入伙，何故相疑？”王伦道：“既然如此，你若真心入伙，把一个‘投名状’来。”林冲便道：“小人颇识几字，乞纸笔来便写。”朱贵笑道：“教头你错了。但凡好汉们入伙，须要纳投名状，是教你下山去杀得一个人，将头献纳，他便无疑心，这个便谓之投名状。”林冲道：“这事也不难，林冲便下山去等，只怕没人过。”王伦道：“与你三日限。若三日内有投名状来，便容你入伙；若三日内没时，只得休怪。”林冲应承了，自回房中宿歇，闷闷不已。之后为示忠诚，于是下山与杨志杀得天昏地暗。幸好碰到了晁盖来到，才免得血溅五步。

关于投名状，历史上有个叫萧何的人与他的门客也有一次对话。那时萧何已月下追过了韩信，项羽也在乌江抹了脖子，刘邦正与异姓王最后一搏。为支持刘邦在前线打仗，萧何在后方大力督办后勤、安抚体恤人心，老百姓很拥戴他。有段时间刘邦特别爱打听萧何在干什么，使者如实回答“安抚、体恤之事而已”。刘邦听后，沉默不语。

消息传到后方，门客大惊："看来萧相国你不久便会满门抄斩了。"萧何不解："我克己奉公，何来满门抄斩之灾？"门客："自入关之后你便兴水利、办实事，深得百姓拥戴，身居相国之位竟从不贪污，还曾把家产拿出来以做军资，这就不合常规。老大屡次打听你在干什么，难道不是怕你借民心、民意图谋不轨吗？"萧何深知刘邦性格，黯然："如何？"门客说："你为什么不干点贱价强买、强征农田、掠夺民财之事，以污自己名声，让老百姓都骂你？老大自然就放心了。"

萧何想了想，依计而行，强买民田及掠人钱财，竟至闹到群众当街举报的地步。刘邦接到探报，不怒反喜，班师回朝时指着萧何取笑："你这个人，身为相国，跟小老百姓争什么争啊，哈哈。"萧何遂得善终。

投名状的故事进一步说明了连接过程中信任和共同利益的重要性。信任在一个极端的情况下，使用极端的方式建立起来，在短时间会起到作用。现在一些腐败分子之间通过拉人下水的方式来建立信任，共同腐败，这些做法也类似于投名状的方式，但是这样以被动极端的方式建立的信任的脆弱，在未来长期合作中也会暴露出来。水浒传 108 将最后的结局也充分地说明了这一点。下一节中会讲到，基于善心、善念的信任才是这个连接时代最重要、最有生命力的源泉。

三 交易是深度连接的目的和必然结果：为什么不以结婚为目的的恋爱都是耍流氓

婚姻是什么，是以法律方式把两个人的权利、义务以法律的形式确定下来的过程。为了确保双方不违背约定，人们还发明了婚礼，让双方在众目睽睽下宣誓，增加其心理违规的成本。从这些特征上看，这和商业世界里的交易没有什么区别。交易也是通过合同的方式来把双方的权利、义务确定下来的。

在市场经济下，这种通过合同方式确定连接的方式不仅是符合道义的而且是科学的。这样的契约精神的存在，以及对于违约的惩罚的约定，让相互之间的信任加强、连接规范，让大家对未来的连接状态更放心。对这样的连接状态的放心，就有可能产生更多时间和精力考虑更大的协作，这样人类就能得到更大的发展。

因此这样的交易是十分重要的。从某种程度上说，没有以契约为目的的商业连接交往都是在耍流氓，如很多销售都可能被一个没有实际需求的假客户骗吃骗喝，这种交往没有意义且浪费时间。而一个人或一个组织，在市场经济下，如果能持续地获得订单，并不断地放大交易，只能说明有更多的人愿意和他进行连接或持续地连接，深度地连接，这个前提是对方的信任和更强的共同利益，因此这个人会十分自豪，也应该得到表扬，这是他的连接力和对社会贡献度高的表现。换回到生活场景，择偶期间的女孩子最恨的男孩子是谁？是那个她最有好感、感觉对方对自己也有意思，喜欢在一起，甚至也暧昧过，一起吃吃饭，一起旅游都没问题，但是就是迟迟不愿发起进攻的男人。按照搭讪学专家的理论，他还不愿意进入下一个阶段。有的人在想带给自己闺蜜认识时就是不去认识，该上门见父母的迟迟不见父母，该领证时迟迟不去领证，问起来还振振有词，说自己还没有准备好，或者目前的条件还无法给女孩子一个很好的未来。有的人在结婚前还恐婚，甚至在最后一分钟打退堂鼓。女孩的时间就这样被他们耽误了。

男方在恋爱中不愿意往下一步走，就是不想和女方进行连接升级，因为他知道进一步的连接意味着更多义务和责任，不往下一步走就是不用承担更多的义务。这对安全感有很高需求并有很大时间机会成本的女孩子是一个最大的打击。女孩子一定会感谢那些愿意承诺，即使短期内的能力还不是很够的人。因此，你会看到很多所谓 A 女配 C 男的情况，C 男虽然硬件条件一般，但是在这个过程中敢于升级连接，敢于承担责任，最终得到和女孩子进一步连接的机会。

同样的情况，在生意场上，就是愿意给别人品质承诺，收别人的钱来办事。收钱往往是一种愿意给出承诺的表现，这与男孩子愿意和女孩子进入下一个阶段的道理是一样的，签署了协议，收了钱，连接程度就变了，就是责任和义务，同时两者的连接就是更深的连接。只是在中国，大多数领域产能过剩，很多人不感恩服务者对自己服务的承诺，觉得一切理所应当。但是假设有一个亲戚得了不治之症，即使付钱也没有医院愿意接受，此时有一个医院和诊所愿意收钱提供服务，你一定会感谢他们，因为收下这个钱，和男孩子进入下一个恋爱阶段一样，意味着意愿、责任和义务，一个可信任的人收下这个钱，或许不能最终解决问题，但是给你了希望。再比如，一场大雪，高速公路全部被封闭，只有国道可以走，但是你必须到40千米外的地方去办一个非常重要的事情，这时如果有一个司机愿意收你的钱，送你一程，你一定会十分感激的，你知道这个钱收下了，就代表一种承诺。有一句话，叫作“不以结婚为目的的恋爱都是耍流氓”。

把这个道理往后引申到商业社会，可以理解为交易才是深度的连接，电话线索没有意义，咨询也没有意义，答疑也没有意义，各种试用都不是生意，只有签约和真金白银的交易，才是客户真正需要并愿意深度连接的表现。

罗振宇说“合法挣钱是天下最有尊严的事情”。在一个自由经济和法制社会中，一个服务者能够有机会获得客户使用钞票的投票，一定是在信任和共同利益上有了很确定的基础。钞票不会说谎，钱永远理性，因为是市场经济，消费者永远可以选择他需要的服务和产品，只有那些值得信赖、能获得更大共同利益的商家才会获得客户的订单。为了获得更多的订单，信任是最重要的基础，通过创新让自己的产品和服务给客户带来更大价值，从而和消费者一起拥有共同的价值，就是企业唯一的选择，这时的市场赢家，一定是创造了最大价值和令客户满意的服务者。

四 交易规模是连接深浅的证明：为什么花男人的钱是信任和幸福的

有时女人期望男人更深度地连接自己，并为迟迟得不到做连接升级的男人而懊恼，男人也有类似的问题，自己心仪的女孩总是把自己当外人，不花自己的钱甚至把界限划得很清晰。其实恋爱过程乃至结婚以后女人到底要不要花男人的钱是一个颇具争议的事情。有人说女人要独立，也有人说女人不要轻易花男人的钱，还有人说嫁汉嫁汉穿衣吃饭，花男人的钱就是理所应当的，但是现代社会，随着女人经济地位的提高和独立意识的增强，越来越多的人在纠结这个问题——是不是要花男人的钱？

在这个问题上，张爱玲有非常明确的回答，那就是花男人的钱，是女人最大的幸福！其实女人愿意花男人的钱和男人愿给自己的女人一些承诺没有什么区别，都是做好了进行更进一步连接的准备，即使意味着更多的责任、义务和风险。而不愿意花男人的钱，实际上表达了还没有做好和这个男人进一步连接的准备。

像张爱玲那样，自己赚着大把大把的钱， 却常要纠缠着胡兰成要零花钱，虽然花他的钱，却不是真的冲着他的钱去的。 她要的不是钱，而是一种受宠的感觉，一种爱，一种基于深度连接的安全感和幸福感。

花不花男人的钱，这个问题对结婚后在家操持家务没有选择的女人没有意义，当男人是家里唯一经济来源的时候，花男人的钱就是必需的。家庭劳动也有成本，女人只是替代了保姆的工作，为家做了贡献，花男人的钱，是理所应当的，也是没有选择的。

有经济条件的女人，在婚前和婚后，是不是要花男人的钱要另当别论。按照张爱玲的观点，花男人的钱是因为对这个男人有足够的信任和依赖，是女方一种愿意深度连接的需要和认可，这个表现背后的信息是女人对感情的毫无保留的付出，当男人未来需要时，女人也毫不犹豫地付出自己力量来支持。太阳底下没有新鲜事，这一点推演到商业生活中，是说交易或大交易才是客户愿意和商家连接的明证。

所以张爱玲说：

“如果你爱这个男人，如果你与这个男人相依相伴，

为什么不要求他在生活中也为你花钱，为你付出，向你表达爱？

男人愿意为你花钱时，心甘情愿为你付出，是因为他心中有你，

花男人的钱，

不是拿着家里的积蓄去狂轰滥炸，

而是让男人心甘情愿地把钱或东西送到你面前。

花男人的钱，

不是毫无节制的索取与挥霍，

而是量力而行的，如果有心，拿口袋中的零钱买朵玫瑰花，也一样能让人感动。

花男人的钱，

不是全身倒到男人身上依靠他，

而是在同甘共苦的情况下，向他要求再爱你多一点。

当然，如果你不爱那个男人，

请不要花他的钱，

因为那是侮辱你和他的情感。

如果那个男人不肯为你花钱，

也请不要逼他掏腰包，

总会有人珍爱你。”

第三节 生活连接的技法：如何在生活中做连接的强者

连接力在日常生活中，就是人连接外部世界的能力，外部世界包括各种人及各种实物，但核心还是人。

人和动物最大的差异之一，就是人类所特有的协作能力。协作一定是在不同的个体和对象之间进行的，因此如果人和人协同就是连接，人使用工具就是连接的话，连接正无处不在，并且深深影响着每个人、每件事、每个世界，正因为如此，那些具有更强连接力的人可以协调的资源和信息等就会更多，在一个需要协同才能成功的世界里面，连接力是最重要的因素之一。

人和人个体的差异带来的爱情、生活、事业上的差异有很多解读，如智商、情商、逆商、胆商等，在我看来，其实连接商，也就是连接能力是个体人最重要的能力：连接好爱人，让婚姻幸福；连接好家人，让家人美满；连接好子女，让子女身心健康；连接好同事，收获事业成长；连接好客户，收获业绩提升；连接好自己，收获自信和充实。

本章主要论述的是在生活中，连接力对一个人的成功和幸福的影响。我们的结论显而易见，就是连接力让人更幸福、更成功。

把握好连接时机、连接场景、连接对象、连接方式、连接机制，当然，还有善良诚实的连接发心，有这六方面的因素，一个好的连接就建立了起来。简单地说，这就是连接的4w+2H模型，这个模型不仅可用于指导生活中的连接，也可以推演到商业的连接中。太阳底下没有新鲜事，婚姻如此，交友如此，创业如此，成长如此，其实商业上的安排也如此。

一 好的连接：智商、情商、社交商，什么才是人生幸福的根源

什么是让人成功和幸福的最重要的因素？历来有很多不同的看法。有人说是运气，有人说是勤劳，有人说是判断力，有人说是智商、有人说是情商，有人说是胆商，也有人说是逆商。

哈佛大学心理学博士，著名心理学家丹尼尔·戈尔曼是对这个问题做了深入研究的专家。他的文章散见全球各主流媒体。丹尼尔·戈尔曼现为美国科学促进协会（AAAS）研究员，曾四度荣获美国心理协会（APA）最高荣誉奖项，20世纪80年代即获得心理学终生成就奖，并曾两次获得普利策奖提名。其畅销著作有《情商》、《工作情商》等。此外，他还曾任职《纽约时报》12年，负责大脑与行为科学方面的报道。

1995年，经过多年的研究，丹尼尔·戈尔曼提出的情商概念颠覆了之前智力天生的观念，先是在美国，然后在全世界引起了强烈反响。情商对于智商的优越性一时成为时尚话题。《情商》一书也高居《纽约时报》排行榜达一年之久，在全球共销售500多万册。

十年后，戈尔曼又在一本《社交商》的书中阐述了他的最新发现，一项同样具有划时代意义的发现——我们与他人的关系也影响着我们的智力，并对我们生活的方方面面施加着影响。单维智力（智商）的有限性及这种单维智力的滥用造成的恶果，展现出智力的多维性和完整性，这本书是与《情商》一书一脉相承的主题。但与《情商》相比，《社交商》一书的视野更为开阔，为人类

智力提供了一幅整体的、全息性的图景。

其实，当代心理学、社会神经学的研究成果表明，人对世界的把握能力和反应能力本质上是一种交往能力和对话能力，智商所衡量的那种智力只是这种交往和对话能力相当有限的一部分。如果以这种智力来作为生存的基本技能甚至唯一技能，就如同只以一官而不是五官来感受和把握世界，陷入心理上的残障而不自知。人与世界、与他人的对话决非仅仅是理性的、可编码的对话，比这种对话更能把握来自环境和他人的真实而隐秘的信息，决定人能否与环境和他人和谐相处的，是一种可称为“原对话”的对话。在“大路神经系统”之外，是一套更加精微（当然也更容易被人忽视）的神经系统——“小路神经系统”。

正如戈尔曼所说的：“经济学家们开始意识到，他们超级理性的经济理论忽视了人们的小路神经系统，也就是忽略了人们的情感因素，因此无法精确预测人们的选择，更不要说了解他们的幸福感源泉了。”“生活的意义主要是依赖我们的幸福感和成就感。而高质量的人际关系是幸福感和成就感的主要源泉之一。情绪传染意味着我们的相当一部分情绪是通过与他人的交流而产生的。从某种意义上来说，和谐的人际关系就像情感维生素一样，可以帮助我们渡过难关并且在日常生活中滋养我们。”

找到“幸福感的源泉”才是“最重要的事”。幸福感本质上是一种人的内在机能与外在对象的高度的契合感、物我两忘的交融感。其反面是深切的孤独感。

换句话说，社交商就是一个人连接外界的能力，社交商强的人容易与外在对象有高度的契合感、物我两忘的交融感，最终获得成功并实现幸福。在一个连接器都已经准备好的社会，学习、掌握、享受这些连接工具，充分对外连接，和外界能实现很好的协同，和谐地共处，就是最大的幸福。

在后面的章节，我们需要看一下高效连接实现的一些方法和技巧，这就是成功连接的 4W+2H 模型，即连接时机、连接场景、连接对象、连接方式、连接机制和连接发心，只有这六个要素都做到了才能成就好的连接。

二 连接时机（When）：为什么美国总统每天洗四次澡、刷五次牙

美国的第 36 任总统林登·（贝恩斯）·约翰逊，他的传奇经历是二十多岁从政，从一个美国南方的一个中学老师到参议员的秘书，最终成为美国总统。

这个人有一套传奇的做法，就是关键零售法，后来政治学家也把他的做法概括成一个专门说法，叫“约翰逊疗法”。“约翰逊疗法”就是一对一地找到关键的人，该方法有几个最基本的点：第一，你要在一大群说话的人中尽快弄明白，你要很快地发现这里头到底是谁说了算，有的人说话并不多，也并不是那么起眼，但是他在里头是关键人物；第二，要自然而然地去接触他，很亲密地，但是又不失恭敬地去接触他。

他走上政治道路时，第一次“关键零售”是在他到了华盛顿以后，有一批参议院的秘书都住在一个宾馆的地下室里，因为给他们的待遇很低，很多秘书都在抱怨怎么“让我们住这么差的地方”，别人在抱怨时，他看到的是机会，他发现地下室的每一个房间没有独立的盥洗室，大家都要到一个水房里去洗澡、刷牙、洗脸，这样他就想到了一个在我们看来有点滑稽的一招，他每天要洗四次澡，每天早上起来要刷五次牙。这时有几个人在这儿洗澡，他一下子就认识了，一会儿他回到房间里，等一会儿再来，再来这些人都走了，又换上了另一帮人，他又来洗一遍，又与这些人聊上了，刷五次牙也是这样的，因此他在三个月时间里认识了所有参议员的秘书，后来他提议说“我们这些参议员秘书能不能成立一个非正式的组织，我们也要争取我们的权益，我们也要形成一个互助的非正式的机构”，大家说“很好呀，那么请谁来当这个头？”自然，

约翰逊就成为这个头。

约翰逊很聪明，如果你看过美国政治史就知道，这些人将来都是美国的政治精英，他们年轻的时候都是干这个的，虽然现在是在一块儿洗澡认识的，但若干年以后，这些人在美国的政界会起到非常大的作用。约翰逊就是以这种方式接触了关键人物，而所有的人都知道他（试想一个人要混到被所有的参议员都认识，采用批发影响力的方式多难呀，你除非在全国成为某个新闻事件，重大新闻事件的主角才有可能）。虽然在外面他没什么名气，但是这些关键人物圈里都知道约翰逊，这是很重要的一点。找关键的人还有一个要点，就是他有深刻洞察一个人需求的能力，当他与你见面、聊天时，他知道你这个人是很重要的，必须要接触你这个人，他会对你本人的需求（显性的需求、隐性的需求），甚至你最近几天的烦恼的事、高兴的事都很了解，然后他会找一个看似非常偶然的场合偶遇你（实际上是经过精心策划的），然后你就在毫无防备的情况上被他给击中了。他在与你谈话时，会努力让你觉得你的事情在别人看来是小事情，而在我看来都是大事情。他那种对人的专注、关心，使你与他接触以后就忘不了，因此他不是求一种大范围的影响力，而是每一次要给这个人留下非常深刻的印象。

约翰逊的成功，是他重视连接和善于连接的结果——在合适阶段，连接合适的人。当然，约翰逊的成功也得益于找到连接的关键对象，积极争取恰当的机会，以对方容易接受的方式，和对方进行自然的、恰当的连接，逐步建立和形成信任，这是十分重要的。

接着约翰逊的故事，我想起来以前的一个同事，他的生意做得很成功，20多岁时，他就是多家上市公司的总代理，而且其自营业务也发展得十分迅猛。我曾经与他沟通过他自己成长的经历，我惊奇地发现，他居然上过 5 所大学。

原来，他的父亲是一个很成功的商人，在过去的三十多年里的经商经历中，他发现最重要的能力是获取信任的能力。不管是和客户、供应商、内部员工还是政府打交道，信任是生意的基础。但是很多信任，过了最初建立的合适时机之后，再建立就有十分大的困难，因此这位伟大的父亲很早就就开始对自己的孩子做了规划，上多所大学就是其中的一个措施。他的道理是很多人只有在上学期间才能建立深厚的友谊和信任，于是他的儿子不仅上了计算及互联网等专业的学校，也在税务、财会、公安等不同的学校学习过，他给儿子的任务不是学习，而是去结交那些学校里最优秀的人，多和他们接触，不要吝惜钱，如果他们需要帮助，就给他们帮助，在一起多结账，多帮助，多学习。儿子没有辜负父亲的重托，在五个大学里广交朋友，乐善好施，深得同学们的喜欢，结果在后来走上生意道路时，那些同学都成为他最好的支持者，在各个方面给他提供了极大的帮助，让他少走了不少弯路。

不得不说，这个父亲是一个很成功的父亲，在他的指导下，儿子在最合适的时机连接了未来自己需要连接的对象，也修炼好了连接的能力，最终用在了商业的场景中。

还有一个现象，中国很多地方白酒的销售量都非常好，而中国人在很多社交和商务场景都会喝酒，而且是无酒不成宴，这到底是什么原因呢？我一直百思不得其解，最后请教一个政府的领导得到的答案让我比较信服。他说："中国人很讲酒文化其实最主要的原因是中国人比较含蓄，只有在酒精的促进下，才会打开自己和别人交流，如果没有酒精的帮助，很多中国人很难快速敞开自己的心扉，和别人深度连接也就谈不上了"。这从另外一个侧面说明了连接时机的重要性，如果没有合适的时机，用酒来营造这样的时机，请客的人对被请客的人表示尊重，在喝酒过程中，表达谢意、敬意、歉意、爱慕都十分的得体，即使出现一些不符合常态的言行，也能以酒后来解释：酒后吐真言、酒话、酒后失态或酒后乱性。酒帮中国人制造了连接的时机。因此，从某种程度上讲，酒企也是连接型的公司，是一个助连者，从这个意义上讲，酒企的成功也有其商业模式上的优势。

三 连接场景（Where）：为什么有人花大钱上 MBA 考前辅导班但无心备考

这些年的 MBA 热也带热了 MBA 考前辅导班，辅导班的学费也是水涨船高。我在参加 MBA 考前辅导班时，发现辅导班里有几个女孩子在班级活动中表现得很活跃，但显然没有积极准备功课，而是一旦找到合适的机会，她们总是会找一些表现出色的男孩子讨论一些问题，渐渐地，她们会逐渐稳定在一些男孩子身边，最终暧昧并有了进一步发展。后来得知，这些女孩子也是花了学费来学习的，但是根本就不参加最终的 MBA 联考，即使参加也是走个过场，她们最主要的目的是到辅导班找到那些最有潜力的单身男士，在这个阶段尝试连接，耐心地俘获，之后就牺牲自己的时间帮助男孩子考试，帮助男孩子在 MBA 的道路上成功，同时也收获一个潜力股的感情。

了解到这些，我不禁对这些女孩子心生敬意，谁都有选择自己最佳伴侣的权利，在这条道路上，不仅需要诚意，也需要一定的智慧。参加考研辅导班的确是一次有成本、有风险但是智慧的连接尝试，通过到 MBA 辅导班学习的方式和一些男孩子产生自然连接，至少让自己的连接失败风险大大降低。

所谓场景，就是特定时间、特定控件、特定情绪、特定氛围下的需求。在这里，女孩子参加 MBA 培训辅导班就是冲着既有单身男士，又有恋爱需求的这个场景。这个场景相对于婚姻介绍所、婚恋网站或夜店、陌陌来说靠谱得多。

在这个场景中，虽然优秀男孩子主要需求的是学习知识，准备考试，但是收获友谊、获得爱情是这个年龄男孩子隐含的刚性需求，特别是在艰苦的备考过程中，他人的关怀和帮助是获得好感，赢得信任最好的时机，这些MBA备考班上的女孩子抓住了这个场景，不能不说是一个聪明的选择。

我们都看过马云的演讲，气势磅礴，恢宏大度，逻辑严谨，深入浅出。其实马云的英语演讲也是一绝，无论是在斯坦福还是在各种APEC会议上，马云的英文演讲都能获得人们的掌声，马云的语言能力是他和世界连接的重要工具。这个连接工具及他利用这个工具和世界的连接是他自己创造的场景——英语角。

马云出生于一个评弹世家，爷爷是地主，父亲是一名知名的评弹演员，正是由于这个原因，他有着很强的表演欲望和天赋。但在“文革”中，他的这个出身被认为不好，因此他经常受班里的同学欺负，还经常打架，一度成为问题学生。

马云身材不高，长得又很像外星人，因此他总是受到不必要的嘲弄和关注。即使在自己家，马云也经常因为个头矮而被开玩笑，马云爸爸甚至会对客人开玩笑说“马云是我们从垃圾堆里捡来的”。

如果一般的人受到这样的嘲弄，可能会自暴自弃，但马云恰恰相反，这反而给了他更大的勇气。于是有了改革开放后，马云出没在杭州西湖英语角的故事。马云每天骑自行车去西湖与外国游客交朋友并练习英文对话。

马云在英语角中结识了一个澳大利亚的家庭，建立了长期的联系，并获得了一次出国的机遇。这让马云第一次了解了外部的世界。

他向杭州电子工业学院承诺做五年老师，完成承诺后马云下海，他创办的第一个公司是英语翻译社。杭州政府和美国发生了一些生意上的纠纷，因为马云口语能力出众，就派马云去解决，在去美国的 1995 年马云发现了因特网，于是他做了大家熟知的中国黄页，最后失败了。虽然失败了，但从这次失败中他汲取了很多经验教训，为之后做阿里巴巴奠定了基础。

商学院的同学，不仅可以在课堂中连接，还可以在各种学校的活动中进行连接，如捐赠一个希望小学，一起参加拓展，一起参加一次玄奘之旅，所有这些活动无不提供了一个好的场景，可以帮助实现这些人对人的连接。

四 连接双方的机制（Why）：为什么朋友间聚餐，只有 AA 制才能长久

无论是朋友之间的连接还是男女之间的连接，虽然不能像办公司那样约定好股份比例来处理利益关系，但总是会出现一些场合，需要处理费用或收益的情况，这时利益分配或成本分担的方式就是连接的机制，这是一个重要的问题，因为很多的连接都始于场景（需求），终于机制。

我们都知道，在美国盛行的机制是 AA 制，也叫 Go Dutch，即在大多数场合，大家一起吃饭或聚会，结账时都各自支付自己的那一部分费用，而在中国更习惯轮流坐庄，或在聚会前就约定好买单方，即使如此，在结账时总会出现两个场景，一种是几个人在抢着结账，另一种就是找借口离开聚会现场，回来后说："又没抢过你"。哪种机制更好，有不同看法，但是关于 AA 制在网上有一则故事，不仅让我对这个机制背后的道理陷入深思。

在威斯康星一所中学里，有两个孩子出去爬山，一个中国孩子，一个美国孩子。他们选择的山比较危险，因为风化，时常有岩石坍塌。结果， 两个孩子分别被困在了巨大的岩石与碎石的两边。那个美国孩子被碎石砸伤了腿，一动就疼彻心肺，他判断自己是骨折了。天气很快就要黑了下来，黑暗像个巨兽

一样吞噬着整个世界。如果到了夜里，寒冷和饥饿也许会让他们眩晕，甚至夺去他们的生命。于是，那个美国孩子开始尝试着用手支撑着自己的身体，慢慢地向岩石堆上爬去，他受伤的腿上的血迹染红了整个岩石。快要爬上最大的那块岩石时，他的伤腿碰到了岩石的棱角，剧痛让他无法双手继续用力抓住岩石。他重新掉落下来，在岩石上滚来滚去，像个皮球一样。

伤上加伤的美国孩子几乎绝望了，躺在岩石堆里，大口大口地喘气。但是十几分钟后，他因为寒冷而开始感觉到麻木的身体提醒他必须要出去。这一次，这个美国孩子取得了成功，他爬上了岩石，但是岩石距离地面还有两三米的高度，这个孩子的腿无法让他平稳落地，他干脆闭上眼睛，选择了全身滚落下去。没有人能想象，这个孩子是如何坚持爬回小镇的。他向别人冷静地讲述了自己遇到危险的地点、时间，而且说有一个中国孩子很可能还在那里。经过检查，这个美国孩子左腿胫骨骨折，而且在滚落岩石时，肋骨受到了撞击，也折断了两根，其身上碰撞出来的伤口和淤青更是不计其数。大人们把他送到了医院，然后去救援那个中国孩子。那个中国孩子被找到的时候，寒冷和恐惧已经让他奄奄一息，再晚来一会儿，他很可能就会失去生命。朋友说到这里，我忽然发现他的孩子已经羞得满面通红。

突然，孩子像是下定了什么决心，对我说："叔叔，那个中国孩子就是我。""那个美国孩子为什么比他坚强，你知道吗？"朋友忽然问我，我摇摇头。朋友说："其实说起来，原因简单得让人无法置信，只因为美国人从孩子很小的时候，出去吃饭都是AA制，他们每个人都会告诉孩子一个必须AA制的理由，那就是无论什么事情，人生里没有人替你买单，就算你的父母、挚爱也不会。因此，这个美国孩子知道，要活下去必须靠自己，无论有多么危险，而中国孩子则受到过太多的帮助，遇到危险，哪怕是出去就会丧失生命，他也习惯性地等待着别人的救助。”“没有人替你买单”，多么简单的一句话。AA 制吃饭的一件小事，就塑造了美国人现在独立拼搏的特性。那时，我忽然想回去把这个故事讲给我的孩子听，我要告诉他，虽然有些时候钱不是问题，帮助他也不是问题，但是没有人会替他买单！我希望更多的人能够告诉更多的孩子，没有人会替他买单这个道理。

商业连接是一个公平交换的场景，没有人有义务替你买单，大家基于信任合作，基于对自己的利益和独立意识来达成合作的条件，双赢多赢才能达成交换，因此连接只有在两个成熟和独立的人之间完成，没有独立意识的人是无法完成连接的，这也能解释很多迟迟没有独立的男孩子和女孩子在交友结婚中遇到的窘境。生活中人和人连接的机制，信任、共赢是关键，而对于一个交易平台，建立好良币驱逐劣币的机制很重要。

五 连接对象选择（Who）：为什么邓文迪只是选择连接对象的技术派高手

邓文迪几乎是中国家喻户晓的人物，我们看一下百度百科上关于邓文迪的成长经历。

1969 年 12 月 5 日，邓文迪出生于中国山东省济南市，从小在江苏省徐州市长大。邓文迪祖籍为广东东莞，其父亲邓德辉是东莞人，母亲刘雪芹是济南人。

1974 年—1979 年，就读于徐州市少华街小学。

1979 年—1985 年，就读于徐州市第一中学，曾经是徐州市第一中学排球队里的一名成员。后来全家搬到了广州。

1985 年，考入广州医学院。

1987年，认识了一对来自美国加州的夫妇，Jake Cherry和他的太太，Cherry先生当时50岁。

1988年2月，邓文迪在Cherry夫妇的帮助下获得学生签证，进入一家社区学院，Northridge加州州立大学学习。他们甚至让她和自己五岁大的女儿合用一间卧室和一张帆布床，并且承诺资助她的学习费用，直到她学成为止。

1990年2月，22岁的邓文迪与53岁的Jake Cherry结婚。1992年9月，邓文迪和Cherry先生两年零七个月的婚姻走到了尽头，这也是后来人们评说邓文迪心机重的原因之一。

1996年，邓文迪从耶鲁大学商学院毕业，获得MBA学位，准备谋求到香港发展。在飞往香港的飞机上，邓文迪恰好坐在了默多克新闻集团的董事Bruce Churchill旁边，当时这位先生正准备前往香港担任Star TV的副首席执行官。飞机还没到香港，她已轻而易举地谋到了卫星电视公司总部实习生的工作。

1998年年初，邓文迪成为默多克上海、北京之行的随行译员。

1999年6月25日，邓文迪在泊于纽约港的私人游艇Morning Glory号上与默多克举行了婚礼。

2001年11月19日，邓文迪和默多克借助先进的科学技术，将试管女儿格雷丝带到了这个世界上。

2003年7月17日，邓文迪又生下了克洛伊。

2011年，默多克在英国议会受到电话窃听质询时，一名闯入议会的抗议者试图向他脸上扔装满剃须膏的纸盘子，而邓文迪立即起身掌掴抗议者。邓文迪从此闻名英国媒体。

2013年6月13日，国际传媒大亨默多克提出与邓文迪离婚，据说后者可能获10亿美元以上的补偿。两人有一个结婚协议，为他们的孩子在基金里留下公司股份财产。而离婚似乎不会影响默多克对新闻集团的控制。

2013 年 11 月 20 日，默多克与第三任妻子邓文迪正式离婚。

以上的内容是邓文迪的基本介绍，关于邓文迪的连接故事坊间有更多传说。抛开道德伦理，邓文迪在自己人生的每一个重要阶段都能连接到重要的人，这些人是邓文迪的贵人，这一连串的连接让邓文迪的人生一步步走向巅峰，甚至有的连接貌似是设计出来的，如传说中一杯红酒造成的和默多克的连接，再如通过先进的基因技术为默多克生下两个孩子，把和默多克的连接带入更深的阶段，不论传说的真假，所有这些无不说明邓文迪是一个十分擅长连接的人。由此不难得出一个结论，连接对象的选择，是这个过程中最重要的因素。

当然，连接是一个长达一生的话题，除了连接对的人，还有其他的因素，如连接的发心和机制，遗憾的是从目前的信息看，邓文迪和默多克的连接没有持续下去，因此单一在一个或两个连接要素上的成功并不是成功连接的全部。后面会介绍这些要素。

六 连接方式很重要（How）：为什么再深的感情也斗不过距离

2015 年，百度云推出了一个有趣的调查，这个题为《大学生毕业季分手白皮书》的调查数据显示，大学情侣毕业分手率达到了 68%，而同宿舍的舍友的平均距离也从一床之遥变成了 400 千米。

百度云《大学生毕业季分手白皮书》里有几个有趣的数据，分别对应的是大学毕业生情侣、室友及闺蜜等。数据显示，有 68%的情侣会在毕业后一年内选择分手，而其中 75%的毕分是由男生主动提出的；同时，在毕业后，室友的平均距离从一床之隔变为 400 千米之遥，为了纪念同室 4 年的情谊，大学室友之间50%的毕业生会选择大醉一场作为散伙仪式，还有25%的人会相约毕业旅行，另外一些人会和室友们一起去网吧或KTV连续刷夜三个通宵。

此外，有80%的男生在四年基友情深的氛围里，毕业后反倒可能在变弯的道路上越来越远。而女生之间姐妹情深，更会爱屋及乌，5%的女生在毕业3年内会爱上闺蜜的前男友。女孩子的心思太难猜，防火防盗，还得严防闺蜜。

最后的数据则非常伤感，大学毕业后只有10%的人会在街上偶然遇见，而90%的人天各一方之后，说再见却是再也不见。

大学生毕业后分手率接近70%，这背后的原因就是距离，从一床之隔到400千米的距离。当然，这个调查有一定的商业目的，百度云给出了如主推群组功能，让毕业后天各一方的同学可以通过百度云的群组时刻分享大家的近照、关注的热门影片、游戏等。这是典型的用互联网技术解决空间不对称的方案。

为什么再深的感情都斗不过距离呢？这是因为距离不同，连接方式就不同，在一个校园里，虽然大家也有矛盾的时候，但是连接是全方位的，几乎无时不在，无处不在，喜悦的时候、痛苦的时候、孤独的时候、焦虑的时候，恋人都可以在身边，而400千米以外的恋人的连接只能是电话微信。当原来的连接和通过网络连接的效果形成鲜明对比时，而如果恰恰在刚毕业学生周围就有和以往大学里恋人同样方式和密度连接的人出现，如果这个人还更成熟稳重、善解人意，那么分手也是早晚的事情。

2010年时，有一篇文章叫作“算一算这辈子还能和妈妈相处多长时间？”这道算术题在天涯、新浪、搜狐、人渝网等各大论坛广为流传。

“如果你和妈妈分隔两地，每年你能回去几次？一次几天？中国人的平均寿命是72岁，就算妈妈超出13岁，活到85岁，算一算，这辈子你到底还能和妈妈相处多久？我自己的答案是100天。”“武林仲裁”在帖子里说。

在帖子的第 10 楼，网友“陌路花开”的回复让人觉得触目惊心：“这辈子，我也许只能和妈妈相处 25 天了。”“毕业之后留在重庆上班，一年也就春节回家一次，真正在家的时间不超过 5 天。5 天里，大概还有 3 天出门和朋友聚会、应酬。剩下的时间除开吃饭睡觉和上街购物，真正能陪妈妈的时间大概只有 20 小时。我妈妈今年五十有五了，如果上天眷顾妈妈能活到 85 岁，在她最孤独那 30 年里，我能在她身边的时间不超过 600 小时，也就是 25 天，还不到一个月！”

很多人在外地打拼，和父母的连接形式就是手机或微信，但是这种连接的力量永远比不上床头的冷暖问候，而每年能见面和父母聊天的时间更是少之又少，因为距离，高质量的连接有多重要只有父母心里知道。

中国有句俗话叫作“人怕见面树怕剥皮，”就是说人和人相处，见面沟通比不见面沟通好上很多倍。这一点大家都有体会，见面了，叫上名字了，吃饭了，喝酒了，最终影响就比较深刻，有机会就有可能得到照顾。见面和不见面是两种不同形式的连接，在见面是深度的连接，在这个连接下，双方的了解更为深刻，信任更容易建立，如果有好的机会，就可以直接产生交易了。

七 连接发心更重要（Heart）：Priscilla Chan 和马蓉，为什么开始相似，结果不同

2016 年，有两个女人的婚姻最受媒体关注，她们都是在大学期间开始了恋情，并最终成就了一段姻缘，但是结果相去甚远。一位是 Priscilla Chan，她是马克扎克伯格的夫人，在 2016 年不仅有了自己的爱情结晶而且他们宣布把他们持有的 Facebook 99%股份捐献出来；另外一位是马蓉，她的先生是著名草根影星王宝强，王宝强深夜里的一篇微博文章把自己和马蓉、宋哲三个人推倒了风口浪尖，风头一时超过奥运。

在中国有句话叫“每一个成功的男人背后都有一个伟大的女人”。但扎克伯格的妻子 Priscilla Chan 给人的第一印象好像不是这样。黝黑的皮肤，微胖的身材，细长上扬的丹凤眼，宽大随意的连帽衫看起来有些“邋遢和土气”。或许你也好奇，为什么是她最终成了孩她妈？网上的一篇报道揭示了 Priscilla Chan 嫁给全世界最富有的 80 后的过程和原因。

Priscilla 出生在美国，其父亲曾是旅居越南的华裔，20 世纪 70 年代以难民身份移民美国后，与越南妻子开了家小餐馆。为了维持生计，夫妇俩起早贪黑，将她抚养长大。虽然教育程度不高，但他们心里却憋着一股劲，一定要让孩子接受最好的教育。

由于工作繁忙，他们几乎没有时间照料孩子，所以 Priscilla 年幼时主要由奶奶带大。奶奶不懂英文、只会说中文，但却是一位知书达理的明白人，这也养成了 Priscilla 自立、自信、自强的人生观。后来，Priscilla 也不负众望考取了哈佛大学，正是在这里她遇到了自己的爱人扎克伯格。

据传，两人相识于 2004 年的一次派对聚会上，那时的扎克伯格还只是一个穷学生。两人一见如故，便开始了第一次约会。在扎克伯格创业的过程中，Priscilla 一直在他身边支持他。2004 年，扎克伯格在宿舍创办了 Facebook，Priscilla 成为最早的用户。2006 年，Yahoo 提出出资 10 亿美元收购 Facebook，那时扎克伯格的压力非常大。正是因为与 Priscilla 的一次促膝长谈，他坚持选择了拒绝。

后来 Facebook 爆红，扎克伯格便从哈佛退学，专心地做起了事业而 Priscilla 就一直在背后支持他。此时，扎克伯格已经赚到了人生的第一桶金，完全可以让她衣食无忧，但是她并没有停下自己前进的脚步。

生物学本科毕业后她在当地颇具名望的圣何塞哈克学校当了两年教师，然后考取了加州大学旧金山分校的医学专业，再次成为一个学生。而这一切，源于她从小立志成为医生的一个梦想。

2012 年，Facebook 在纳斯达克上市成功，就在第二天扎克伯格 Facebook 主页的婚姻状态也从单身改成了已婚。这位白手起家、全球最年轻的亿万富豪，婚礼却一反高调奢华。两人将婚礼定在了扎克伯格自家的后院，出席宾客还不到 100 人。

他们花 4 个月时间秘密筹备婚礼。受邀宾客原以为是去参加一个普通派对。当这对伉俪穿着礼服出现时，大家才恍然大悟，原来“这是一场精心策划的婚礼”！大家还都以为这是为了庆祝一周前，Priscilla 顺利拿下了儿童医院的行医执照。

而在这之前，Priscilla 还来到北京协和医院默默无闻地做了几个月的小实习生，连去上海看望来旅游的男友（几乎没人知道那就是扎克伯格）都要想方设法地请假。婚后的 Priscilla 依然低调，但她对教育与医学的热爱却深深影响到了扎克伯格。

2012 年，Facebook 上增加了一项器官捐赠功能。这项功能上线后的 24 小时内，就有 3900 人在网站上登记成为器官捐献者。而这个功能就是 Priscilla 和扎克伯格在当晚晚餐的聊天时决定的。

因为 Priscilla 在中国城长大，接受的是公立教育，所以她与扎克伯格捐出 1 亿多美元来资助旧金山地区的公立学校改进教育质量，成为 2013 年最慷慨的慈善夫妻。

后来的故事大家也都知道，在美国当地时间 2015 年 12 月 1 日，Priscilla 和扎克伯格迎来了自己的第一孩子，这一次，她和扎克伯格的连接到了新的一个阶段，而为了庆祝女儿的降生，扎克伯格与妻子承诺将他们持有的 Facebook 的 99%股份（按照 Facebook 当前股价计算，约 450 亿美元）捐出，用以发展人类潜能和促进平等。他们的取舍清楚地告诉了别人他们的价值观和财富观。

扎克伯格和他夫人的义举还在延续，9 月 22 号，扎克伯格夫妇又宣布 Chan

Zuckerberg Initiative 将在未来 10 年内投入 30 亿美元的巨额资金，资助科学家们攻克世界上最主要的疾病。这条消息又成为当日的头条，人们纷纷为这一对夫妇称赞。

虽然从外表上看 Priscilla 并不符合国人传统意义上的审美，但再美丽的女人没有气质和内涵也难谈优秀。Priscilla 便是这样一位优秀的、有极高连接商的女人，因为她善良、正直、崇尚简单，有自己的信念和独立人格，更重要的是，从始至终，她和扎克伯格的连接有一个良善的发心，而这个发心在扎克伯格那得到呼应，他们实现了美好的连接也不足为奇。

就像扎克伯格说的："外表的美是会随着年龄贬值的，而内在的美是会随着岁月增值的。女性的容颜是她心灵的写照，她的笑容永远是清丽温和的。自从怀孕之后，她也完全没有在意自己的容貌因为怀孕而产生的变化，依然是朴素的穿着，不施粉黛，可是她的幸福我完全感受得到，也可以被所有人看见。我爱她的上善若水与真实质朴。我爱她的表情：强烈而又和善、勇猛而又充满爱，有领导力而又能支持他人。我爱她的全部，我和她在一起，感觉很舒适、很自在、很放松。"

与 Priscilla 夫妇捐款引发大量赞誉不同，今年几乎抢了奥运风头的是宝强前妻马蓉和宝强经纪人出轨并转移资产的事件。著名的草根影星、个人口碑在娱乐圈极好、一向被认为以家庭为重的好男人王宝强深夜离婚的微博瞬间引爆了吃瓜群众的围观，具微博声称因为妻子马蓉和经纪人宋喆之间存在婚外不正当关系，所以决定与妻子马蓉解除婚姻关系，同时解除经纪人宋喆的职务。

随着事件的发展，网上爆出很多过程信息，特别是马蓉私下转移夫妻共有财产，宝强交不起诉讼费用的消息，微博上马蓉名为"金耳朵兔子"的微博上的评论吐槽一浪高过一浪，多达数百万条，大部分都是对网络上报道的马蓉及其行为的谴责。

具体过程不讲，有人分析马蓉后面的路会有很大的问题，“前面 10 年的幸福生活没了，她的圈子，她的自由自在，她的依靠，还有她的两个孩子，到死她都会后悔的！如果宝强再找到合适的，每一天的幸福都是对马蓉最大的惩罚！”

马蓉和王宝强之间发生的是是非非或许难以判定，但有一点肯定的是，马蓉后面或许会在这样的舆论中度过，不论中间的是非曲直，这是她个人的不幸。按照中国人的普遍价值观，王宝强虽然不是什么高学历精英，却是中国传统文化价值观里的好人，他能有机会走到今天的位置，也是对奋斗中的广大草根人群的一种慰藉。马蓉有机会结识宝强这样的好男人，似乎开始了一个不错的连接，甚至有机会加深了这个连接，因为有两个可爱的宝宝，完全可能善始善终，可惜这个连接好景不长，媒体上传出对婚姻的不忠和大家从信息上判断出来的背后的利益、背后的各种心机设计，让她和宝强的连接戛然而止，甚至多方因此受到伤害。不管最终的法官在财产和孩子抚养权上怎么判定，马蓉的婚姻连接都是失败的结局，这也告诉我们如果没有一个善良的发心，再怎么幸运或精于连接的技术都无法长久。

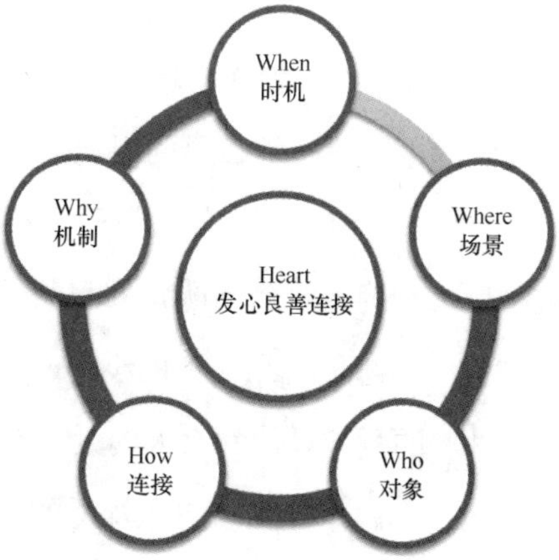

第四节 生活连接的心法：修炼我们的连接力

每个人身临其境地看完电影《阿凡达》时，都有不同的感受，我看完这个电影后最深刻的感觉是连接。人类对真实连接的渴望大过其他一切，如金钱、名利和物欲……

阿凡达的男主角杰克·萨利是一个退伍的伤残地球兵，被征召到潘多拉星球参加一个“阿凡达”的科研项目，爱上了这里的纳美族公主，陷入两难境地。

故事里，这个勇敢的男人，这个面对危险毫不恐惧的男人，曾要求别人像待婴儿一样待他，并以这样的纯净的心接受一切。也许正是这种最本真的态度，使得他面对身边的一切时，都不会感到恐惧，并很快能投入那个状态。我想，正是他拥有这种接受能量的最佳状态，才使得他能很快适应阿凡达的附体，并在潘多拉星球与土著纳美族 Omaticaya 部落的公主妮特丽（Neytiri）一见钟情。

随着和妮特丽（Neytiri）公主越来越深的连接，这时的他早已忘记了自己是人类的身份，真情本位使然，他叛离了自己的组织，甚至进退两难，当他把长辫子连接在坐骑 Toruk 的耳朵上时，伟大的魅影骑士竟然诞生了，上帝的召唤，神明的启示，一遍一遍又一遍，直到唤醒，并与其进行连接……

最后，这个看似陷入爱情，忘记组织任务的小伙儿，因其强烈的正义感，对大自然的爱，对于这个种族的爱，对他的女人的爱，走向了捍卫大自然的战争，并凭借自己的勇气征服了邪恶，保护了自己深爱的家园和亲人。

现实生活中，我们每个人每时每刻都在与外界连接，也在与真实的自己进行连接，当好的连接让能量正向流通时，当与我们所渴望的东西相通而不是相反时，你会感到喜悦，如何修炼自己的连接能力是本节主要的内容。

一 重视自身连接力的修炼：为什么很多成功的老板都是低学历

有一个现象，在传统企业，很多老板都是低学历，而即使在互联网领域里，也有很多老板并不是学霸或师出名门，甚至有一些调研表明，一个班级里最有成绩的同学是成绩在班级里 10~15 名的同学，这是为什么呢？

有一个解释，是说其实在一个人的成长过程中，是不断做选择的过程，但是有两条路径，一条是所谓的步步最优，是指在每一个需要选择的时刻，都做出此时能做的最好选择，如该上幼儿园了，就选择一个最好的幼儿园，幼儿园毕业后最好的选择就是上一个最好的小学，此后最好的选择是最好的中学，最好的大学，最好是去当公务员，最好是去外企等，结果自然就走上一个看似安全，但是缺少长期规划的道路，当人格基本形成之后，再获取机会的能力就非常有限，随着时间的推移，原来的学霸逐渐沦为常人就不足为奇了。

另外一个发展方向是系统最优，是指一个人沿着人格正在走向成熟的规律发展，该长身体长身体，该长知识长一些知识，该明事理就明事理，该懂人情世故就懂人情世故，该遭遇逆境、挫折、锤炼就遭遇逆境、挫折，这样的结果是一个人始终在一个社会的大环境下生存，作为一个普通的社会人存在，能够很好地和环境、外围资源连接，如果有合适的机会，就有可能获得较大的成功。

除了事业发展外，很多人在生活、爱情方面出现了问题时都找不到真正的原因，如果认真地思考，其实是连接力出现了问题，或者是社交商出现了问题。人的幸福感最终来自于三个关系的相处，即人与自然，人与人，人和自己，也就是和自然、人、自己的连接。

人在成长过程中，多数情况都是在选择下一步的三个连接对象，孟母三迁也好，上五个大学的代理商也好，邓文迪也好，他们的故事无非是每一次和自然、和人和自己连接的结果。其实大家只看到正确或错误连接的结果，而忽略了在这个过程中，更重要的是自己连接力的修炼。你若芬芳，香自然来。

换一个角度看，每一个人生阶段都是在积极修炼连接力，为下一步更好的连接打下基础。以终为始，每个阶段的连接力修炼都十分重要，正如前文所述，连接力是人格的表现，是需要随着年龄阅历逐步提升的。

我前一段时间受到跟谁学公司的邀请，为在校数千名大学生做了关于职业发展的讲座，很多大学生在问我“怎样度过一个有意义的大学生生活”。从连接的角度看，大学时代是在为自己生活或事业最重要的连接做准备，婚姻方面，未来和谁连接，大学期间是最关键的时候：事业上，未来向什么方向，与谁为伍，也是最关键的时候。以终为始，如果理解了大学生活的意义在于为下一步连接做准备，那么这几年的安排就十分清楚了。大学生毕业时及之后的差异很大，既有很多偶然因素，也有必然因素，必然因素就是你的连接力的差异。一个获得美国藤校录取的学生，他在学术能力上的对接已经准备好，一个被哈佛录取的同学在领导力方面的修炼也到了一定程度。这时开始实习，要么就是在修炼自己的连接力，要么就已经开始和未来可能的合作伙伴进行连接。这时在社团活动或开始做一些创业实践，就是在寻找自己事业连接的方向了。如果能知道自己的理想，就以此为目标来开始连接；如果不知道，那就悉心修炼自己的连接力，等待让自己心动的连接机会出现。

二 重视连接时间和机会成本：为什么那么优秀的女生还要上非诚勿扰

天下没有免费的午餐，生活中的每一次连接都有时间成本和机会成本，婚姻的连接也是如此。我们看一段对一位《非诚勿扰》的女嘉宾的采访。

“单身大龄同学耳根被磨破了的一句话是‘你是不是太挑了’。以前每每碰到这个问题，我就赔笑‘唉，运气不好吧！’”

其实，寻找伴侣本来就是一个小概率事件；而条件越多，选择就更少。

哈佛物理系的一帮单身 Geek 在实验室里竟然把这个小概率量化了。假想在一个中型 400 万人的城市，其中男性数量大约是 200 万，而集中到 20 岁到 40 岁大概只有 80 万。再假设一个人的择偶条件可以量化为三个条件，在以下形容词中任选三个：英俊、智慧、幽默、高大、善良、有责任心等。如果每个条件上要求的伴侣是人群中的前 5%，概率上说就是 10 万个人中有 13 个，80 万人中有 100 多个人！只有 100 多个！

一个中型城市符合条件的只有 100 个人，他们要且单身，且可遇见，且喜欢你。

这帮 Geek 的灵感得益于推测“可能与我们接触的银河系内外星球高智文明的数量”的德雷克公式（Drake equation）。德雷克公式是这个样子的：

$$N=Ng\times Fp\times Ne\times Fl\times Fi\times Fc\times FL$$

意思是：银河系内可能与我们通信的文明数量=银河系内的恒星数目×恒星有行星的比例×每个行星系中的类地行星数目×有生命进化可居住行星的比例×演化出高智生物的概率×高智生命能够进行通信的概率×科技文明持续时间在行星生命周期中占的比例。

想想，这大概是一个孤独的推测过程。

策略：增加基数，降低标准。这样来说，只有两种可能提高成功率：增加基数，或者降低标准。降低标准有点让人难以下咽。就先说说扩大基数吧。

通过媒体，无论是电视还是网络，都是扩大基数有效的方法。但是扩大基数的最大代价，就是私密性的丧失。一转眼，全国人民都会知道你谈过几场恋爱，喜欢什么样的男生，父母以什么为生。甚至有人在你没有化妆，头发乱蓬地上街买豆腐脑时，大声喊出你的名字（真的不会暗爽，真的……）但是这些都是噪声。下文会说到。

下面说说标准吧，既然概率学上推荐设立3个择偶条件，我曾经认真地、痛定思痛地想了很久。写一整页的清单容易，划掉就好难。一个男闺密曾经问，真的只有三个？嗯。他叹了口气说，可以想想办法再加一个吗？

我最后定下了：有理想，有智慧，好相处。说得高大上一点是才华横溢，灵魂自由。但是前三个词组，更好懂也更容易执行。

上了节目之后，会收到各种各样的信息和邮件，如微博私信、微信留言、百度贴吧骂战等。面对白色噪声，回到初心就变得很重要。在此之前，我以自问自答的方式做了些心理建设。

我为什么要来这个平台？因为我想站在一个TA可以看到的位置。而所有和这个初衷不相关的，都不用处理也不用反应。这个和生活里的其他事情大概也都是一样的。

如何操作呢？我逐渐意识到，一个人的精力有限，无法处理大量的信息，很难做一个完全陌生人的尽职调查。虽然节目上也有很多姐妹，被为爱走天涯的陌生人感动得鼻涕一把、泪一把，终成眷属。但是想想臣妾还是不适合小概率事件和大Drama。更多得关注到热心朋友的介绍，以二度和三度人脉作为起始点。

而这个电视平台最有效的地方，是可以充分沟通自己的标准，也让别人有些初步的了解。

大概类比成为正式资产出售前的投资预告吧！而正式的尽职调查过程又是

漫漫长路。

但是这好歹是万里长征的第一步……”

不得不说，这个走向《非诚勿扰》节目的姑娘是一个智慧而理性的姑娘，婚姻不仅是感性的偶遇、邂逅，如果把婚姻当作对一个人一生都十分重要的连接，就需要我们科学地对待。在推理和逻辑面前，婚姻的连接时间成本和机会成本被算得十分清晰，如果考虑这些因素，借用所有可能的工具来帮助自己站出来，发出希望被连接的信号，让那些自己愿意连接的人看到，不错过机会，不浪费青春，实际上是一个为自己负责的好的策略。

三 检视自己提升连接力：为什么黄渤不是最帅男明星却最受欢迎

如果连接是一种能力，那么明星便是人群中连接能力最高的人了，因为多数明星都有很多粉丝，这些粉丝都是愿意和明星连接的人。明星身上的某一些特质吸引了这些粉丝产生和明星连接的欲望，为了这种连接，粉丝会花很多时间成本，也会有很多付出。

盘点去年的明星，黄渤差不多是综合受到褒奖和好评最多的一位了，最著名的是他在金马奖颁奖典礼上的主持，机智幽默，一方面激发了现场的气氛，让在场观众会心一笑，一方面行云流水，让节目有序、顺畅地进行。黄渤让大众佩服的厉害地方，不仅在于其轻松驾驭现场气氛的能力，更在于他背后的心态。后来他自己在演讲中说到自己的处事原则，即不让别人尴尬及不让自己处于尴尬的位置，人们会发现他幽默后的发心——有趣、有料、有用、有心，才知道这个演员确实不一般。这些特征是他有很好连接力的特征，是他能够和更多观众进行很好连接的原因所在。

人和人之间的连接是自由的，别人为什么愿意与你连接，一定是有原因的，一般分成以下几类。

第一：你有德。你对人真诚，为人厚道，心地善良，有规矩，有方圆，有礼貌，有爱心，别人与你相处感到温暖、放心。

第二：你有用。你能带给人家实用价值。

第三：你有料。与你相处能打开眼界，放大格。

第四：你有量。你能倾听别人的想法并发表有价值的见解。

第五：你有容。你能充分认可别人的价值、欣赏别人的特色。

第六：你有趣。你能带给人家愉快的心情，和你在一起不闷。

请牢记以上几点，做到让更多人愿意与你为友。

若有下一点，你会吸住更多的人才。

第七：你有心。懂得用情用心交朋友、人脉必然成金脉，正面能量无限。遇事，知道的不必全说，看到的不可全信，听到的就地消化。筛选过滤沉淀，久而久之，气场自成！能量强大！必成大事！

如果一个人暂时感觉自己什么都缺乏，最重要的会是什么？是有心，这是连接力最重要的因素。人和人连接，最后还是心和心的连接，有心就能做好很多的连接。有一则故事很能说明问题，一个人跑到释迦牟尼面前哭诉："我无论做什么事都不能成功，这是为什么？""这是因为你没有学会给予别人。""可我是一个一无所有的穷光蛋呀！""并不是这样的。一个人即使没有钱，也可以给予别人七样东西。第一，和颜施，就是用微笑与别人相处；第二，言施，就是要对别人多说鼓励的话、安慰的话、称赞的话、谦让的话、温柔的话；第三，心施，就是要敞开心扉，对别人诚恳；第四，眼施，就是以善意的眼光去看别人；第五，身施，就是以行动去帮助别人；第六，座施，就是乘船坐车时，将自己的座位让给老弱妇孺；第七，房施，就是将自己有空下来的房子提供出来，供别人来休息。如果你有了这七种习惯，好运会随之而来的。”

四 丰富连接语言、积累社交货币：少年打游戏应该被禁止吗

社交货币就是社会中两个及以上的多个个体，在获取认同感与联系感之前对于知识储备的消耗。换句话说，就是谈资。

革命是 80 年代的人的谈资，小将们通过谈人生、谈理想找到社会认同和归属感。麻将的输赢是谈资，高尔夫球具、高尔夫成绩都是一些新的谈资，吃货对美食的信息也是很重要的谈资。人们需要很多的谈资。

英雄联盟也是一种谈资，我的同学们通过英雄与游戏，产生的“大家是兄弟，以后一起玩”的感觉，就是对于社交货币的消费。而社会归属感和与他人的联系感，就是社交货币所购买来的产品。

有人因为魔兽世界成为好友甚至成为夫妻，魔兽世界就是社交货币，美国电子游戏研究专家希德尔·古塔教授说：“随着年龄的增长，游戏者会觉得越来越不好玩，因为社会角色的分配会使生活逐渐丰富多彩起来，也就无须依靠虚拟世界来寻求快乐和满足了。”

2015 年的最后一天，在北京水立方《罗辑思维》的跨年演讲上，罗振宇（大家叫他罗胖子）在讲“时间的朋友”这一主题里提到了“社交货币”这一词。我不知道“社交货币”这一词是不是他的发明，其实这并不重要，但重要的是“社交货币”这一词十分准确地揭示了一种关系，这种关系你我都身在其中，但未必看明白了。

罗胖子讲今天的世界和我们小时候完全不一样了，大家谁都可以刷“存在

感”。不像我们上学时只有三种人可以刷“存在感”：第一是学习好的，可以当班长、学习委员、干部；第二是颜值高的，漂亮的小姑娘、小鲜肉，老师都喜欢，同学也爱跟他们/她们玩；第三是体育好的，如你是少年体校乒乓球队的，上着半节课你就可以出去，训练去了，大家都很羡慕。而今天你是学霸又怎样?你会打 DOTA 吗？你玩过“英雄联盟”吗？你“魔兽世界”能玩几级？你知道“鬼吹灯”吗？你要连这些都不知道，都没玩过，即使你是个学霸也一定是个孤独的学霸，班里没人会理你。这些活动的参与，罗胖子称之为“社交货币”。

当然，“社交货币”不只是指会玩游戏，而我的理解是指一种文化。不同年龄段的孩子有不同年龄段孩子自己的文化，同样，成年人有成年人的文化，男人有男人的文化，女人有女人的文化，穷人有穷人的文化，富人有富人的文化，中国有中国的文化而美国有美国的文化。你要想进入哪个文化层、哪个圈子，你就必须要了解它的文化，先拿到它的“社交货币”，否则你就进不去那个圈子。

第五节 生活中专业连接者的角色：媒婆会不会成为一种好生意

分析完日常生活中的连接，我们可以看到，因为人和人要重逢，或者人在往更高的境地出发时，更容易和很多人发生某种形式的重逢，如政治家的一些私德问题，如果不是走到一个非常高的位置上去，是不会影响他的发展的，但是正因为走向更高位置就立刻意味着和更多人进行连接，这种连接就是更大程度上和别人的重逢，因此，连接力的修炼是必需的，善连者赢，如果连接力没有修炼好，他是无法到达自己想到达的地方的。

在一个社会中，个人的连接意愿和连接能力固然是决定一个人成功和幸福的最重要的因素，但是还有很多外部因素会影响到大家的幸福感，这些就是环境的因素，环境的因素是个人难以决定的，很多时，人们无法也难以意识到自己是一个环境的产物，正按照环境的趋势往前走。我们是不是真的幸福，除了自己要做好修炼，提升和环境、他人及自己的能力外，还要依赖环境。例如，我们在现实生活中说到的信任，其实永远不是一个人的事情，我们之所以给孩子买奶粉是相信给孩子吃的奶粉没有问题；我们上飞机前，相信驾驶员的能力和飞机的安全；我们在上手术台时，相信医生会帮助我们；我们坐出租车时，相信司机会安全地把我们带到目的地而不是在半路劫道；我们去一个饭馆吃饭，相信食物至少是没下毒的。但是你会发现，这些外部的因素有时受制于社会、文化、法律、道德等种种因素。人作为一个个体是难以改变的。自由的交易可以让商业交换达成，但是未必能确保交易双方满意从而建立信任的机制，让双方收获幸福的感觉。是不是能够像生活中任何人连接的提升那样，帮助实现更多的重逢，再通过一定的机制和手段来帮助交易，让交易的每一方自觉或不自觉地发自内心善意地与他人连接，是我们后续要考虑的问题。

生活中的大多数个体连接，其实都是点对点的连接，或者说是个体作为连接者或被连接者，借助一些连接的工具达成连接目的，让个人连接得更好，生活更幸福，而不是个人自身成为一个连接工具。那会不会有生活中的人会以帮助别人连接为生，就像商业上的中介。答案肯定是有的，如媒婆的角色，就是帮助一些男女青年连接的角色，好的媒婆能起到协助连接、促进沟通的作用，但是一旦走向了角色化、职业化，就涉及收入和契约，也就是一个商业的连接。如果暂时不纠结概念，我们可以看到一些职业媒婆就是这样的，她们虽然并不标价，但是实际上得到了男女朋友或家庭的酬谢。从商业的角度看，媒婆可以得到适当的回报，但不是一个非常大的商业机会，历史上有王麻子剪刀，有马应龙痔疮膏，但没听说有知名的媒婆，主要的原因是在个人帮助解决别的个体连接的特殊性问题时，定制化的、没有产品的连接帮助者很难规模化和持续化，因此不能成就一个大的生意，而在商业社会中，帮助连接公司就有可能因为规模、持续性、变现模式的出现而成为一个大的生意。世纪佳缘、百合网专门做婚恋匹配的网站快速发展甚至成为上市的公司。因此，有很多生活中的问题，每个人都需要尝试成为一个连接商高的人，如果是专门的帮助连接者，也就是我们说的助连者的角色，或许交给商业化是一个必然也是不错的解决方案，而那些能让连接者和助连者都得到支持的造连者是更大的机会。这在下一章节重点讲解。

本章小结 / 如何理解生活中善连者赢并类推到商业场景

讲述生活中个人幸福和连接关系最主要的目的，是为了让读者理解后面商业成功和连接的关系。一方面，可以从连接的角度理解自己的个人成长、婚姻、家庭等；另一方面，通过对生活中连接的一些概念、方式、规律的阐述和分析，方便大家对后面商业连接中的一些概念进行理解。太阳底下没有新鲜事，作为一个个体，在生活中做到一个善于连接者的好处及做好连接的方法，和在商业生活中一个企业或一个商户做好一个连接者并没有什么不同。

人是需要协同和沟通的社会动物，生活中的人作为一个个体，连接是普遍存在的，而且个人的幸福和事业的发展都需要连接能力的支撑。人们的连接有深有浅，深度的连接是以共同利益和信任为基础的，这种连接的大量涌现会降低人们的沟通和合作成本，让任何人的协同更加高效和广泛，从而对社会发展形成巨大的帮助。

在连接能力方面，最重要的是连接的技法和心法。我们提出了 4W+2H 的模式，分别是连接的时机、场景、对象、机制、手段和连接者的态度。从长期看，连接者的心法更为重要，因为把时间拉长，重逢是可能出现的，所以连接的心法是十分重要的。

因此，善连者赢，对于每个人在生活中的场景，第一个善，就是善于的意思，在连接的实力和连接技法上有所擅长的人会赢得竞争；第二个善，就是善心善念的意思，也就是说，那些在生活中心存善心善念和别人及外界连接的人会赢得最终的竞争。

在下一章，我们会讲到商业上的连接，它和生活中的连接有相同的地方，也有不同的地方，相同的地方是作为连接者，都需要两个善才能赢得竞争，而作为善连者，生活中和商业中都讲究 4W+2H 的方式。不同的地方是，生活中的个体都是连接者或被连接者的角色，这一点在商业连接中也有，但是在商业中，有一个新的角色出现，就是助连者这个角色，即有一些公司或个人就是为了别人的连接而出现和存在的。这一点会在下一章阐述。

第四章

善于连接的商家赢得未来

理解了在日常生活中连接的价值和作用后，理解商业上连接的价值和作用就变得较为容易了。这也是为什么本书在章节上照此安排的原因。太阳底下没有新鲜事，很多商业场景其实和生活场景可以类比，理解起来也就更加容易，如把企业客户之间的交易作为深度连接的特征，这一点理解起来虽然有难度，但是如果类比一下，男女结婚生子就是在契约保证下的男女深度连接，而企业和客户之间也是有交易合约的，这样这两类连接就是完全可以类比的。

作为一个商家获得一个新客户有两种方式，一种方式是经营流量，一种方式是经营连接。所谓经营流量是指供给能力已经确定，所有的努力是寻找需求。流量是潜在的新需求，在没有老客户前经营新流量就是商家最主要的工作，这时供需之间的矛盾是在时间、空间或信息上不对称，流量经营就是找到这些需求，直接提供给供给方。而所谓经营连接是指服务提供方知道潜在消费者是谁，甚至也知道在哪里，但是消费者按照自己的节奏或习惯来选择服务供应商，供求关系的矛盾主要是信任、能力或人格不对称，经营好和潜在消费者的连接就是商家唯一能做的事情。

前面的过程很像一个在软件企业工作的男生，或者在一个纺织厂工作的女生，周围几乎都没有异性，因此这时最重要的目标是认识新的异性朋友，在所有认识的异性朋友中才有机会发展更进一步的关系。获取新的异性朋友，就需要别人的帮助，同学、同事、亲戚甚至媒婆介绍是必需的，在商业上这就是获取流量的过程。

后面的过程和男孩子或女孩子恋爱、结婚生孩子相似，在周边或别人介绍认识很多异性后，重点工作都是在经营连接关系，逐渐把较浅连接经营到深度连接的过程。而结婚和商户获取客户的签约没有什么区别，领结婚证意味着双方关系到了一个新的阶段并受法律的保护，商户之间的“婚姻”就是服务合同签署，这也意味着更深度的商业合作。唯一的区别是按照现行的婚姻法，每个人以婚姻形式和配偶的这种深度连接方式在同一时间只能连接一个人，而作为企业或商户，其和客户的连接可能有很多个。追求多家的连接，追求多家的深度连接，是企业的梦想。在婚姻中，只有真诚、信任，以双方共同利益出发来进行连接，才能有机会到达深度连接，可能是在一个婚姻的场景，还是在一个获取客户的场景，这一点并没有什么不同。

在人生的征途上，最终那些发心良善、并善于连接的人，会在生活中拥有更多的朋友，收获更多的幸福和成功。与之相似，发心良善、并善于连接的企业或个人，在商业生活中连接自己的客户会有更多的方法，也有机会获得更大的收获和成功。商业生活中也遵守善连者赢这一规律，这是本章的重点。

第一节 交易就是有契约保证的深度连接：为什么挑剔是买家，不语是看客

俗话说挑剔是买家，不语是看客。这其实说的是商家和用户的连接程度和购买可能性之间的关系。不语的用户，没准备好掏钱，因此没必要像重视挑剔的顾客那样重视，没有经验的销售和这类客户沟通，分辨不出来对方的反馈是敷衍还是肯定，还感觉这个客户比挑剔的客户好。其实商家和这样的客户也有连接，但是是比较轻的连接，远未到更深一步即成交的连接。

挑剔的用户，因为真正对商家服务或产品感兴趣，或者准备掏钱，为了对自己的钱负责，所以用挑剔的方式和商家沟通，确保商家可信并能确保自己的利益，甚至有时也会计算一下这个交易是否也能让商家赚到钱，否则不踏实，这就是确认交易是否有利于双方的共同利益。挑剔的客户，只是在用挑剔发出

准备深度连接的信号，如果这种连接信号被商家正确响应，成交可能性就会很大，最终成交就是更深度的连接，一般业务可按照口头方式约定相互的权利义务，还有一些会用合同把双方的权利义务确定下来。

在商业社会，因为普遍分工的原因，人和人、组织和组织、人和组织之间的交流是经常会发生的，这些正式或非正式交流其实就是一次又一次的连接，连接双方都会为了自己的利益及获得更多人的信任而不断对外沟通，尝试连接，这种连接在一个法制和自由的市场里就表现为让供需双方都可以去挑选，最终会有一些需求能被一些商家满足，而双方对对方的条件都认可。在双方之间信任和共同利益的可能性得到确认后，签署契约就是一个重要的里程碑和标志，即对供需之间交换的内容标的、时间、金额、服务等相互的责任和权力的文本方式的约定。约定中的最关键内容也是对双方在履约过程中的信任和共同利益的保证。当然，连接双方是否能持续合作，要看后续各方的表现，双方交易更加频繁发生或更大额度的交易的发生正是连接深度加强的表现，有时也可能是一方推荐更多的人来跟另一方合作。

在供需之间，有时供过于求，有时供不应求，不管是哪种情况，只要是法治社会加市场经济自由竞争，供需双方都可能会用自己的选择来“投票”，如果是在一个信息对称、充分竞争的市场中，最终结果是那些产品过硬、服务好、能更好满足需求或能更多给供方带来收益的一方获得合作的机会，如果商家都是理性的，即知道如何利用自己的产品和服务及口碑的优势差异化赚钱，这种用钱投票的机制会让那些诚信、勤劳的一方获得更多的收益，逐渐成长。因为竞争的长期存在，基于未来收益的考虑，这种诚信和勤劳也会持续下去，最终实现良币驱逐劣币的结果。

当然，如果不是在一个连接信息透明和非市场经济的环境中，情况就有所不同。例如，借助一些特别的外力欺行霸市的行为不能制约，或对于一些商家或顾客的不良行为不能有效地约束，则善于钻法律或监管漏洞的人就会得到更多利益，更多的利润会进一步壮大这些商家，他们就有可能有力量加强对监管漏洞的利用，最终出现劣币驱逐良币的情况，就像没有滴滴之前的黑车市场一直存在，那些宰客更多的黑车司机有可能更有钱去摆平一些监管的事宜或买通一些力量帮自己出头，最终结果是越黑的黑车司机获益更多，这种情况就是劣币驱逐良币。但是这种连接是伤害用户利益的，用户在其利益被伤害后会警惕，不轻易和类似商家再次连接，本身这个市场规模就会十分有限。

第二节 交易是一种较低综合成本的连接：为什么能花钱解决的问题就不要欠人情

日常生活中，自己有了困难，是找熟人帮忙还是花钱解决？不同的人有不同的看法，有人说需要给自己的朋友添一点“小麻烦”，其实是希望达成一种深度连接，也有人说，自己能解决的问题最好自己解决，不要麻烦别人，这两种观点都有一定道理。我曾经在网上读过一篇文章，题为欠什么都不要欠人情，作者叫晚晴，该内容很发人深省。现摘录几段和大家分享。

我妈继续奉行着她相互麻烦的生活理念，我则坚持着独善其身的原则，倒也相安无事。

几年后，家里买了车，别人也会来麻烦一下她，她性格和我不一样，从不觉得这是一种麻烦，认为别人来找你帮忙，那是看得起你，是跟你关系好，她乐意，我自然不会说什么，反正她觉得舒服就好。

但是，就在前几天，她打电话给我，无比委屈，夹杂着气愤。

大概在一个星期前，隔壁童叔叔家的孙子晚上突然呕吐发烧，他们的儿子媳妇都不在家，打电话给我妈，希望能送他们去一下医院。我妈二话不说，连忙叫起来我爸，把童叔叔家的儿子送到医院。

这本来是一件好事，就算是陌生人，遇到这样的事，出于人道主义精神，也应该帮忙一下。

但中间发生了一个插曲，孩子在医院挂完水已经晚上两点多了，一行人又困又累，开车回来时，路上有一块石头没有看到，就这么开了过去，车子就剧烈颠簸了一下，孩子的头撞到了旁边的玻璃窗上，立刻哇哇大哭。

孩子的爷爷奶奶心疼得要死，我父母也觉得很不好意思，但因为纯粹义务帮忙，又不是故意的，当时都说没事没事，以为就这样过去了。

但是前两天，我妈无意中听到童叔叔一家对别人说："孩子头上撞了好大一个包，看着就心疼，唉，早知道当时就应该叫出租车，某某开车太不小心了，以后还是算了。"

我妈在电话里激动地说："我们是故意的吗？大半夜的不睡觉送他们去医院还落埋怨，我招谁惹谁了啊？没有功劳也有苦劳啊！认识这么多年，第一次发现他们这么不讲道理，以后别来往了。"

这事在彼此心里有了芥蒂，两家的关系大不如前，估计也很难再恢复，这样的事在小县城里从不鲜见。

从小这些事见多了，让我学会了如何规避这种人情往来中的风险，也让我明白：欠什么，都不要欠人情。因为欠任何东西，你都可以等价偿还，唯有人情，一旦欠下，很可能终身都还不清。

我有位同学结婚买房，以他的能力付个首付没有问题，但按揭需要付二十几万利息，他想来想去很肉疼这些利息，就决定向家族里的亲戚朋友借钱，全款买下房子，这样就不用支付利息了。

确实，亲戚朋友都没有问他要利息，此举省下了 20 多万利息。

几年后，他开始做生意，做得风生水起，很快积累了不菲的身家。

然而，麻烦也随之而来，曾经借钱给他的亲戚们，一旦有事，第一个想到的就是他。他有自知之明，知道自己曾经受过恩惠，理当回报，对于亲戚们的要求，也尽量满足。

但是，没过多久，他就觉得吃不消了，亲戚太多，不是今天这个有需要，就是明天那个有需要，老婆的脸色越来越难看，他有苦说不出，一旦拒绝，就是忘恩负义，整个家族的唾沫就够他受的。

更令他悔不当初的是，有些亲戚倒不找他借钱，而是要求他办事，不是为这个表弟找份工作，就是给那个表妹介绍个去处，于是，他欠下了更多人情。

老婆埋怨他：“当初自己按揭好好的，你非得去找人借钱，这下好了吧，我们搭进去的钱和人情，都快上百万了，而且，还看不到头，看他们的架势，要么我们落魄，要么我们死了，否则就没完没了了。”

他无言以对，暗自悔恨。同学聚会时，他无比沉痛地对我们说：“这世上最傻的一种行为就是，明明自己花钱可以解决的事，偏要去找亲戚朋友，然后一辈子都还不清。”

生活中很多人做事都喜欢找人帮忙。要搬家了，明明有专业的搬家公司，还是习惯去找那些亲戚朋友帮忙，只为省下那点搬家费；要去哪里，明明一辆出租车就可以搞定，非得让谁接谁送，只为省下那点路费；要买房子，明明银行大门永远开着，还是习惯找别人去借，只为省下那点利息。

很多人都喜欢“免费”的东西，一听说要花钱，就心疼肉疼，总想着不花钱就把事给办了。其实，从本质上而言，这就是一种贪小便宜心理，众所周知，吃大亏的，往往就是贪小便宜的人。

你所占到的便宜，会在未来让你失去更多，你所有得到的东西，都需要你付出相应的代价，而钱实际上是最小的代价。

我妈曾经好多次跟我说，叫我别请阿姨，反正她没事做来给我打扫就可以了，而且她不要一分钱，我很坚决地拒绝了，我宁愿每个月多花几千块钱，也不愿意我妈来照顾我。

阿姨虽然每个月要付工资，但我们是雇佣关系，我提出要求，她完成工作，她尊重我的生活和自由，我尊重她的人格和劳动，无论是我还是先生，我们心里都很坦然。

但我妈过来，表面上看我是省下了几千块钱，但事实上我要付出的东西更多。

这个世界上，没有任何人是光履行义务，不享受权利的，当我妈无偿为我提供服务时，她就有了资本对我的生活进行干涉，并且因为她不收钱，无论她干得好不好，我都要心怀感激而不能有任何挑剔，否则就是不孝，而我和阿姨之间，绝对不会涉及孝不孝这种问题，她也不会来干涉我的任何决定。

当一件事可以用钱解决时，用钱解决就是最好的选择。从另一角度而言，用钱解决更快捷、更专业、更有保障，更无后顾之忧。

几年前，我碰到一位读者求助，她说失恋后感觉有忧郁症了，让我帮帮她，我知道忧郁症，但对这个病并不十分了解，于是我提议介绍一位专业的心理医生给她，但她一听咨询一小时要150块钱，立刻很不高兴。

在她的观念里，明明向我咨询不需要花钱，现在居然要花150一小时付费咨询，这个钱花得太冤枉了。

但事实上，这一领域根本不是我擅长，即使我愿意提供无偿咨询，我的咨询估计和专业的心理医生也是无法比的，无论是耐心、专业性都会打折很多，甚至会延误她的病情，这是得不偿失的事。

一个希望生活得轻松简单的人，必须树立有偿消费的观念。

诚然，在过去的社会里，很多服务不甚完善，经济状况不佳，我们会更需要相互帮忙，但是时代在进步，社会体系在日益完善，很多事情都已细分出专业的领域，每个领域都有专业的人将它做到极致，我们无须再像过去那样处处找人帮忙。

在自我意识日渐苏醒的时代，我们首先应该学会自己解决，当遇到实在无法解决的事再去找人帮忙，我相信别人会更愿意伸出援手。

所以，当务之急，你只需要做一件事：那就是好好赚钱！

人和人之间的连接，需要有一定频次，需要不断升级，如果能不断投桃报李，一定会加深这样的连接，但是因为现在社会很多个人劳动都有社会劳动的替代，而每个人在每个服务出现瑕疵下的容忍程度有了不同时，此时一个个人在什么场景下需要进行交换连接，什么时候需要投桃报李，就需要考虑一下，如果是自己不擅长的领域，帮助别人就可能会给别人带来风险。

著名经济学家陈志武曾经说过，所谓金融，就是跨时间、空间的价值交换，中国讲究养儿防老，实际上也是把子女看成了一种金融产品，这是中国社会保障制度缺乏的一个现实，但是这个现实加上中国人的传统孝道教育正在造成很多子女在发展过程中选择的局限，甚至也影响社会的发展。随着金融服务的发展，养老的问题越来越多地可以通过金融产品来解决，现在子女的压力就可以向美国那样小更多。

同样的，我们从小到大的很多社交关系，有很多是纯友情的连接，但有时也会被当成一个金融产品，你现在帮助我，我未来可以帮助到你，你给我面子，我还给你面子。连杜月笙也感慨，人生最难吃的三碗面是人面、情面、场面，这些模糊的、难以量化的交换方式如何拿捏好并获得成功不是一般人能驾驭的，况且这种模糊边界的连接通常使效率低下和交易成本增加，如果有机会选择明码实价的第三方服务，花钱就是最好的策略了。

从纯粹和社会效率角度看，这种隐形的面子的交换和显性的交换相比，差异就在于相互的权利义务清晰与否，完成一个交换的社会成本多寡及风险高低，显然，一个律师帮助朋友当司机的社会成本及风险都远高于一个专车司机的成本和风险。这样的成本和风险的劣势，最终会引发很多矛盾。如果直接采取交易的方式，不仅可以保障从专业人员那里获得预期质量的服务，而且也明确清晰了代价和成本。因为专业、规模、责任清晰，所以以交易形式为主的连接就是效率最高的连接，对连接双方来讲都是如此。连接正在往社会整体效率最优的方向前进，上面文章中举的种种不堪，全部都是因为连接模糊造成的后果。

第三节 交易型连接正在让社会劳动替代家庭和个人劳动：为什么康师傅的业绩大幅度下降

以下内容摘录自法治周末记者代秀辉的“康师傅净利下滑高达四成 或陷诺基亚式困局”报道。

康师傅业绩再次遭遇滑铁卢

2016 年 2 月 22 日，康师傅控股有限公司（以下简称康师傅）发布了 2015

年业绩预告。康师傅表示，预期截至2015年12月31日年度未经审核的净利润将较2014年年度下降约35%至40%。

2014年康师傅营业额为102.38亿美元，同比下降6.43%；股东应占溢利4亿美元，同比下降1.97%。

康师傅2015年三季度财报显示，康师傅前9个月的营业额为76.34亿美元，同比下降9.75%；股东应占溢利3.42亿美元，同比下降12.67%。

业内人士判断，如果按照康师傅预告的2015年年度未经审核的净利润将较2014年年度下降约35%至40%的预告，那么康师傅2015年第四季度的亏损其实较前三季度更严重。

康师傅的业绩困局更加反映在资本市场中。

公开资料显示，2014年年初以来康师傅控股的股价几乎每个季度都在下跌。2014年和2015年其复权股价分别下跌20.13%和36.59%。进入2016年以来则加速下跌，从1月1日至今已经下跌了35.99%，是其历史上最大的单季跌幅。

那么，是什么直接造成了康师傅业绩出现如此大幅的缩水？

法治周末记者翻阅康师傅财报发现，康师傅的业务主要由方便面及饮品组成，2014年分别占康师傅营业额的40%与57%。

这其中，康师傅的方便面业务在营业额占比及毛利贡献上自2011年就已出现下滑。其中，康师傅方便面的营业额占比已从2011年的46%降为2014年的40%，毛利率已从2012年的30%降为2014年的28.33%。

与此同时，康师傅2015年的业绩显示，其方便面业务也表现不佳。康师傅2015年上半年方便面营业额为1792137千美元，同比下跌11.88%；第三季度方便面营业额为1061913千美元，同比下跌6.2%。

多位接受法治周末记者采访的业内人士表示，虽然康师傅业绩大幅缩水有自身的原因，但更根本的原因则是互联网背景下的O2O外卖模式正在逐渐蚕食并替代方便面市场，而方便面行业老大康师傅不可避免地被波及。

公开资料显示，自2013年以来，伴随着互联网O2O模式的兴起，餐饮外卖市场井喷式发展，美团外卖、百度外卖、饿了么等外卖平台纷纷涌现。

艾瑞发布《2015年中国外卖O2O行业发展报告》显示，2014年我国餐饮外卖市场规模已超过1600亿元，占整体餐饮消费的比例为5.8%，到2017年，这一比例有望达到9%，外卖市场整体规模也将超过3000亿元。

“互联网下的O2O外卖模式兴盛对康师傅的方便面业务形成了较大冲击。方便性是方便面深得消费者青睐的主要原因，但是外卖O2O的兴起，使消费者足不用出户就能购买到周围的快餐美食，在方便性上不亚于方便面，而且选择性更多、产品相对健康营养，因此，外卖O2O对康师傅方便面业务造成了冲击。”梁铭宣说。

“新的健康的饮食方式正在逐渐替代方便面这种不健康的饮食方式。”食品饮料行业战略定位专家徐雄俊对法治周末记者说。

衣食住行，很多需求传统地都是由家庭劳动来满足的，特别是食。中国人习惯于自己在家做饭吃，但是随着社会分工越来越细，人们越来越忙，人们就创造了一些产品来替代家庭劳动，如洗衣机、洗碗机等，而方便面是一种产品替代家庭劳动的代表。这些用产品形式替代家庭劳动是以前很多产品畅销和增长的原因，随着服务的规模化、标准化，用社会劳动或服务替代家庭劳动正在成为一个新的趋势，甚至在替代产品的一些解决方案，方便面销量下降就是一个明证。

现在年轻人宅在家的时间越来越多，但是生活品质却一直在提升。以前宅在家意味着与方便面和一堆家务为伴，现在宅在家，很多事情都可以请别人打理了。吃饭不买不健康的方便面而是叫外卖，洗衣服有“一袋洗”，做家务找个“到家网”上的小时工，即使像看孩子这样的事情，年轻人也会算计，老家的人是不是不好要求，父母有自己的老习惯未必带得好，交给专业的月嫂或育儿嫂花钱是不是更好一些。花了钱，自己方便，也能提要求，这样活得更加容易。即使少数不宅在家的时候，也多在家里把所有的安排就绪，该买的电影票买了，该团的团单团好，该预订的机票酒店也早就订好了，有了更多时间去享受过程。生活越来越便利，需要自己动手做的事情越来越少。

宅经济的背后，是社会分工的更加精细化和专业化，很多传统的家庭劳动几乎都被社会劳动代替了。之前很多的家庭劳动，因为信任的原因，有时候也是因为价值最大化的原因，实际上不会采取购买社会劳动进行替代。现在，一方面，在很多服务领域，因为互联网技术和先进管理理念的渗透，信任的问题已经不再是问题，而供应方的服务成本远低于自己做的花时间的机会成本，如此算来，这种时刻采购第三方的服务就是一个不错的选择，因为是交易的关系，有契约的保证，服务的结果也能有保障，出现任何的风险也有方式来解决，因此，宅文化就流行起来。在宅文化流行的背后，是家庭劳动被一个个服务的契约替代，把自己从繁重的家务劳动中解放出来，用更多的时间在自己的专业领域学习成长，让自己的社会价值最大化，并能有更多的时间享受生活，也为别人创造实现价值的获得工作的机会，几乎都市所有的人都会享受这个趋势带来的好处。如果没有服务的标准化产品化让交易这种连接形式实现，如果没有背后促成信任和推进共同利益的助连者，即一些互联网公司，这样的宅经济是根本无法实现的。

第四节　交易连接的起点和结果是加强连接双方的信任和共同利益：为什么敢把自己的生命交给别人

前一章中讲到，生活中，人和人的连接普遍存在，连接的时间、对象、方式、机制、发心等对连接的结果都有很大的影响。而人和人的深度连接往往有相互的信任和共同利益，契约是这个连接走向深入的标志，这就如同男女之间的结婚领证、男人之间入股合伙遵守章程共同创业。这样有清晰权利和义务约定的契约，表明大家对彼此的深度信任和共同利益的高度认可，连接只是一个阶段性结果，却是一个标志。信任和共同利益既可以在后续的一次合作连接中加深，进一步开始更加深度的连接；也有可能被不开心的结果伤害，甚至最终导致契约或联盟的终止。

不知道大家是否意识到，在我们越来越多地通过交易获得别人服务的过程中，有一些服务对我们而言是没有什么风险的，但是也有很多时候有很大的风险，至少看起来是这样的，极端情况下，我们甚至是在把自己的生命交给别人。例如，在日常生活中，我们对每天吃的、喝的东西多少都会有是否健康的担心，但是我们还是会选择一些服务商来使用它们的服务。我们在得病的时候，会把自己交给医生和护士，虽然他们的一个错误举动可能会要了我们的命，但是我们还是会坚持去医院。再如坐飞机时，我们知道虽然比例十分有限，但是只要飞机驾驶员操作失误，或者因为机械原因、天气原因失事，我们逃生的可能几乎是零，但是我们还是会乘飞机到达一个目的地。

这是为什么呢？其实，我们在心里都做过评价：首先，就是这个给我们提供服务的人或其背后的体系是不是值得信任；第二，我们会评估风险和收益，如果我们希望在很短时间内到达一个地方，而出现风险的可能性又比较低，加上没有其他可能的选择，那我们就会倾向于选择这个服务商；第三，通过之前和这个服务提供者交流的经历或自己信任的人的经历感觉这个服务者提供的服务基本上有保证，于是我们就坚持了这个选择。

当然，在服务者那一边，这种评价和选择也在进行，比如，作为一个医生或护士，是否要接收这个患者？其病情可能在自己的能力范围之外，或者病情已经十分严重，但是家属和患者还是抱有很高的期望，如果接收了这个患者，会不会引发一些纠纷和风险？此外，这个患者或家属看上去有支付的难度，甚至或许会是一个“医闹”，我们能信任这个患者在出现正常结果时不会产生对医院运营不良的行为吗？也有一些大夫在收治患者时会考虑一下患者病情的学术意义，甚至会招募一些患者来看病或试吃一些药，这是医院或导致医生在利益方面对一个患者的评价。

一个航空公司，需要掂量一下那些乘坐该飞机人的身体状况是不是适合飞行，如果在路上出现问题，本身需要抢救付出成本，另外也会影响整个航班的行程，最终的结果是导致这个航程亏本。保险公司遇到的情况也很相似，不同的人风险不同，企业可能需要付出的成本也不同，因此为哪些人保险，为谁服务其实是一个需要认真考虑和评估的事情。

自由的市场经济基于供需双方的各自评估，因此最终真实交易就是在充分沟通和知情后的交换，只有在相互信任的基础上才有可能交易，只有这次交易符合双方共同利益时才能达成。如果没有信任和共同利益，交易这种连接是不能实现的。

技术创新是让这种信任机制更容易达成或共同利益机制更大化的因素。现在飞机的安全系数远大于三十年前的飞机，也大于现在的汽车，外科手术的安全程度越来越高。技术和机制在改变这一切，我们作为消费者的选择，我们的钱的投票方向，也正在促进技术的变革和升级，并支持那些提供服务的人更好地提升服务品质，从而更进一步降低消费者使用这些服务的风险。随着时间的推移，连接促进信任和共同利益的效果就会逐渐显现出来。

第五节 靠交易连接下的市场和道德关系：看看张维迎教授怎么分析交易和道德

讲到交易，讲到市场，就离不开市场和道德之间的关系，国内消费市场上有很多的现象，有人把这些归因于市场经济，也有人把这些归因于道德沦丧，关于市场和道德的关系，著名经济学家张维迎有一段论述，题目是“市场的逻辑和宗教的逻辑”。我在这里节选了一段，以供大家理解。

这就带来一个问题：人是以自我为中心的，但任何人要生存都离不开他人的合作和协助，人类怎样从以自我为中心到达合作和互助?或者说，自利的本性如何能够给他人带来好处，而不是伤害?

每个人都希望生活幸福，都不断追求更美好的生活。实现这个目标的手段，归纳一下，大概有两种：第一，是通过让别人不幸福而使自己幸福，即用伤害别人的方式为自己得到好处，我称之为“强盗的逻辑”；第二，是通过让别人幸福使自己变得幸福，我称之为“市场的逻辑”。仔细想一下，市场的逻辑其实也是宗教的逻辑，所有宗教都教育人要积德行善，也就是通过利他而实现自己的幸福。比如，老子讲“既以为人己愈有，既以与人己愈多”；佛教主张通过了悟“空性”达到“无我”的境地，以“普度众生”来实现自己的幸福。当然，无我要修炼才能达到，不是天生无我，要是天生无我就没必要修炼了，也就没有宗教了。从这方面讲，宗教的逻辑和市场的逻辑最大的不同是，宗教的逻辑是通过改变人的心来达到善的行为，市场的逻辑不改变人的心，而是规范人的行（行为），即以利人之行，实现利己之心。

我有一次去山西榆次，看到县古衙门有一副对联，大概如此：

百善孝为先，原心不原迹，

原迹贫门无孝子；

万恶淫为首，论迹不论心，

论心世上无完人。

什么意思呢？善以心论，恶以行断。一个人是否是孝子，不能看这人给了父母多少钱、盖什么房子、买什么车，如果这样，穷孩子就没办法当孝子了。但判断一个人是不是恶人，不能看有没有恶的动机，而要看有没有恶的行为。道德伦理规范的是行为，而不是心。这就是宗教和市场逻辑的基本差别。市场不求改变人的心，只求改变人的行为，市场就是你必须通过满足别人的需要来实现你自利的动机。从这个角度讲，市场本身是最讲伦理的，它使得你不能伤害别人，你致富也好，地位提升也罢，一定得建立在给他人创造幸福、为社会创造财富的基础上。

认为市场的逻辑和宗教伦理对立，是完全错误的。与市场的逻辑真正对立的是强盗的逻辑。强盗的逻辑随处可见。值得注意的是，有些强盗行为的出发点可能是善意的。当然，在现实的市场经济中，这两种逻辑是共存的，有些人赚了钱不是因为给别人带来了幸福，而是因为给别人带来不幸，但这本身不是市场的逻辑。从长远看，在市场中一个人能持久致富，一定是靠诚实守信，而不是靠坑蒙拐骗，如司马迁所言，“廉吏久，久更富，廉贾归富”。

市场给每个人发财致富的机会，只要你为别人创造价值。健康的市场中谁赚钱最多?就是服务人数最多的人。一个保姆，只能服务一个人或一家人，挣不了多少钱，但是生产 iPad 或 iPhone，就可以服务几千万人，几亿人，赚的钱就多得多。市场就是按照你给别人带来幸福的多少回报你。给别人带来的幸福越多，赚的钱就越多；给别人带来的幸福越少，赚的钱就越少，这就是市场的逻辑。

正是在这个意义上，我们说，市场制度是最符合伦理道德的。当然，人们对市场的偏见是有心理学基础的。根据心理学家的研究，我们往往把成功归于自己的聪明才智，而失败了总怨恨别人;我们常把自己看得比本来高尚，把别人看得比本来卑鄙。赚不到大钱的人，往往有这样一种心理：不是我没本事，而是我道德水平太高，不愿骗人。那些人为什么能赚大钱?心黑!这是一种自我安慰。现实生活中，批评别人道德水平差的人，相当一部分道德水平最差。贪婪的人最有可能要求别人大公无私，因为他们喜欢占领道德制高点，忽悠别人以谋取私利。

关于市场和伦理的关系，从古到今还是有好多误解，有必要澄清。大家都同意，通过给别人带来幸福从而使自己变得幸福，是符合伦理的。但我的观点是，仅仅靠说服人，作用有限，真正做到通过给别人带来幸福自己才能幸福，还得靠制度。这个制度就是自由竞争的市场制度。如果没有自由竞争，搞政府垄断，只允许一部分人做生意，这就不是市场的逻辑，而是强盗的逻辑，就无道德伦理可言。像中国的国有银行，赚那么多钱，有相当一部分是靠强盗的逻辑。市场准入是垄断的，利息是政府规定的，你存款时它只付百分之一二的利息，而它贷款时收取百分之五六的利息，这么大的利差，傻瓜都能赚钱。所以说，银行的高利润，相当一部分来自对储户的剥削，而不是它们创造的价值。

微观层面上，每个人做事都是有目的的，每个人都有一双看得见的手去实现自己的目的。宏观层面上，市场是双看不见的手，这双看不见的手监督看得见的手一定不能偷偷干坏事。看不见的手一定是帮助别人的手，而不是伤害别人的手。如果在宏观层面上还有一只看得见的手，这时候市场就可能无能为力，这只看得见的手很可能会伤害别人，而不是给别人带来幸福。

如果把张教授的理论引申一下，其实市场的逻辑就是自由交换的逻辑，就是普遍连接的逻辑，交易是深度连接，如果在一个法制、自由交换环境中，信息充分透明，加上产权的明晰，市场和道德就是相互正加强。如果产权是明晰的，那就是说人们主观上知道要维护自己的产权的价值，无论是商誉还是一块地的产能，而交换之间会有重逢，或者某种技术手段和信息透明会实现虚拟重逢，加上法治能维持公平，那么这种连接就是最合理的和最有道德的。在古代，商品人和地没有大范围流动之前，供需双方在一个地方的自由交换，欺诈就很少，是一个道理。这个道理我们会在最后一章中重点讲述。

第六节 商业中因善连而赢的连接者和助连者角色：为什么妈咪的生意很不错

商业生活中，有两个角色会因为连接的改善而受益：一个是连接或被连接者，上一章我们把这些角色定义为善连者；一个是连接器本身，上一章我们定义这个角色为助连者。

连接或被连接者会因为善于连接而受益。在竞争的环境中，善于连接者会赢，这一点不难理解：做一个温暖的人，能连接好自己的朋友、同事或配偶，生活上就是一个赢家；在做生意中，那些善于处理好自己的客户关系、员工关系、股东关系的人会获得更好的发展已经是不争的事实，这一点和在现实生活中的情况并没有什么不同。

在生活中，连接双方都是获益者比较显而易见，但是一个连接者本身靠这个养家糊口还有一定难度，或者想因为连接者身份获得更多利益有时也会有局限。媒婆是一个生意，但不是规模化的，一些交际花可以获得一些利益，但也未必靠此为生。但是在商业社会中，连接本身可以作为一个商业模式独立存在。这种例子很多，如商业地产本身并不为消费者直接提供服务，它们提供了一些场所，让那些为消费者提供产品和服务的商家能够更好地、更高效率地和他们自己的用户连接，商业地产作为一个连接器就有了自己的商业模式，甚至可以赚钱。这样的商业地产包括万达广场，也包括国美苏宁这样的家电卖场，万达不提供餐饮服务，国美苏宁也不生产电视冰箱，但是它们提供了一个场所，让家电厂家的产品和消费者连接并形成交易，因为越来越多的人到这个卖场购买家电，卖场本身成为流量入口，最终也成为一个巨头。

电视、电台和报纸这些媒体，扮演的角色也是一个连接器，通过这些媒体，消费者和广告主有可能会建立连接，或者在地面上购买时，受到广告的影响采购了广告主的产品，为此，广告主就乐意支付广告费给媒体，媒体也就能得到较多的收入。PC 互联网时代的 BAT 及很多垂直行业，从商业角度看也是在承载一个连接器的作用，这些连接器在后向付费中找到商业模式，也有很好的发展。

有一个投资人把这一点形象地比喻成妈咪的生意和头牌小姐的生意，虽然这个比喻的对象不十分合适，但是足够说明问题。这个比喻是说，有一些生意，需要有古代头牌小姐的地位才能有更好的业绩，因此那些自身条件好、服务好、善于连接的小姐就有机会成为头牌。但是还有一类角色，是古代妈咪的角色，她们不提供服务，主要负责连接，她知道所有小姐的特点优势，也知道所有客人的特点和喜好，因此由她来负责匹配连接，最终的结果是客人快速找到自己的小姐，而小姐也快速获得了生意。妈咪就是一个小的搜索引擎，帮助了小姐和客人，也能从中获得很好的收益，甚至有的时候，妈咪因为为所有的客人或小姐服务，其收益比小姐还好，因为当客人稀缺时，妈咪有机会携客人以令小姐，而当小姐稀缺时，妈咪可以携小姐以令客人，当供需总量一致时，妈咪可以帮助快速匹配。因此，妈咪就是那个有优秀商业模式的助连者。

接着这个不太合适但能说明问题的比喻，连接的机制如何帮助到小姐，并最终成就一些头牌小姐？连接本身如何有单独成为一个生意，成就妈咪？以及在互联网、移动互联网时代，谁又能借助新的连接器的连接能力成为头牌小姐？谁又是那个能通过超级连接能力成为妈咪的人？在每个领域里是不是都有一个妈咪的角色存在？以上问题是我们后续的内容要讨论到的。

第七节 第三个连接角色——造连者的特质：为什么社交商差的乔布斯能创造出苹果奇迹

在一个普遍联系需要协作的时代，不管是连接者还是助连者，人们会普遍认为那些情商也就是连接商高的人更容易成功，但是也不尽然，比尔·盖茨、乔布斯、elan mask 等人都是很有名的坏脾气的人，他们怎么成功的？这一点对于我们理清楚连接者的几个概念非常有帮助，需要重点看一下。我先悉数乔布斯的“坏毛病”。

（1）乔布斯的母亲是一位未婚先孕的硕士研究生，因为生活拮据，还未出生的乔布斯就注定了被“抛弃”的命运。

（2）在乔布斯出生之前，他的母亲就为他选定了一个律师家庭，她希望自己的孩子能接受良好的教育，可就在乔布斯出生后，律师夫妇突然宣布他们想收养的是女孩。乔布斯的母亲猝不及防，给领养预备名单上的另一个家庭打了电话，那对夫妇很高兴能收养乔布斯，可是乔布斯的母亲发现这对夫妻连高中都没有上过。但这对夫妇非常喜欢乔布斯，向乔布斯的母亲保证“一定会供孩子上大学”。

（3）乔布斯在很小时就展现出了与普通小孩不同的一面。他在 3 岁时就开始搞恶作剧，他曾经把发卡放入电源插座的插孔里，仅仅是想闻一闻是什么气味。他上课从不听讲，也不完成老师布置的家庭作业，他还在课堂上顶撞老师，因此他总是被赶出教室。

（4）乔布斯不合群，他的一位同学曾这样描述他：“乔布斯是一个孤单的、相当爱哭的男孩。如果比赛失败了，他就会跑到一边哭泣。”乔布斯孤独且极端。

（5）中学时，乔布斯因为当时的个人主义、不合群、不同见解常常被别人看作“怪物”。

（6）大学时，乔布斯一直都没有交到很要好的朋友。同学聚会时，他总是一个人坐在角落里沉默不语。除了自己喜欢的课外，他很少会安安静静坐在教室里听课。

（7）大学期间，他不仅头发和两肩齐平，而且经常赤脚，穿邋遢、破旧的衣服，以从外表显示自己与其他所有人的不同。此外，因为在学业上的荒废，他的成绩十分糟糕。

（8）大学上了仅六个月后，乔布斯决定从里德学院退学。

（9）乔布斯打地铺住在其他同学的宿舍，靠捡 5 美分的可乐瓶维持生活。

（10）乔布斯每周日步行穿过整个城市到寺庙吃施舍的食物，这时他才能吃一顿饱餐。

通过以上信息可以看出，乔布斯其实不是一个对人连接商很高的人，这样的人在互联网时代很多，如比尔·盖茨、张小龙等，他们都不是传统意义上的社交商比较高的人，但这几位最后获得了让世人瞩目的成功，其背后的原因主要有两个：一方面，他们是连接器的制造者，而不是连接器的使用者，换句话说，他们是造连者，而不是连接者或助连者。所谓造连者，是及时制造一个连接工具，让别人来连接他们需要的对象的人，如 facebook 和微信。所谓助连者，是使用这样的连接工具，在一定的领域和范围内帮助众多人更高效连接别人的人，如使用微信的技术，在汽车领域连接人和车的人，或者淘宝代运营的人。而连接者是一个个体，是连接的受益者，是借助助连者的帮助，连接自己想连接的对象的人。善连者就是连接者中善于连接的人，是无论认知、理解、方法、心态都比较出色的连接者。

打个比方，在人类的产生中，造连者就是上帝助连者就是媒婆，帮助很多适龄男女进行婚姻连接。连接者就是寻求爱情婚姻的芸芸众生。善连者就是那些谈朋友、找对象比较擅长的人。

对于商业生活中的造连者，他们所扮演的角色对他们的社交连接能力有要求，但不是很高，甚至在人际上不敏感可能还是优势，他们的精力更多地投入在造连事业中，而他们需要连接的仅仅是所谓的 A 类人才，也就是乔布斯说的，这类人才的自尊心不需要维护。这些人才的自尊心不需要维护，目的就是使外人连接起来相对简单直接。他们当然是讲究效率和速度的创新企业最欢迎的。另一方面，对于造连者而言，其最重要的能力会通过服务器、带宽、路由器等网络设备实现，在造连者自己的领域内，连接人的重要性不及连接机器的重要性。乔布斯可以自由地从机器的领域到人的领域穿越，更重要的是，和机器使用机器语言的沟通。现在的互联网计算机能给人链接能力方面极大的赋能，其结果就是对造连者来讲连接机器的能力变得更为重要，最终的结果就是赢得让人惊羡的成功。这就是为什么乔布斯能成功的原因。

解决的问题、影响范围不同，对连接者能力的要求不同，当然这些杰出的连接者最终获得的成功也不同，这就是本书说到的“知己者明、知人者智、善连者赢、助连者王、造连者圣”。那些成功的造连者，是时代的圣人，他们制造了一个人人都用的连接工具，从而可以用上帝视角看问题，他们所获得的成功的人生体验也是非常人可比的。这也是互联网连接性公司成为很多有志青年承载梦想的地方的原因。

第八节 助连者、造连者的机会在哪里：从 0 到 1，你打破了供需之间哪堵墙

为方便大家理解连接者、助连者、造连者的角色，打个比方，《非诚勿扰》节目上敢于站出来相亲的男女嘉宾是善连者，那么《非诚勿扰》节目组是一个助连者，而且是一个有商业模式的助连者，造连者就是江苏卫视，《非诚勿扰》只是江苏卫视的一档节目而已。正如第二章讲到的，所有商业的问题就是供需的问题，供需之间的矛盾问题就是六堵墙的问题，而商业连接器起到的作用就是通过连接的方式，局部或全局解决六堵墙中的一个或多个问题，从而拥有社会价值，进一步拥有商业价值，甚至有时是巨大的商业价值。

商业社会中，码头就是一个供需连接器，人们在码头汇聚，货物在码头汇

聚，人和人、人和物就可能更好地连接。人的背后是需求，货的背后是供给，码头这个连接器就能连接需求和供给，自然码头就成为很好的商业连接器，也成为商家必争之地。码头在这些领域解决了时间不对称和空间不对称的问题，还有一些码头生意提供一些新信息服务，这时连信息不对称也得到了解决，社会价值就会产生商业价值。

农村里的集市就是一个供需的连接器，在农村，因为人口分布和购买力有限的原因，供需十分分散，供需之间的连接成本一般都很高，但是有了集市，这样的连接就变得容易一些，大家约定一个周期性的时间，约定一个地点，卖货的人过来，买货的人也过来，交易效率就变得更高，而这个效率来自于集市，因此集市的经营者就有机会获得更多的利益。集市解决了时间不对称和空间不对称问题。

城市中很多“一条街”、“城”也是这样的供需连接器，如餐饮一条街、家居一条街、建材城、茶叶城等，把一些供给集中在一起方便并吸引需求方，在一个城市内解决了供需之间的时间、空间不对称，让获得变得容易，让交易更多发生，这样的一条街和城就能获得回报，这个回报以房租或铺租的形式获得。北京的簋街、武汉的汉正街、成都的荷花池批发市场、义务的小商品市场，都是这样的连接器，每年的广交会、糖酒会、各种会展也都是年度的连接器，在这里供需在一个特定的时间、空间见面、交流、交换、交易，而承担连接作用的连接器就有了自己的价值，商业地产和会展经济都是一种妈咪的生意，一种连接的生意。而互联网连接器解决了很多的问题，更大面积地解决了不对称问题中的一个或几个，如在更大空间范围内解决了时间不对称的问题，在更大时间范围内解决了空间不对称的问题，或在全国范围内解决了信任不对称的问题，这些公司就会得到市场的褒奖，成为巨无霸的公司就是一种必然。

从商业连接器的角度看，百度作为一个信息的供需连接器，连接了人和信息。和一个图书馆相比，百度的这种连接更大限度地突破了时间、空间的阻碍，实现了人和信息之间的对称，这种连接是在所有时空、所有人群中实现的，其社会价值非常大，而通过搜索推广的方式又科学地把社会价值中的商业价值发挥到最大，因此百度成为一个让人敬仰的公司。我们会在后面的章节讲解互联网连接器的优点和趋势。

第九节 连接背景下熟客生意还是生客生意：酒香到底怕不怕巷子深

人和动物最大的差异是协作能力，协作靠的是连接，新的连接模式让新的协作模式成为可能。

第二章已经介绍过，商业是交换的游戏。交换，就是双方或多方之间因为某种需求对特定的事物在一定的物理空间之间进行的交换。因此，研究商业就要研究其背后的连接方式。连接方式不同和变化让交换的对象、方式、效率、质量发生改变，从而会对商业产生深刻的影响，导致商业模式变化，这是在研究商业时重点需要研究的。

需求和供给是在什么样的情况下连接起来的？在《顺流而为》一书中，我们提到流量是在特定时间、特定空间集中起来的不同纯度的需求，这种集中对供方很有意义，因为大大降低了商户寻找潜在客户的难度，否则供需的时空不对称会导致大量本来有机会成交的供需不能成交，而熟流量更是已经对需求目标比较明确的需求，因此是商家必争之地。大部分商家的生意都很需要流量的支持，但是我们也注意到一些商家的持续经营，对流量的需求有，但并不是很依赖，这就是人们经常说的一句话“酒香不怕巷子深”。实际上，很多人坚持认为酒香也怕巷子深。在现实生活中，我们也能观察到很多的现象：有一些商业就是酒香不怕巷子深，有一些商业就是酒香也怕巷子深。

那么巷子深浅的问题到底是什么问题，为什么有些生意会受限于巷子深的问题，有一些生意和巷子深浅没有关系呢？

如果认真去看巷子深浅的差异，其实就是人流的差异，深巷子没有太多流量，而浅巷子人流会多一些。例如，在丽江的古城，四方街附近的巷子就是浅巷子，遍布在各地的诸如一米阳光的小店所在的巷子就是深巷子，对于一个商家来说，地处深巷子和浅巷子最大的差异就是能获取的人流的差异。

这样我们就很好理解，所谓酒香也怕巷子深，是在说一个生意，其好坏受到外部流量的影响很大，在一个浅巷子里生意就好，否则生意就差。反之，酒香不怕巷子深，就是说一个生意不太依赖外部流量，即使在一个深巷子没有流量，也能有很好的发展。

有很多生意在有限的服务范围内直接向消费者提供服务，他们的生意在各自领域是竞争的，需要借助别的连接手段来帮助他们获取新客户，服务老客户，这就是上一节讲到的小姐的生意；如果我们再深入看一下这类生意，会发现其实它们有两种属性：一类是生客生意，另一类是熟客生意。所谓生客生意，就是收入和利润的来源主要是新客户，而不是老客户。这种生意体现在供需之间的连接上就是因为某种原因，不能也没有必要建立起稳定的联系。例如，90年代在前门的大碗茶店的经营中，所有的客户都是一次性的，回头客很少，大碗茶只要开在前门，就有这样的流量来源，如果不是在这个位置，就没有这个生意存在，因此大碗茶的生意就是一个生客生意。又如在河南的一个电磁阀厂，销售对象是遍布全国的小型加工厂木材厂，买一台能用几十年，这个生意也是生客生意。再如，在滴滴打车的场景中，一般司机和乘客之间很难有稳定持续的联系，因为你今天可能需要打车去东直门，明天下午可能需要去西直门，不可能有一个司机师傅随时恭候你，每次师傅不同反而更方便、更经济，对司机师傅来说，他的生意就是生客生意。

从以上案例可以看出，生客生意有一个显著的特点，即供应方所有的生意来源都会依赖于一个流量来源的导流，对于大碗茶，可能是北京火车站的下车人群，对于专车司机，可能是滴滴的平台。

与生客生意对应的概念是熟客生意，熟客生意是指这个生意有自己的老客户，即回头客。也就是供应方和需求方有机会、也有必要建立起稳定的联系。熟客生意在业务收入来源上，也有很大一部分来自于老客户的重复消费。

多数生意中，既有生客生意的成分，又有熟客生意的成分，只是占比不同而已。天下生意或许有纯粹的生客生意，但没有纯粹的熟客生意，因为有一些生意是不会有客户回头的，而且没有生意从一开始就有老客户存在的。在一个特定行业里，有时也会有不同形态的生意出现，如既可以有生客生意的做法，也可以有熟客生意的做法。例如，在出租车行业里，有通过网络约车方式获得生客生意的，也有通过为一些公司的高管服务，在一些特殊时候通过服务感动对方的熟客生意，如在大雨时到机场接机的方式。

微观经济学和宏观经济学都告诉我们，所谓的经济问题就是供需的问题，传统的经济学有一个假设，就是供需双方都是理性的，但传统经济学没有涉及的问题就是供需之间没有鸿沟。实际上，宏观上看，供需之间的问题是使很多交易无法达成的最关键的问题，当然也是很多商业机会的重要来源。

怎么理解熟客生意，怎么理解互联网对熟客生意的影响，一切还要从连接说起。

一 生客生意的做法和问题：为什么青岛出现天价虾事件

生客生意就是所有的收益和利润都来自新客户，没有客户的沉淀和积累。纯粹的生客生意少之又少，但还是有一些的，如前面章节中讲到的前门大碗茶的生客生意，基本上没有回头客，全部是过路客。因为它处在一个非常重要的地点，人流量非常大，喝水又是高频次的刚需，所以这个生意是不错的生意，一碗茶可以卖得很贵。但是这个生意是不是做得下去，完全依赖于是不是在这个位置，换一个位置，不在这么多游客的地方，这个生意就做不下去了。如果这个商铺的经营者和商铺所有者是分离的，这个位置的所有者就有了最大的谈判能力，这个生意的大部分收益都应该归这位置的所有者，而不是卖水的商户，因为流量或用户最终是属于商铺所有者，而不是经营者的。商户支付给商铺所有者的房租，就是用来购买流量的费用，这个费用在他生意中的占比，甚至可能比采购成本还要高，这都是非常有可能的。但是即使这样，商铺所有者如果看到愿意分利更多的经营者，或者看到这个风水宝地卖其他的产品或烤鸭更挣钱，他们就会把场地转租给新的租户。因此，经营者面临很大的压力，他的所有工作的重点是打好和房东的关系，维持这个位置的经营机会，计算是房租不断提升后还有没有赚钱机会，或者在房租提升后，设法提升零售价格，把成本转嫁给消费者。如果因为竞争，不能无限地提升零售价格，他们只好选择进一步降低服务或产品的质量，这样他们的成本会进一步降低，最终的结果是提供质次价高的产品或服务，最终结果是坑了消费者。极端时，如果消费者对处于这个位置的商户的产品或服务十分依赖，也只好接受这样的价格提升，但是也有很多时候会引发激烈的冲突，特别是在互联网时代，这样的冲突就更容易发生并传播。

2015 年的国庆节，青岛爆出天价大虾的事件，一只虾居然卖到 38 元。这件事引起全国网民的激烈讨论，甚至影响到了青岛旅游城市的形象，青岛市长也出来为此事发声。这个案件在本书前面的章节中已经有介绍，而这个事件的背后经过调查是因为这个门脸已经多次转租，租户已经要付出很高的成本，加上租期有限，才做出不轨的一些经营行为，最终的结果就是坑害了消费者。同样的道理也能解决东北的天价鱼事件，还有莆田系等一系列的事件，生客生意过分依赖流量入口导流，而伤害用户的体验或品牌不是自己的，是流量入口的。

从根本上来讲，生客生意其实是连接器自有流量变现的一种方式，如果经营者想做好自己的生意，不对商铺所有者过于依赖，要做的事情就只能是建立自己的熟客，让老客户重复购买或交叉购买。老客户因为是冲着商家来的，所以不需要支付新客户获取成本也就是流量的成本，收益就会逐渐提升了。

二 品质是连接熟客的前提：3 平方米小店为什么一年赚 3 亿

日本有一家只有一坪（约 3.3 平方米）的点心店，年销售额居然高达 3 亿日元（约 2387 万元人民币）。这家名叫小竹的点心店位于东京吉祥寺商业街，只出售羊羹和最中两种点心。小店的羊羹每天限量 150 个，每人限购 5 个，为了买到这种梦幻羊羹，许多人早上四五点就来排队，要是赶上节假日，甚至有人半夜 1 点就来排队，这种排队的情况居然持续了 40 多年。

羊羹随禅宗传至日本，由于僧人不吃肉，就用红豆与面粉或葛粉混合后蒸制，制作方法很简单，把红小豆煮熟、碾碎，再和砂糖和琼脂混合熬煮，然后冷却成型即可。

这家店从来没做过广告，也没接受过采访，店面小而朴素，门前也没有停车场，但店门前排了四十年的队，年销售额达 3 亿日元，实在让人惊叹。这是什么原因呢，是因为店家把制作羊羹这样的事当作毕生的事业，用心去体会，严格要求每一个环节，做到极致，几近于道。

日本是一个崇尚道的国家，各行各业做到极致都可入道，如花道、香道、茶道，道就是把事情做到极致的精神。

这家点心店的店主稻垣女士跟随父亲学习羊羹的制作，她有五个兄弟姐妹，别人都受不了她那力求完美的父亲在制作羊羹中的苛刻。在学习的过程中，她不知做了多少羊羹，但每次父亲品尝后都说不行，直接丢进垃圾箱。然后她再不断学习和改进，慢慢就能吃出为什么每一天有细微的差异，有时是因为火候，有时是因为清洗小豆的方法，这样经过不断的学习和尝试，才最终做出完美的羊羹。

稻垣女士说，因为四季气候有微妙的变化，煮红小豆的温度就是随当天气温而变化的，则味道会因温度和湿度的微妙不同而有所变化，因此必须用身体感受温度的细微变化。

这就不难理解 3 平方米的小店为什么能年销售 3 亿日元，为什么店门口每天四点就有人排队，持续了 40 多年了。

为什么限量 150 个羊羹呢？这也是有原因的，并不是饥饿营销，而是对品质的追求。

稻垣女士这样解释，一锅 3 公斤的红小豆可以做 50 个羊羹，红小豆超过 3 公斤，就做不出那么好的味道了，每天做三锅要花十个半小时，已经是极限了，因此一天只能卖 150 个羊羹。

客人们希望能保证口味，因此能理解他们一天限量 150 个的原因。出于对小竹点心店的喜爱，许多客人自发成立了“小竹会”，相约一起排队，并提出一些建议。

如每人每天限购 5 个的建议就是由顾客们提出的，如果不限制，一个人一下全部买走了，后面的人就买不到了。

这就是现在许多互联网企业都说的社群模式，有这么一群忠实的顾客，自发组成社群，给企业提建议，帮企业宣传，生意怎么可能不好。

更让人尊敬的是，这家店还承担起社会责任，他们的员工中 10%是残障者，他们做的点心中饱含着对社会弱势群体的关照和温情，这也是一种独特的味道。

这个例子证明，基于产品品质保障上的熟客生意是一个很好的生意，一个 3 平方米多的小店能有 3 亿日元的收益，品质和口碑是关键，而重复购买及口碑拉新客是成功的关键。在后面我们会讲到这类生意的做法就是差异化引客，口碑拉新。

三 熟客生意的运营模型：王永庆在卖米中如何连接客户

我工作后看过不少企业家的成长故事，但记忆最深刻的，还是台塑创始人王永庆卖米的故事。

王永庆 15 岁小学毕业后，到一家小米店做学徒。第二年，他用父亲借来的 200 元钱做本金自己开了一家小米店。为了和隔壁那家日本米店竞争，王永庆颇费了一番心思。

当时大米加工技术比较落后，出售的大米里混杂着米糠、沙粒、小石头等，买卖双方都是见怪不怪。王永庆则多了一个心眼，每次卖米前都把米中的杂物拣干净，这一额外的服务深受顾客欢迎。

王永庆卖米多是送米上门，他在一个本子上详细记录了顾客家有多少人、一个月吃多少米、何时发薪等。算算顾客的米该吃完了，就送米上门；等到顾客发薪的日子，再上门收取米款。

他给顾客送米时，并非送到就算。他先帮人家把米倒进米缸里。如果米缸里还有米，他就将旧米倒出来，将米缸刷干净，然后将新米倒进去，将旧米放在上层。这样，米就不至于因陈放过久而变质。他的这个小小的举动令不少顾客深受感动，铁了心专买他的米。

就这样，他的生意越来越好。从这家小米店起步，王永庆最终成为今日台湾工业界的“龙头老大”。后来，他谈到开米店的经历时，不无感慨地说：“虽然当时谈不上什么管理知识，但是为了服务顾客做好生意，就认为有必要掌握顾客需要，没有想到，由此追求实际需要的一点小小构想，竟能作为起步的基础，逐渐扩充演变成为事业管理的逻辑。”

这个故事给了我很深的启发甚至是感动。同样是卖米，为什么王永庆能将生意做到这种境界呢？关键在于他用了心！用心去研究顾客，研究顾客的心理，研究顾客的需要，研究如何去满足顾客的需要。他不单纯卖给顾客简单的产品，而是将顾客的需求变成自己的服务项目，与产品一同给予顾客。

由此更可以看出服务的价值。顾客从其他米店也可以买到米，但从王永庆的米店里买米，会感觉自己的所得是超于产品价值的，这超出的价值便是服务。令人感动的服务绝不仅仅是微笑能涵盖的，它融合在每一个工作的细节里。如果去衡量，衡量的标准便是：你是否在与顾客交往的每一个环节上都细心地为顾客的方便与顾客的利益着想了？我们应该明白的是：在如今技术高度发展、产品趋同的形势中，一个企业如果想存活并发展，就一定要有超越产品的让顾客愿意为之捧场的理由。只有乐于把方便给予他人，把利益给予他人，把温暖给予他人，把服务给予他人，才能塑造出企业独特的魅力，赢得顾客的心。

当然，更重要的是，王永庆在管理业务时使用了小本本，这个小本本承担了记录、计算、分析的职能，分析出特定客户可能需要服务的时间，以及最优的收回应收款的时间，这同时确保了最好的用户体验和公司的盈利能力，这个小本本就是王永庆的CRM系统，这个系统让王永庆有效地管理好了生意四大发动机中最重要的一个发动机——客户，让交叉销售和向上销售成为可能。此外，王永庆足以感动客户的服务也会使他的口碑传播变得更加容易，结果是王永庆的生意做得越来越好。这一点对很多当今的小店主、小老板、独立业主有很强的借鉴意义，我们是否能像王永庆那样了解我们的客户、分析我们的客户、提供让他们感动的服务，让他们给我们带来更多的新客户，而不是老依赖第三方导流带来新客户？这一点值得深思。

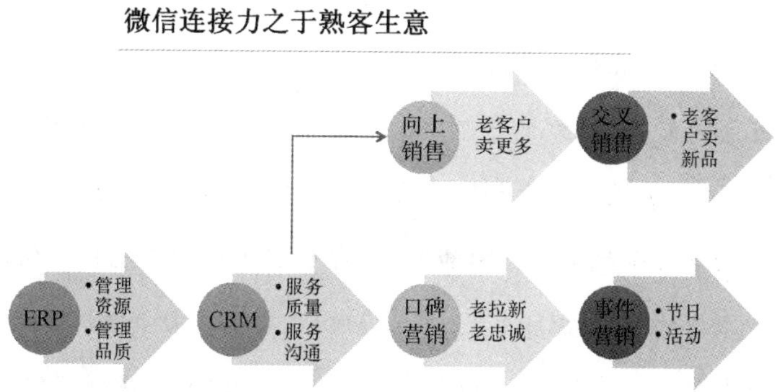

四 把熟客当生客生意做的误区：为什么电视购物没落了

我们都知道，获得一个新客户的成本远大于维持老客户的成本。为获取新客户的第一次交易我们必须支出客户获取成本，如果我们有很多老客户，我们就不必为每一次交易支付一次客户获取成本，一个生意的赢利能力就会大幅度提升。但是不是所有的人都知道或愿意这么做，有很多人会认为自己的生意是生客生意而不需要熟客管理，也有一些人看到生客生意来钱快，能快速暴富，所以就不再思考熟客生意的辛苦，最终走向末路。在这里面，电视购物是一个比较典型的例子。下面是一篇关于电视购物没落原因的分析文章。

电视购物市场规模达578.3亿乱象频频出现

2012年，我国电视购物市场规模达到578.3亿元，同比增长27.10%，增速明显。随着电视购物市场规模越来越大，背后的乱象也频频出现。近来，多起商家利用电视购物欺骗消费者的事件被媒体曝光。

据《金陵晚报》报道，有南京市民日前通过电视购物渠道购买的苹果5手机变成了时尚果5代；而另据《东南快报》报道，在“原价2万元的6件金首饰只卖199元”这样诱人的电视广告中，不仅“金首饰”的含金量为零，“首饰”还含有超标近3000倍的致癌物质……

从节目主持人声嘶力竭的介绍，到远低于正常市场价格的售价，再到最终进入消费者手中的与广告内容大相径庭的产品，中国式电视购物为何会乱象频现?

电视购物本身是舶来品，20世纪80年代在美国被成功商业化后，于1992年被我国广东省的珠江频道引进。在最初的数年里，由于电视普及程度低，电视购物并未充分形成产业化。2001年，我国电视购物市场规模仅为6亿元。而到了2012年，我国彩电存量达到了5.35亿台，有线数字电视用户已超过1.4亿户，有线数字化程度约66%。有线电视的普及使得电视购物时代不可避免地到来。

但是，由于频道数量有限，中国的电视购物模式并未像其他发达国家一样去建立专门的电视购物频道，而是将电视购物节目化，融入正常的电视频道之中。也正因如此，一些广告商便借助于正常电视频道本身所具备的媒体公信力，诱惑消费者上当。

电视购物吸引消费者的方法不外乎两种，其一是激发无聊时刻消费者的非理性需求，其二是诱惑消费者参与一种价格游戏。在网络时代的冲击下，电视的受众群体中老年人和家庭妇女占据很大比例，而上述两种方法中的其一便利用了这些受众闲暇时间多，容易在电视购物广告的“狂轰滥炸”下产生非理性消费需求，其二则是击中了这两类消费群体喜欢便宜商品的消费偏好。这就不难理解为何一些电视购物广告明显具有夸大之嫌，但消费者依旧趋之若鹜，跳入“坑”中。

尽管相关主管部门对电视购物进行了多次整顿，并出台了多个相应的管理办法，但由于在实际监管过程中存在多头管理，使得监管力度依旧薄弱。

面对较低的违法成本和巨大的经济利益，一些电视购物广告商夸大产品宣传、产品功能以假乱真，甚至将产品广告包装成所谓“新闻”以蒙蔽消费者牟取利益。

现在，中国电视购物行业销售额占中国社会消费品零售总额的比例不足1%，而在发达国家，这个数字是8%～12%。从长远来说，中国的电视购物行业仍有一定的发展空间。但是由于监管不力等多重因素，当前电视购物行业乱象频生，很可能会让这个行业因为失去消费者的信任而最终走向没落。

天下没有白吃的午餐，这句话不仅是说给那些贪图便宜而上了个别虚假电视购物广告当的消费者听的，也是说给那些试图通过虚假电视购物广告蒙蔽消

费者以牟利的广告商和产品厂商，以及个别纵容虚假电视购物广告以增收的电视从业者听的。毕竟，任何一个行业，在透支掉当下信用的同时，也就透支了自己的未来。

生意都有其本质，有一些生意天生是熟客生意，有一些生意天生是生客生意，有一些生意一开始是生客生意，但是逐渐转为以熟客生意为主的生意，靠回头客和客户推荐获得更多利益。如果本来有机会做成熟客生意，但是产生路径依赖，赚快钱，造成一个公司乃至一个行业受到影响的案例也都屡见不鲜。

按照之前第二章的分析，电视购物是一个很好的模式，通过电视媒体天生的优势解决时间、信息不对称的问题，通过第三方物流和 COD 解决空间不对称的问题，靠电视台的背书解决信任不对称的问题，最终实现非现场购物，这个模式做好了是一个很好的生意，如果用户在媒体上积累，有了重视的用户，就是一个非常好的商业模式。在国外，QVC 就是一个很好的例子。

但是在中国，因为管制的原因，电视购物的公司只能购买媒体的时间来做客户，所以在媒体方面没有自己的熟客，随着媒体成本的高企，加上产生交易后，对消费者的熟客转化管理不够，造成电视购物的公司如果想营利，就只能以毛利非常高的商品为主，而这些商品只能是一些质次价高的产品，最终伤害消费者是必然的结果。早期少数电视购物的业内人明知如此，但是为了快速致富，加强了这样的过程，最终的结果是造成电视购物整体行业信誉的丧失和生意的垮塌，结果令人不胜唏嘘。

这样的例子不仅存在电视购物中，中国很多人通过发现媒体的价值及大胆投入获得了业务的成长，但最后死于对路径的依赖，很重要的一个原因是本来的熟客生意被当成生客生意来做，没及时转化自己的内部运营，没有花时间精力来做好自己的熟客管理，最终昙花一现。这样的例子包括被媒体催熟的很多产品，如秦池集团、沈阳飞龙、蚁力神等，也包括在互联网时代，对互联网媒体产生路径依赖的莆田系、招商加盟行业的一些从业者，短期的繁荣背后是长期业态的伤害。一个偶然的机会造成有一些生意，有较多生客生意的属性，也只能按照生客生意的方式来做。例如，2007 年，我做过一个英语培训的项目，即通过呼叫中心的方式，让呼叫中心的英语口语老师帮助需要口语提升的人随时随地练习口语，经营了半年时间，积累了一些用户，有了两个发现：一个是获取客户成本非常高；另一个是很难有二次购买。自始至终，20 次课程，只有一个中关村三小的小学霸同学学完，并进行了第二次购买，其他的同学中，学习超过 5 次的人都很少，当然有一定的原因是我们的服务还不是很到位，但是了解了一下 ABC、华尔街、英孚等英语培训机构的情况后，会发现它们都有类似的现象，即卖出的产品销售额较大，但能把所有课程都学完的人却少之又少，最后我终于明白，学习本来就是反人性的，如果不是因为面临一个即将到来、不得不参加重要的考试，这种双规式的固定时间、固定地点的学习一定是难以坚持下来的。要想做这个只有一次购买的生意，大销售额、高获取客户成本、赌客户不会消费完成就是一种商业模式。

第十节 善连者赢：为什么合法赚钱是天底下最有尊严的活法

德国社会学家卢曼对信任的定义为：“信任起源于重逢”，而重逢即再次连接，每次的良好连接，都在酝酿着下一个让双方认可的重逢，如此循环往复，信任就进一步加强了。因此，在商业社会中，只有发心良善、擅长连接的人才有机会获得更多的机会。

这个判断的原因还是要回到做好生意的机制上来。上一节讲到，在特定商业模式下，影响生意好坏的发动机有四个，即客户、产品、员工、供应商，生意做得好，就要把这四个因素全部人格化分类，之后根据不同类型在业绩贡献上的程度进行分析，根据分析奖勤罚懒，生意就好做了。需要注意的是，在任何一个方向上真正的奖勤罚懒都是对这个生态或社会有非常积极意义的事情，如让忠诚客户得到更多好处当然是一件好事，因为让那些有契约精神的用户得到更多的价值，本来就是在帮助道德回归；又如对不同的产品进行分析，找到产品中的问题产品或明星产品，对不同的产品给予不同的激励政策，让那些做得好的产品得到内部认可，这其实就是在帮助那些背后的产品经理，因为他们的理想是制造出让全国人能用的产品。

从以上分析看，合法挣钱、长期挣钱的人，或许最初不是真的发心利他，但是最终都不得不走向服务他人、持续良性经营的道路。合法挣钱的本质都是要对熟客经营，熟客是那些重逢的人，因此信任和共同利益是持续连接的前提。奖惩机制都是对表现突出的、贡献大的一方进行奖励，最终的结果是这个企业本身走到了不断追求客户满意的道路上来，并且以自己的奖惩机制吸引自己的利益相关方也走到追求客户满意的道路上来，最终因为客户的满意的不断实现，让每个人都通过自己的努力获得自己生存发展需要的资金和利润。而对供应商和员工的管理也很类似，奖励那些诚信积极的伙伴，让好人挣更多钱，还有比这个更让人自豪的生意吗？

当然，也有人说还有很多人非法挣钱，但是他们坐拥巨额资产，进出豪车，出入有美女相伴，也活得很有尊严。第一，这是一定时间内的产物，其出现恰恰是因为当时市场经济和法制还不是很发达；其次，需要我们的相信的一点是，时间永远是最后的称重机和检验仪器，如果让时间来检验一个商业模式，合法挣钱的模式才是最可持续的。非法挣钱有一时的繁华，甚至有虚幻的被尊重，但是长期看是不会有很好的结果的。

第十一节 从连接角度看企业经营：为什么诺基亚打不过苹果和小米

2012 年我在负责百度地图时，和国产的很多手机供应商做了接触，此时小米的业务如日冲天，很多传统厂家都草木皆兵，短短的几天接触，我能感受到大家对小米模式的恐惧，按照当时一个手机厂家的产品总经理所述，小米的模式对他们现在的整体销售产业链造成了“两次击穿”：一是对其价格体系的击穿，小米的直销模式让全国的人都享受一样的价格；二是对其销售渠道的击穿，小米的销售模式不仅直接到用户，而且还是持续地到达用户，这样的好处自然不言而喻。

有人总结小米和苹果这种模式的精妙之处在于硬件软件化、软件服务化。我的看法是这是一种新的和消费者连接的方式，这种连接方式从产品的概念、设计、生产、销售到售后整个过程，这样的精密连接是供给方对需求方的最直接、最高效的连接，这样的连接加上互联网根据用户体验快速迭代的模式，自然会产生更高的客户满意和客户价值，商家获得更多利益也是自然的。

在模式上胜出的很多企业没有别的，就是和自己企业相关方的连接方式变了，如通过硬件的软件化或通过互联网应用的导入实现企业和用户的高效连接；通过自己内部的 ERP 系统，实现企业和上游供应商的深度连接；通过 OA 或 HRM

等系统实现企业内部员工之间的高效连接；通过各种创新模式实现企业和媒体公众政府的连接。成功的企业家，还要做好自己和自己的心的连接工作。

优秀的企业家就是连接能力高的人，他们通过连接实现了环境的衔接和对环境的友好，实现了对客户的友好，实现了和员工的共赢，让很多人都愿意看到他赢，因此他赢也是正常的。

第十二节 商业就是从问题中寻找机会：从0到1，你掌握的连接秘密是什么

前面讲述的六个不对称也好，供应侧的创新也罢，商业的机会来自于问题和麻烦，如果没有这么多的问题和麻烦，当然也没有这么多机会。因此，做得好的商业就是解决问题和麻烦最成功的企业。在一个法制和自由竞争的环境中，剩下的就是最好的。

消费者永远是无辜的，市场经济下，几乎没有人会被逼迫做一些交易，消费者（需方）都是以手里的钞票来投票的。长期看，消费者没有傻子，最终供应方能得到票数最多的人，一定是值得消费者信赖的人，也是最勤奋的人。

交易是依赖相互的信任和共同利益的，这样的购买或持续的购买一定会给需求方带来巨大的价值，同时供给方也会因为专业的经营和效率的优势获取长期的发展，而交易是双方责权利保障的基础。这样的商业就是美好的商业。

有了这样的商业机制，我们出门不需要自己开车，因为我们敢坐出租车，购买出租车的服务；我们没时间做饭，可以到饭馆吃饭，不担心饭馆有人下药。可以想象，如果所有这些事情我们都非得自己来做，我们每天的时间不知会浪

费多少，我们怎么可能有更有价值的生活和成长。

在这背后，连接是十分重要的因素，没有连接的技术基础设施及商家的超级连接能力，这一切都可能无法发生或如此高效率地推进。

当然，也有人说，其实商业里有一些黑暗的地方，如孩子吃的奶粉，我们喝的水，每天呼吸的空气，我们看到的各种各样的骗子等。我要说的是，这些问题不是商业的问题，不是连接的问题，而是连接不够的问题。如果连接充分，消费者和商家直接或间接的重逢就可以在任何可能的地方发生。而因为连接，一个连接者的声誉也会快速地传播，结果是市场会惩罚那些连接的败类。

正如上面的分析，连接不够就会产生信任的问题，信息不对称就是“买的没有卖的精的”问题，这些问题因连接不够而产生，最终也会因为连接充分而解决，互联网技术就是这样的连接技术，让以前不充分的连接变得更加充分，在让商业机会产生的同时，有更多美好的事情发生。

本章小结 顺流而为和善连者赢是什么关系

在四个发动机中，客户是最重要的因素，也几乎是所有企业家或企业主感受最深的因素，有没有客人，有没有订单，是最先体现和感受到的业务的变化。如何进行客户连接的管理呢？这里引进两个漏斗的概念。

第一个漏斗，就是流量到客户的漏斗，读过《顺流而为》一书的朋友都知道，我们的销售模型无论是 AIDAM 还是 AISAS 模型，其核心是一个漏斗，这个漏斗的开始是生流量，中间是半熟流量，底部是熟流量，最后是成交。

如下图所示。对于我的书《顺流而为》，在王府井大街上的人流就是生流量，走进新华书店的流量就是半熟流量，走到管理和营销专柜的流量就是熟流量，最后购买的就是客户。换个场景说，去机场的人对于这本书是生流量，很大，但是都买的比例很少，到了机场的中信书店的人就是半熟流量，走到互联网+专柜的人员就是熟流量，购买了书的人就是客户。还是同样的一本书，京东的流量就是生流量，而搜索互联网+的流量就是熟流量。显然，作为这本书的作者，我最关注的是我的投入回报比，即我花了多少价格能换回多少销售额，我希望花最少的钱，办最多的事情，获得最多的销售收入和利润。按照上面的分析，我知道这些与我的书的销售有关的流量来源后，我一定会寻找每个流量来源的价格，之后看一下不同层级流量之间的转化率，如在王府井书店，有多少人进去后到营销管理的专业书柜，淘宝直通车的价格是什么等，有了这些信息，我做一些选择，到底是争取在新华书店上架，还是争取把书推到机场的书店，还是在京东或当当上销售，决定后我就开始不断测试和优化，就有机会找到最合适我的方案，其实这就是一个最好的漏斗，这个漏斗应该是又阔又直，而且上下通畅，这样我的销售效率最高，销售成本最低，这就是我们说的流量漏斗。

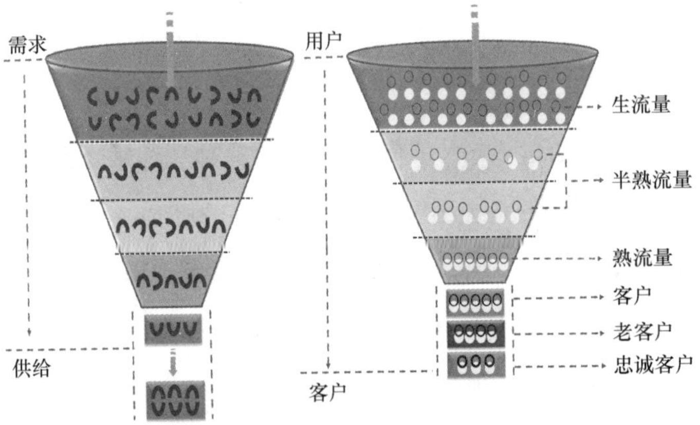

从上面这个例子看，所有这些流量来源背后的客户，都是我的书的生客户，

他们以前不了解我，没有向我买过书，当然我以前也没有出过书，因此我的生意就依赖这些流量来源，我为这些流量买单也是正常的，我向谁付款，我就从谁那里买来一个漏斗，管理好这个漏斗便是我这个生客户生意要做的事情。

一个企业，不仅有新客户的需求，也有老客户的管理需求，在很多商业领域，生意是靠熟客，而不是靠生客户的，在这种情况下，我又获得了一个漏斗，这个漏斗也是从上到下的，但是上下差异是连接程度的差异，而漏斗的底部，交易不是重点，而是新的起点，在第一次交易后面，还会有多次交易，我们希望有客户，有老客户，还有忠诚客户。

还是以我的书为例子，我不想卖书，卖书根本赚不到钱，因为一本书的销售额只有几十元，而渠道成本太高，80%以上的成本都在渠道中，如给消费者让利，给分销渠道利润。最近的社群营销很热，我就想做商业模式升级，最好能让那些熟悉我的人都买，而且喜欢我的人持续买我的东西才好，就像王永庆那样，一次送米，终身送米，这样我不就发了吗？

如何做到呢？还是有难度的，让我一年出几本书卖给同样一批人，不现实，没有那个才华，但是有可能的是做一些培训加上产品，这就是产品变为服务的思路。我知道产品可能无法触达最终用户，但是服务必须有客户交互。于是我想到了社群，先组织一个社群，之后在社区上赚更多的钱，那我要做的事情就是先有一些粉丝，这些人被我的免费内容吸引，开始听我的课程，买我的书，然后我得有一些死忠粉，基本上会给我带来更多的粉丝，最好还有一些脑残粉，每次有新书都会买，有课程都会参加。粉丝和流量不同，流量在交易前，商家和流量都没有连接，不知道是谁，有什么爱好，能承受什么价值，为什么需要，但是一旦成为我的粉丝，商家和客户是有连接的，只是程度开始时比较弱而已。

以上的过程其实是一个熟客生意的经营标准过程，也是一个漏斗的样子，只是这一次，漏斗里流动的是连接关系，从浅到深，而漏斗底部，成交刚刚是起点而已。熟客，忠诚客户才是方向。在这个漏斗中，我们的确要关注每一层漏斗的来源、转化等，更要关注客户满意，ARPU客户重复购买等指标，这些指标让我们重视和客户的连接、每次和客户的交互，最终实现漏斗的优化。我们希望的漏斗是又阔又直的，但是漏斗从上到下的流速不能选择，时间可以缩短，过程不能压缩，这是一个长期的生意。

之前章节说过，几乎没有纯生客生意，也很少有纯熟客生意，所有的生意都要先经营好生客生意，即规划、设计好自己的第一个漏斗，之后再经营好自己的老客户，经营好自己的第二个漏斗，两个漏斗打天下。

因为获取熟客成本越来越高，而企业或许有一些基础，所以企业做得好，就要有好的连接力，连接力是内功，而且是需要修炼的内功。

第五章

互联网是时代送给连接者、助连者、造连者最好的礼物

最近，网上有个题为“12年前马化腾向海尔总裁张瑞敏推销QQ被拒”的段子很抓眼球。这个段子引用了2004年的一段视频，当时马化腾正参加CCTV年度经济人物的颁奖典礼，在主持人的要求下，马化腾向不了解互联网即时通信工具的海尔总裁张瑞敏推销QQ，不过最后并没有说服张瑞敏，后者拒绝了他。

马化腾介绍说：“QQ是一种新的互联网沟通工具，提高了沟通的便捷性，互联网以后肯定会深入人们的生活，这种新的沟通方式将成为他们生活中重要的一部分。”张瑞敏微笑婉拒：“现在没有说服我，谢谢你刚才精彩的介绍”。当时的马化腾显得有点尴尬。

段子作者说，如今，海尔仍旧是海尔，而QQ俨然已经不是当年的QQ。的确，近日，腾讯发布了强劲的季度财报，市值随后上升至2490亿美元，超过阿里巴巴的2460亿美元。腾讯已超过阿里巴巴成为中国市值最高的互联网公司。而海尔的股票为100亿美元，虽然所从事领域不同，各有各的精彩，仅从市值来看，两个公司的规模高下立见。

腾讯的例子不新鲜，这些年互联网技术发展十分迅猛，随之而来的是互联网越来越成为一个制造富豪的产业，2000年前后诞生的一批公司的创业者都已经走向财富自由，而2012年诞生的滴滴竟然也有数百亿美元的估值，几个创始人也都完成了财富的积累，一大批公司走向成功。这是为什么呢？

因为连接技术革命和迭代产生新富豪的历史一直在重演，人类在连接技术方面的创新从来没有停止，但是在连接技术上的创新往往会给社会发展带来更大的影响，正如海运、陆运、空运、通信等连接技术的创新。每一次连接技术的升级，如果最终被利用在商业模式的升级上，都是在较大范围内使供需之间的隔阂得以消除，让需求更好地和供给对接，让交换更加充分的过程。连接作为一个通用的技术导致供需之间的隔阂消除没有太多的行业差异，也就是说，这一项技术造成的成果可能被多个垂直行业享受，因此这样的一些技术创新就可能带来更大的商业价值，如淘宝做了一个人和商品连接的平台，这个平台上承载的商品交易的效率都会大幅度提升，不管是在哪些行业的商品交易，无论是食品还是药品，无论是教育还是旅游产品，也无论是汽车还是家电，这个平台都能帮助解决供需之间的矛盾。如果新的连接技术用于解决供需矛盾，解决了一个或多个不对称的问题，制造这种商业价值的人就会被市场狠狠地奖励，由此体现出来的结果就是新的富豪的产生。

也有人问有很多连接技术在被人们使用，为什么历史上只有一部分从事连接的公司成功，一部分拥有连接技术的人才得到市场的奖励呢？例如，我们每天都在使用各种电缆、光纤设备、无线通信基站什么的，这些设备在技术上也是连接的设备，为什么没有得到像 BAT 这样规模的财富机会，其创始人也没有得到与 BAT 的创始人相近的回报呢？

这是一个很好的问题，这个问题和商业模式有关，不是所有参与连接者都会有好的商业模式支持，只有帮助供需更好成交的针对普遍需求和供给相关的连接才能有好的商业模式。因为人是有效的市场需求主体，因此解决供需之间的隔阂问题的，一定是众人的普遍需求为核心的角度去连接才有市场前景，体现在连接引发商业模式创新上，就是连接人和人、连接人和商品（货物）、连接人和信息，或者是连接人和钱的方式的创新。前面将其总结为商业模式的四流：人流、物流、钱流、信息流。这四个流的变化和创新，就会产生新的商业模式，就会催生出伟大的公司。而引发或参与价值创造的公司，在分享价值时，有机会获得市场的奖励，甚至有机会根据销售额的总量进行比例获利，这样的商业模式的销售额的规模无穷大，加上边际成本的降低，一定会让这样的公司有非常好的财务报表。这就是互联网公司的魅力所在。

互联网是一种领先的技术，在最早的实验室阶段或只用于军事用途时，互联网技术和很多其他方面的技术并无两样，但是互联网及移动互联网的一些技术被利用做了商业或日常生活的各种场合的连接器后，这个世界的商业从此就变了，因为这个技术不仅打破了时空限制，而且天生会在突破供需之间的“六堵墙”和在四流配合导致商业模式的产生上做出很多新的贡献。

正因为商业模式的原因，也能解释为什么互联网 TCP-IP 七层协议中应用层下面的几层在近期没有产生更好的商业模式。我们知道互联网的连接靠的是一个 TCP-IP 协议，从事连接的公司可能在七层协议的一层或多层帮助连接，如 IDC、ISP 做专线接入的公司，或者做铜缆的公司，也包括一些电信运营商。在互联网技术应用层之下的六层中，很多设备和从业者也曾经在互联网发展的大潮中得到了一些机会，但是这些机会和解决人类生活中的供需关系的问题还无法相比，甚至有一些供应商被管道化了，就像电力公司也在为影院服务，但是从商业模式看，电力公司只能按照供电的度数收钱，永远难以按照电影院票房收入分成，电影院的零售价格再高，已经与电力公司无关了。而互联网售票公司因为直接对接了供需，就有可能从影院的销售额分成。

在本章，为了让大家更好地理解互联网的商业模式变迁的规律，我们会重点就互联网连接带来商业模式创新及背后的机理这个问题进行进一步的探讨。当然，为了便于理解，这个探讨一定是在之前的 6G 模型下阐述的。

第一节 互联网在消除供需之间“六堵墙”的独到优势：为什么互联网公司容易催生富豪

在第二章我们讲到，在一个产能过剩的国家，商业的问题主要是供需之间的隔阂的突破，供需之间的隔阂总共有“六堵墙”，这六堵墙既是挑战，也是机会。在互联网时代，所有的机会也遵守这个规律。

近十五年来，互联网公司在市场上的表现十分抢眼，很多公司成立、融资、上市，BAT 这样的公司更是成为时代的骄子，无论从其公司发展、社会影响还是对人们日常生活的帮助，都得到了人们的认可，中国互联网的大佬也成为政府对外访问的名片，频繁出现在外交和重要的活动现场。

互联网公司为什么能够在短短十多年甚至四五年时间内有如此快速的发展？最主要的原因是这些互联网公司找到了在某个领域或多个领域突破供需“六堵墙”中的秘密，快速地成为助连者甚至是造连者，进而帮助到更多客户，实现了巨大的社会价值和经济价值，最终得到市场奖励也在情理之中。

为什么互联网能做到这一点，这是因为互联网本身的跨时空和地域的特征，往往一家公司找到了方法和路径，就可能在所有时间、全部地区解决一类或几类的不对称，再加上一些公司在商业模式上的创新和网络效应，互联网公司就有机会在一个领域帮助到全国甚至全世界受到此类问题困扰的商家和用户，从而实现巨大的社会价值，最终结果是市场就会重重地奖励这样的公司，让这些公司在销售额利润乃至资本市场上得到很好的体现，进而表现为赢者通吃的效应。国外的互联网公司，从 Yahoo 到 Google、亚马逊、苹果及今天的 Facebook，中国的互联网公司，从新浪到百度、阿里巴巴、小米及今天的微信，所有的公司都在解决一个国家甚至多个国家的一些不对称的问题，继而在商业上找到了可以赚钱的模式，最终成为市场的赢家，其创始团队也获得了很好的财务回报，这是一个必然的结果。

这些现象的背后，是互联网技术和模式自身的特点，如无差异的时间空间覆盖、巨大额的网络效应、快速迭代、快速适应市场需求的优势等。找到一个“六堵墙”出现的机会，以适当的产品模式进入，在运营模式上不断打磨，最终就有可能获得一个新的机会。下面的章节将举很多实例介绍这一过程。

一 互联网解决供需之间的时间不对称：线下店铺怎么和网上商铺竞争服务时间

互联网解决时间不对称有优势，但是究竟优势有多大，我们仅举一个关于阿里巴巴“双十一”的例子就清楚了。下面分享 2015 年“双十一”的几个有意思的数据，一个是淘宝和天猫的数据，一个是京东的数据。

（1）阿里巴巴“双十一”全天交易额突破 912.17 亿元，其中移动端交易额达 626 亿元，占比为 68%。

（2）截至 0 点 01 分 12 秒，天猫“双十一”成交额突破 10 亿元，速度比去年快了一倍以上。截至 0 点 01 分 45 秒，天猫“双十一”跨境业务成交额已经超过了去年。而截至 0 点 12 分 28 秒，天猫“双十一”成交额成功达到 100 亿元!作为对比，去年达到这个数字花了 37 分钟。截至 0 点 34 分左右，天猫“双十一”成交额已经突破了 200 亿元，创造了全新的纪录。累计物流订单数量超过 4.67 亿单，累计电子面单生成量超过 1.2 亿单。已成交的国家和地区总数达到 232 个。

无独有偶，我们看下京东“双十一”的成交情况，2015 年京东也爆出“双十一”10 小时下单破千万的消息：自 11 月 11 日 0:00 至 10:00，京东商城 10 小时的订单量超过 1000 万单，同比增长 180%。值得一提的是，今年的购物节中，来自移动端的订单量增长迅速，订单占比突破 70%。截至今日 10 点，下单量地域排行榜中，四川的下单量排名全国第五位，前四位依次是广东、北京、江苏、上海。

数据显示，进入“双十一”的第二分钟京东每分钟成交订单量达到前 10

小时最大值。只用了 2 分 5 秒，京东订单量就突破 2010 年 11 月 11 日的全天纪录，随后相继突破 2011 年与 2012 年，并在 4 小时 54 分超越 2013 年的“双十一”纪录。

以上数据的确让人震撼，但是更让人震撼的事情，这些购物行为发生在深夜 12:00 左右。如果不是电商，而是实体商业，你难以想象在任意一个商场，在晚上 12 点的时间，会有这么多的客户涌入，有这么多的订单产生并形成交易和现金流。但是这一切在互联网上就真的发生了。其实，对比现实生活中，商场超市打烊或消费者不便引发的时间不对称，或者说时间上的隔阂造成的供需之间无法成交的例子多得难以计算。

时间不对称一直是一个阻碍供需成交重要的因素。我们在日常生活中为了获得某项产品和服务，有很多时候不得不被“双规”或“单规”，即规定时间或规定空间做一些事情或得到一些服务，我们经常不得不凑一个合适的时间、地点和另外一些人进行讨论、沟通、交易，获得我们需要的东西。生活中有很多需求，如果立刻就有供给出现，就能成交，但是因为供给无法在这个时间提供，这些需求也就白白浪费了。时间不对称，导致很多沟通、交易无法最终达成。

互联网自诞生的那天起，多数应用的服务都是 24×7（一天 24 小时，一周 7 天服务）的，这一方面是由互联网技术和基础设施决定的，另一方面，互联网技术提供了这种可行性，让一个数据中心全天候运转在技术上和成本上没有问题，同时从规划和建设开始，就考虑到了很多用户需求，提出了服务的可达性标准，因此大多数商业的互联网服务对自己的客户有 SLA 的承诺，即 Service Level Agreement，如承诺提供的服务是 99.9%还是 99.99%等，即在约定的时间范围内，服务的可到达性到 99.9%以上，也即一个月所有时间中服务中断的时间不能超过 4.4 个小时甚至是 4.4 分钟，这样的服务标准的结果是互联网上大部分的应用都几乎可以在任何时间使用，因此互联网服务的时间不对称消除基本上在这里没有任何问题。大量的互联网服务借助这一优势提供了不歇业的服务。

互联网服务的 7×24 优势相对线下很多服务，获得了巨大优势。例如，再好的图书馆，只要需要有人值守，也难以做到 7×24；再好的书店，也有关门的时候；再好的商店，也有打烊的时候。但是网络上的信息、书店、商场却从来不会有不能服务的时候，营业时间在这里不会成为任何问题，这就让原来线下得不到服务的一些场景在互联网上满足了，原来无法成交的一些买卖有机会成交了，原来无法协同的工作可以协同了。再如，印度的很多软件公司可以通过互联网的方式和美国的一些开发公司接力开发，结果让开发周期大大缩短，因为这样的连接造成了效率的大幅提升。仅这一点，互联网的公司在帮助供需之间实现交易和协同，就得到了很大的竞争优势，市场奖励这样的贡献者也在情理之中。

互联网的公司通过解决时间不对称的问题得到了很多好处，吸引了很多用户，当然，几乎任何一个互联网公司都能做到这些，因此，互联网的竞争在别的领域里面还有很多的可能。

二 互联网解决供需之间的空间不对称：为什么李彦宏兵败青少年程序设计大赛

百度 CEO 李彦宏（Robin）的成长经历比较传奇，多数人知道的 Robin 后来的北大经历、留学的经历、百度全球市场的工作都是在高大上的地方，会误认为他占尽了地利优势，但是年少的李彦宏还是深深体会过因为自己身在小城市，由于空间不对称而难以获取很多书籍读本的苦恼。

“我在很早的时候就对计算机非常感兴趣，记得那是在 1984 年，我当时在山西省阳泉市。我所在的学校就买了几台计算机，但学校里仅我们一个年级就有 400 多人，因此只能有少数学生有机会去学习计算机的使用。当时学校就采用了一个办法，就是考一次试，谁的数学成绩好，我们就选他去学计算机。当时我就满怀信心地去学计算机，学了一年之后，我们学校进行一次考试，选出前三名去参加全国青少年程序设计大赛。我就记得带队老师带着我们三个人坐着火车到太原去，在火车上老师跟我说你们三个人只要有一个人能够冲进全省的前十，我就没白教你们。我说老师你放心吧，我们一定给你争光。第二天我们在太原参加了考试。等到考试结束之后，我去干了一件事，我到了太原的新华书店，去看一看那里的书，我一进新华书店就惊呆了，因为它有好几个书架都是有关计算机编程的书，而在阳泉也有一个新华书店，我经常到那里去找，我能够看到的所有关于计算机的书就是我上课时用的那本教科书。后来我们三个人没有一个人进入前十名，而且我也很清楚为什么我们进不去，因为大家在信息、资源面前太不平等了。”

以上是李彦宏的一段自述，在李彦宏上中学时，信息主要以书为载体，书有赖于存储空间，如书店和图书馆，也没有现在的邮购方式，在一些小地方空间的不对称导致的结果就是这样的需求无法被满足，如在阳泉的孩子就接触不到这些信息，而只有在太原的孩子才有机会获得这样的信息。

回到互联网的时代，人们需要的往往依然是某一类产品，也可能是服务。如果只是信息服务，在互联网上是没有空间不对称问题的，一个山西农村的孩子和一个北京市内的孩子，在互联网上得到的关于一个问题的答案几乎没有什么区别，但是在没有互联网之前，他们只能分别到自己附近的书店或图书馆得到此类服务，得到的信息内容可能会因为图书馆或书店收录书籍的差异而有很大的不同，请教当地的老师，也可能因为老师的匮乏和知识结构的不足而难以得到有效的帮助。

在有实物交易的场景，互联网的发展对解决空间不对称也起到了很关键的作用，因为在互联网时代，在信息上再不会有空间的不对称，需求方可以公平地通过互联网找到自己需要的产品，待线上购买后，空间的不对称是通过物流的方式来解决的。消费者不需要和商品处在同一个地点才能交易，现代物流可以把几乎所有的商品送到消费者所在的任何地方。现代物流几乎让很多场景的空间不对称彻底解决了，因此物流业也得到市场的奖励，成就了像顺丰这样的公司。

空间不对称的生意机会一直没有停止，沿着把产品变为服务的思路，很多机会都继续涌现，成为竞争力的来源。当然，这个解决方案会牺牲一定的时间不对称，这通常在消费者可以忍受的范围内。例如，京东的市场占有率的提升和他们的配送能力有很大的关系，京东和天猫同样解决了时间不对称的问题，京东的次日达、当日达的物流配送大大地解决空间不对称和时间不对称的问题，因此即使在天猫几乎一统江湖时，京东仍然能在市场中立足成长。

解决两个不对称的机会远大于一个不对称，因此 7-11 的竞争能力不仅在于其服务时间的延长，也在于它遍布各地的存在。我们看到友宝的自动售货机不仅任何时候都能提供服务，而且地域分布也越来越广，假以时日，这样的商业模式会有很大的未来。

当然，扩展服务时间和空间，同时解决时间不对称和空间不对称一定能满足更多的需求，带来生意的增长，但是也有一个问题，那就是成本的增加。自动售货机在延长供货时间和供货地点方面有很大的优势，但是每台机器的安置和运维也意味着成本的增加；7-11 的服务时间的延长，一定会带来人员工资和管理成本的上涨，因此对于这些企业，是否能在成本上涨时更大程度地增加收入，带来更多利润，是管理的关键因素。在互联网上，我们的优势是服务时间和地点的差异并不带来成本的大幅度上涨，这是因为在互联网上，提供服务的是一些服务器，需要的是带宽，这些设备在 IDC 里做到 24 小时运营增加的边际成本并不是十分明显。

这些年，中国很多公司在解决物流方面都有很多创新，并且赢得了足够的优势，最终的结果还是在解决空间不对称的问题上得到了市场的肯定。京东的自建物流，各种通和顺丰的出现，都是在解决空间不对称的问题，解决得越好，用户体验也越好，而解决这个问题的公司便会得到市场的认可。

三 互联网解决供需之间的信息不对称：互联网时代，卖的、买的谁更精

一位乡下妹子初次来到城里，没见过什么世面，看到高楼大厦觉得很惊讶，就在那里数楼层数，一个城里人看见了她，看出她是乡下来的，于是骗她说你在这里数楼层是要罚款的，一层 10 元钱，于是乡下妹子给了他 140 元，那个城里人拿了钱马上就跑了，旁边有个人看见了就跑去跟那个妹子说你被骗了，那个乡下妹子说："切，他才被骗了，我其实数了 20 层。"

城里人数楼层到底收不收钱及乡下妹子到底数到几层都是乡下妹子和城里人之间的信息不对称，利用这种不对称让城里人赚了钱，也让乡下妹子心里觉得省了钱。

当信息不发达时，利用信息不对称赚钱的人也不少，厂家知道产品设计生产的过程，知道原材料的批次，但是消费者不知情，引导一下，就可以让消费者做出不适合的决策，这就是以前人们经常说的"买的没有卖的精"，为什么

出现这样的情况，就是因为卖家和买家之间的信息不对称。信息不对称会制造很多生意机会，有时甚至是诈骗的机会。当然，这样的商业机会本身伤害了用户利益，不是很好的利益安排，是难以持久的。

因为信息不对称本身导致供需之间无法成交的案例更多，一方面，时间、空间不对称的一部分后果就是信息不对称，如在北京有一种药，治脱发非常好，一个陕北的人无法得到这个药，其原因有时是时间、空间的不对称，有时是因为时间、空间不对称导致得到信息的能力不同，最终的结果是信息也不对称，最终导致不能成交。此外，即使在时空相近的环境中，信息不对称导致难以成交的情况也十分常见，如我们乘坐出租车，其实身边有很多出租车，或者再过几分钟，就会有很多出租车出来，甚至有一些正好送完客人或正好去的地方和你要去的地方非常接近，但是看不见就打不着，而从司机的角度来看也是一样，自己所在位置方圆一公里前后十分钟，需要打车的人肯定不少，但是就是无法知道这些信息，并让对方也知道自己空车的信息，因此信息不对称，就难以成交。

互联网在解决信息不对称的事情是很有一套的。一方面，互联网本身提供了不同角度、不同渠道的信息，人们可以在任何时间、任何地点，以任何方式来获取信息。这些信息有 BGC 的，也有 UGC 的，有厂家自己提供的，也有竞争对手提供的，只要消费者有心去搜索，基本上关于一个商品好的、坏的信息都可以得到，不同渠道的价格、售后、退换货政策，甚至哪个销售人员更愿意给一些小的甜头一应俱全，“买的没有卖的精”已经不复存在了。

互联网时代，有了百度，我们可以找到各种各样的信息；有了淘宝，我们可以获得各类商品的信息；有了点评，我们能知道各个商家的信誉，还有贴吧、豆瓣、微信、微博等，所有这些互联网的工具，解决的问题非常多，但是最显著的就是信息不对称。

信息不仅是静态存在的，有时因为动态也会造成信息不对称的情况，如上面讲到的乘客和出租车的情况，自从有了滴滴，这样的情况就变得十分少见，司机和乘客的动态信息分别被该平台收录，司机可以搜出此时在此处需要打车的乘客，乘客也可以在此时此地找到可以出行的车辆，解决了一个信息不对称，就解决了很多的问题，自然让更多交易发生，或者让交易效率大幅度提升，结果是滴滴这样的公司也得到了市场的奖励，其整体估值一直在攀升。

现在成熟的买家已经习惯了在购物前做功课，进行搜索和比价，上各种各样的论坛了解产品获得性能，对卖家老板情况进行各种了解，甚至是乔装成各种角色获取各种信息，加上对消费者保护法、各种电商平台机制的充分了解，卖家再想利用信息不对称来赚钱基本上没有可能了。有的商家惊呼"卖的没有买的精"，一个被互联网武装起来的消费者可能获得的信息，很可能超过商家培训不充分的销售人员，因此互联网时代的所有商家都要注意该如何应对这逆向的信息不对称。创新基础上的爱和诚信也许是唯一的选择。

四 互联网解决供需之间的信任不对称：为什么蚂蚁金服的估值赶上百度

2016 年 4 月 26 日，蚂蚁金服正式对外宣布，公司已于日前完成 B 轮融资，融资额为 45 亿美元（约 292 亿元）。这也是全球互联网行业迄今为止最大的单笔私募融资。此轮融资完成后，蚂蚁金服的估值已经达到 600 亿美元（约 3895 亿元）。600 亿美元，什么概念？追赶百度——百度当下市值为 675 亿美元，蚂蚁金服与之已非常接近；紧贴全球最大独角兽——据《财富》杂志发布的 2016 全球独角兽榜，目前全球最大的未上市独角兽公司是 UBER，其估值约为 625 亿美元，蚂蚁金服距离 UBER 仅有一步之遥。

蚂蚁金服还没有上市，其市值已经可以和百度一较高低，甚至有人说蚂蚁金服是超过 1000 亿美元的公司，问题来了，像蚂蚁金服这样的一个金融互联网公司，其市值为什么会这么高？

这个答案要从支付宝，蚂蚁金服的成员之一说起。支付宝在中国互联网电子商务历史上起到的作用举足轻重，如果没有支付宝，很难想象两个陌生人之间可以进行交易。支付宝解决的问题就是在全国范围内异地购物的信任不对称问题，即消费者与商家非现场交易时的“你不敢发货、我不敢付款”的问题。正因为支付宝在全国范围、全天候解决了这个问题，使得更多的交易能够达成，市场效率得到大幅度提升。基于这个优势，支付宝俘获了大量的用户信任，以及海量交易数据和沉淀资金，借助这些优势，蚂蚁金服又转向做互联网金融（下一节会介绍，金融在解决能力不对称的问题方面，又是一个超级巨大的市场机会）。一家公司在全中国、全天候范围内，既解决了网上购物的信任不对称，又解决了能力不对称，资本市场当然会十分看好其前景，也会狠狠奖励他们，之后以支付宝为基础的蚂蚁金服也得到了市场的追捧，其市值直逼百度这样的公司也是正常的。

再如，在当今社会，一个家长为孩子选一个老师是一个常见需求，但是并不是每个家长都会很快决定请哪个老师。孩子和老师之间，时间、空间、信息不对称可能都不是问题，现在老师受教育的程度都不错，老师在自己领域内是专家，能力不对称也不是问题，而信任不对称可能是最大的问题。主要的原因是家长选老师，总共有三个成本，分别是直接成本（也就是学费）、时间成本（只要学习了，家长和孩子都会在学习过程中投入大量的时间，这也是要考虑的成本）和机会成本（最关键的成本，这个成本有时是无法显性化的，万一我选错了老师，孩子没有上到理想大学，耽误了一辈子前程我该多后悔啊）。因此，对于一般的教育产品，特别是应试类教育辅导产品，家长的决策都比较慎重，通常课程顾问和家长谈几个小时都比较常见。为了找好老师，解决信任不对称的问题，家长也会花更多的成本，这也成为一些作信任背书企业很重要的收入来源。

在解决这种信任不对称方面，互联网公司也有很多的做法，如把老师或学校历史上的教学及成绩放在网上，或者提供大量试讲的课程体会，或者把学生或其他家长的一些评价放在网上，来帮助家长或学生做出选择。当然，还有一个思路，就是降低决策的难度，把整体决策分成不同的几步进行，这样每一步都变得更为简单，最终便可获得更多的成交。

为什么互联网有机会解决好信任不对称的问题呢？正如上一章说到的，信任源自于重逢，互联网的连接技术及渗透让重逢不断产生，重逢是信任的基础；我们生活的移动互联网时代是一个普遍连接的时代，连接工具的丰富性、连接场景的多样性前所未有，平台和消费者的连接重逢可能在很多不同的场景发生，如不在搜索引擎里发生就可能在知乎上发生，不在微博上发生就可能在朋友圈里出现。这种重逢的连接会让失信者更易于受到应得的惩罚，也会让守信者因充满诚意和敬意的连接获得褒奖。诚信连接成功可能带来前所未有的机会，连接的失败也会让你一无所有。因此，连接力是这个时代每一个社会角色都要修炼的功夫，无论你是一个家长，还是一个学生、或是一个职业人或一个白领丽人。当然，作为企业的管理者或创业者，连接力的修炼更为重要，因为你的连接对象不仅有客户，还有员工、供应商、投资人、媒体，你的连接力不仅影响你是否可以上市敲钟，也影响几十个甚至几千个员工的饭碗。

五 互联网解决供需之间的能力不对称：为什么互联网金融的来势汹汹

上一节讲到蚂蚁金服解决能力不对称的机会，其实 2014 年互联网上还有一个现象级事件，那就是余额宝的奇迹，从 0 到 2500 亿元的基金规模，支付宝旗下的“屌丝理财神器”——余额宝仅仅用了 200 多天时间。而从 2500 亿元到 4000 亿元，余额宝只用了大约 30 天。

4000 亿元是一个什么概念?一个可比的数据是,央行刚刚公布的 2013 年银行间债市全年共发行地方政府债券也不过只有 3500 亿元。

资料显示，1 月 15 日，余额宝的操盘方天弘基金正式宣布对接余额宝的天弘增利宝基金规模突破了 2500 亿元。不算 1 月 16 日至 1 月 19 日这 4 天，1 月 20 日到 24 日这 5 天里，每天余额宝转入金额均突破百亿元大关。

余额宝的奇迹实际上是互联网金融爆发的一个标志性事件。互联网金融（ITFIN）是指传统金融机构与互联网企业利用互联网技术和信息通信技术实现资金融通、支付、投资和信息中介服务的新型金融业务模式。互联网金融 ITFIN 不是互联网和金融业的简单结合，而是在实现安全、移动等网络技术水平上，被用户熟悉接受后（尤其是对电子商务的接受），自然而然为适应新的需求而产生的新模式及新业务，是传统金融行业与互联网技术相结合的新兴领域。

蚂蚁金服的市值已经接近百度，一方面是因为支付宝解决了互联网交易供需信任不对称的问题，另一方面是因为蚂蚁金服把支付宝在解决信任不对称中获得的客户信息和交易数据的价值最大化，开始进军金融，而金融的核心是解决供需之间的能力不对称，就是“我买不起”或“他周转不开”的问题。能力不对称也是一个阻碍供需之间成交的重要原因，没有互联网时，银行业就在解决这个问题，最终让银行业成为最挣钱的行业，但是银行因为体制和技术的局限，没有解决所有供需能力不对称的问题，如本书早期章节提到的阿里小贷的单笔贷款成本只有2.3元，这样的成本能解决这么大问题，这是为什么互联网金融成为这个时代的一个非常大的风口的原因。

当然，能力不对称的问题不仅是指支付能力或周转能力，还有很多，如可能是语言沟通能力、理解能力、信息能力、个人的体能或支付能力。互联网在解决能力不对称方面有很多尝试。一方面，互联网技术正在让人们的每个器官变得更加强壮，我们可以通过互联网的终端拓展我们的眼耳鼻口的能力，延伸我们自己的每一个器官，甚至习惯用我们的脑子解决的问题也会因为云计算和人工智能不断得到解决，最终让每个人的能力得到成长。例如，我们无法和俄罗斯人成交，在一个餐厅里，服务员讲俄语、菜单也是俄语的，这时百度翻译就能很快帮助你把语音和文字翻译出来，让你能够成交，获得你想要的食物，甚至能帮助你做很多的参谋，如找到莫斯科最好的餐厅。百度地图可以帮助你认路，把你带到任何一个你想去的地方，Google眼睛更是可以帮助你找到附近所有的商户，让你无所不能。

在需求端能力不对称方面，支付能力和周转能力更突出，有了互联网金融后，这个问题就得到了解决，特别是对于一些小的商户而言，之前完全没有信息和信用能力获得大银行的支持，但是在支付宝上的交易信息，让他们有可能通过信贷的方式得到很快的资金支持，即使在资金流十分紧张时，也能得到信贷的支持。

有一些能力不对称是因为供方原因造成的，如不能很好地识别、分析、理解自己的用户，无法对自己的熟客进行差异化的对待，从而使自己的客户更加忠诚，使重复购买快速发生。有了移动互联网技术，特别是有了社交媒体，每个人都有自己的真实独特的互联网身份并已经在社交媒体中进行了真实的连接，在此基础上为商家提供支持，或提供用户分析，或提供商业分析，或者对自己的运营过程进行更好的数字化管理，商户就有可能为自己的用户设计出更好的产品，这样就大幅度提升了供方的眼耳鼻手口能力。这种提升能力的解决方案得到了市场的很大认可，很多被市场认可的 B to B 的业务也因此受到了资本市场的追捧。

六 互联网解决供需之间的人格不对称：2016 年，IP、网红和直播为什么突然火了

2016 年，IP 和网红是一个值得关注的现象，产品差不多，价格差不多，质量也差不多，为什么到了 IP、网红手里就能卖出量？不信可以看几个例子。

2014 年 5 月成为淘宝店主的董小飒是直播平台的网络主播，每一次线上直播都能获得百万人次的围观。在粉丝的支持下，仅仅一年多的时间，董小飒的淘宝店已经是三个金皇冠的店铺，每个月的收入可以达到六位数以上。

网红店主张大奕在微博上有 439 万粉丝。2014 年 5 月，她开了自己的淘宝店“吾欢喜的衣橱”，上线不足一年做到四皇冠，而且每当店铺上新，当天的成交额一定是全淘宝女装类目的第一名。

这两人的淘宝店只是网红店铺的缩影。在 2015 年“618”大促中，销量 TOP10 的淘宝女装店铺中有 7 家是“网红”店铺。甚至在“网红”店铺中，还出现了有网红店铺开店仅两个月就做到了五钻的案例，堪称淘宝“奇迹”。

据悉，淘宝平台上已经有超过 1000 家网红店铺，2014 年“双十一”活动，销量排名前十的女装店铺中红人店铺占到整整七席；部分红人店铺上新时成交额可破千万元，表现丝毫不亚于一些知名服饰品牌。

在第二章中介绍过，人格不对称在这个时代正成为一些供需之间的矛盾，

同样的产品，我就买韩寒代言的产品，而不买郭敬明代言的，因为我是韩寒的脑残粉或死忠粉，甚至还因为这样的一些原因产生了鄙视链，这种因为自己的人格属性导致不对称的情况产生的无法成交就是人格不对称的主要原因。

这也给很多产品带来麻烦和机会，一旦代言或人格定位错误，就会造成销售量的停滞和下降，小镇青年喜欢的东西，三四线城市的潮流产品，一二线城市的主流产品，活脱脱地分开，在互联网时代更细分为一个个不同部落。

人格不对称是挑战更是机会，在互联网时代这个机会更加重要。互联网让一个有特色的人成为网红，拥有自己的粉丝变得比历史上的任何时候都更为容易，而未来这些人就会有很强的商业价值，他们的市场来自于粉丝的需求。

“互联网时代的差异是解决了成本问题。不仅传播成本更低，试错成本也很低。互联网的用户互动机制可以很快地筛选出高质量的IP，迅速让它从一个念头变成一个庞然大物。如果我们把IP 看成人类社会的新物种、新玩家的话，互联网就是让它们迅速孵化生成、长大的孵化器。”根据罗振宇的判断，IP 是未来的交易入口，这是因为稀缺性产生在哪里，哪里就将出现交易入口。例如，买到东西的方便性稀缺，于是“流量”就成了主要入口。楼下就有一家油盐店，我不会跑到五千米之外打酱油。又如，消费者的支付能力稀缺，于是“价格”就成了主要入口。价格敏感影响交易决策，差不多的东西，一定拣便宜的买。有钱谁买地摊货？但这两个入口的稀缺性都被削弱了：互联网的出现让交易变得简便易得。经济成长即将在中国制造一个人类历史上最庞大的中产阶级。

直播之所以火了是因为直播模式解决了信息和信任不对称的问题，继而放大了网红人格不对称带来的流量潜在优势，让网红电商成为可能。电视直播将一个点的画面、声音实时地传递到电视前的观众眼前，而互联网直播则可能同时将无数个网红的画面、语音及所有观众对声音和画面的反馈传递到每一个手机用户面前，这种实时社交性的功能让一种围观效应出现，而网红在宣传一种商品时提供的信息大大超过了搜索能索引到的信息和电商网站能提供的静态的信息，网红可以从产品生产、加工、销售过程中任何一点切入来介绍产品，如到阳澄湖直播捕捞的过程，到一个旅游地实地体会每一个景点并谈到感受，这种真实性现场感带来的信任感自然产生，而对网红的关注激发了非理性的需求，购买就会产生了。它同时解决了信息不对称、信任不对称、人格不对称，这就是为什么直播电商正在兴起的原因。

新的交易入口将在哪里洞开呢？还是得找“稀缺性”。于是，IP 和网红就登场了。IP 的背后就是人格不对称。人格不对称依附于自然人，就是明星和网红；依附于作品，就可能是一些游戏动画中的人物。总之，利用人的分别心及人们人格不对称的需求，新的交易就有可能产生。

第二节 商业连接及移动互联网连接的道和术

前一章说过商业连接产生的机会有两种，一种的是点的机会，一种是线的机会，也就是善连者的机会和助连者的机会，点享受线提供的连接优势，线从点的效率改进中获得利益。这个比喻可能还不是很好理解，有一个投资人做了这样一个比喻，说连接的生意造成两种可能的机会，一种是头牌小姐的机会，另一种是妈咪的机会。话糙理不糙，头牌小姐是小姐中的佼佼者，有自己的优势，妈咪的优势在于客户资源，有时候别管你是多大的头牌，都需要妈咪来撮合交易，妈咪和头牌就相互依存了。互联网技术及移动互联网技术催生的机会中，有一些人借助互联网的赋能，扩大了自己的生意，提升了自己的影响力，甚至成为网红或IP，做的是头牌小姐的生意，有的人慢慢成为连接器，帮助小姐获得生意，也有不错的发展。

我们在第二章总结过生活中连接的几个最重要的因素是连接时机、场景、对象、方式、机制（4W+1H）。这五个方面都做好，就是术上的成功，而连接上的成功还有道的问题，于是我们也总结了连接方如果希望得到一个好的连接需要有善心善念，即增加一个H（heart）。

在商业连接中，有时商户是连接或被连接的角色，而有时连接本身就是一个业务甚至是一个非常赚钱的业务，如滴滴，司机和乘客都分别和滴滴连接，之后滴滴帮助供需做动态的匹配。乘客和司机难以重逢，但是当大家都不得不和平台重逢时，信任和诚实经营就是一个必然的选择。这时，连接平台就有了一个新的机会。

互联网上的很多机会都来自于连接，我们要重点看看这些公司的机会是怎么实现的。结论也很简单，一个成功的连接者也要满足4W+2H，只有六个方面都兼顾才能成就一个成功的连接角色。

一 互联网连接时代的时机（When）：给你100个亿，你还能复制出一个百度吗

在互联网领域，有一种说法就是机会窗口，几家公司经过一段时间厮杀后，最终有人出面说战争已经结束了，意思是这个领域已经局势明朗，分出了胜负，胜者就享受胜利的成果，而败者就黯然离场，不会再有人带着巨量资金杀入这个领域。在互联网上，一旦形成一家独大的局面，再想改变就十分困难了。

很多公司并不相信这一点，实际上，BAT三家都曾经想过进入对方的领域并做了很多尝试，但是基本都失败了。

百度曾经为淘宝导流很多，并有大量的收入，但是眼看着电子商务特别是淘宝做大后，很多非常有价值的流量不再流入百度搜索，而是直接到了淘宝，这可是直接产生销售的最熟的流量，用户在商品搜索时的体验也难以保证，百度发现养虎为患，悔之晚矣，于是开始着手进行电子商务的布局，三年多时间、无数个不眠之夜、巨大的资源倾斜，最终还是没有免于失败，因为连接的时机已经过了，加上公司的基因的差异，失败基本是注定的。

百度搜索做大后，这个商业模式的优势也渐渐被认可，拥有海量用户和流量的阿里巴巴和腾讯都觊觎百度搜索的市场地位和机会，2012 年前，腾讯曾花了数十亿的资金来做搜索——腾讯搜搜，尝试数年后，最终放弃，整体裁员。马云收购了中国雅虎后，也是全力进军搜索市场，甚至请来台湾搜索一姐，最终仍无果而终。但是马云坐拥淘宝，收录并连接了所有的商品，假以时日赢得这个入口后，淘宝通过直通车等产品来变现这个商品的搜索引擎的流量，让阿里巴巴获取了巨大的成功，并让马云走上了中国首富的地位。

周鸿祎和王小川为什么获得新的机会，在搜索市场上有不小的斩获，得到搜索的一定市场份额并得到最终的市场份额，这不是因为他们在同一个时机下的策略正确，而是因为他们找到了新的连接手段，即通过安全和浏览器等手段，控制用户对搜索引擎的使用。不论道德与否，这是一种新的连接方式，这种连接方式可能会过顶百度之前的连接方式。这就类似于微信的连接方式过顶了移动的连接方式，造成中国移动短信的收入跳崖式下降。这种连接方式百度也有机会，而在移动时代，当百度把这个机会窗口堵上时，新的进入者就没有机会了。

互联网 BAT 三家的领军人物，都出生在 1966~1974 年阶段，为什么没有更早的人或再晚的人作为领军人物呢？最重要的原因是这些大的作为连接的机会，都是有且只有一次的机会，时机十分重要，窗口期很短。在一个场景下，不会有多个连接方的需求，这对用户来说是不经济的，同时对整个社会来说也不是经济的选择，这是为什么一方面优秀互联网公司会得到很多投资人的追捧，另一方面互联网公司又竞争超级激烈并且工作压力十分巨大的原因。作为连接者，最终活下来的只有一个或两个，其他的都会死去，而活下来的企业将享受整个市场的回报，获得所有的荣誉。在这样的机制下，互联网公司对机会的追逐，在赛道生的奔跑自然是结果。

二 互联网连接时代的场景（Where）：一百多个打车软件，为什么滴滴是最后的胜出者

网络约车为什么能成立，这里面有很多的因素，但是要提到一个场景选择的问题。大家都知道，没有智能手机的普及，滴滴模式是不能成立的，软件可能会出来，但是没有一个人能够带一台计算机接着移动网络不断地发出自己的需求信息，司机也不可能带着计算机在街上转悠。

那时，司机和乘客的连接只能通过电话呼叫中心的方式进行，乘客记住一个电话号码，司机的车里装上一个类似寻呼的广播电台，平台接到乘客的需求后，通过广播把信息发布出来，司机确定后通过电话的方式联系约车平台接单，平台确定后通知乘客，连接就这样完成了，但是很显然这样的连接是十分低效的，一方面平台上提供的信息有限，另一方面商业模式也很难做大，特别是收费的问题也是困扰乘客和平台的问题。

有了移动互联网，特别是智能手机普及后，这个机会来了，理论上，一个平台可以帮助到乘客和司机，等双方都和平台连接后，信息不对称的问题就立刻解决了。众所周知，滴滴是一个成功的公司，通过连接司机和乘客的方式，它逐渐获取了流量入口地位。至今其创立时间只有四年多，但已经完成了火箭

式的增长，估值已经到百亿美元。退回到 2012 年，和滴滴这样一起做叫车软件的公司有一百多家，为什么滴滴是最终胜出的？

专车和出租车都需要连接，但是滴滴没有从专车切入市场，而是通过出租车的连接进入市场，最终取得了胜利，这是为什么呢？其实，连接的终局大家都看明白了，一边是大量的需求，一边是大量的供给，当两边的量都已经巨大时，供需之间就会相互加强并锁定，最终平台会因为连接的价值而胜出，但是如何到达这个终点有不同的选择，人们需要专车是一个场景，人们需要出租车也是一个场景，在出租车的这个场景中，供给部分，也就是出租车不会因为来自打车软件的订单太少而停止运营，但是在多数私车提供服务的专车领域，司机会因为订单太少而放弃提供服务，反过来，更多的需求难以满足，乘客也会放弃平台的使用，要知道乘客的需求可以在任何时间、任何地点发起，这样的供应能力的提供是非常难以调度的，因此很多专车公司在机场、酒店等几个重点的场所提供服务，虽然很赚钱，但是最终因为乘客被别人垄断后丧失了入口的可能，窘境就难以避免，易到用车就是一个例子，早在 2012 年成立的易到用车很早进入专车市场，并享受了很好的利润，但是在滴滴强大流量的攻势下，其市场份额下降很快，最终被乐视并购。

因此，场景是十分重要的因素，没有场景存在，就没有连接的机会。有很多人都在讲场景，也有很多的著作出来，但是在我看来，最通俗的对场景的理解其实就是需求，即在特定时间、空间、环境、氛围、条件下的需求，这个需求以前可能没有，但是因为环境变了、条件变了、时间变了、空间变了、氛围变了，这个需求就产生了，这个需求或许以前也有，但是因为技术和商业模式的原因从来就没有被满足过，现在因为产品技术等的变化，这些需求可以被满足。场景被识别，就是发现需求的过程，需求被满足，就是连接的机会。

没有互联网时，我们是没有搜索网络信息的需求的，图书馆是我们找到信息的最佳场景，书店我们也会经常去。刚开始有了互联网时，我们也不需要搜索，因为那个时候内容很少，我们知道的几个网站基本上就有了所有的信息，随着内容的增加，我们还是不需要搜索，因为雅虎、新浪这样的公司已经通过树形分类把我们寻找信息的需求都充分满足了，但是随着信息爆炸，互联网内容汗牛充栋、数以亿计时，原有的寻找信息的方式已经不能满足人们的需求了，于是搜索引擎就出来了。

这些需求是随着新的技术产品的出现而出现的，有的人不是很敏感，而有些人就能发现人们心中最深处的需求获得机会。苹果就是一个很好的例子。

还有一些需求是一直存在的，但是因为技术条件所限，一直被很初级地满足着，随着新的环境技术的出现，这些需求有了新的满足方式。设想一下，没有智能手机时，我们早上醒来在卫生间方便的时间是看书的时间，所谓厕上枕上，这个场景是被一些书满足的，但是有了智能手机以后，罗胖的每天一分钟的语音就是满足这个时间需求的精神食粮，这就是场景的出现。

在这些场景出现或被满足的背后，实际上是新的连接方式的出现，新的连接方式造就了这样的机会。

三 互联网连接时代的连接对象（Who）：朱啸虎为什么单独垂青滴滴打车？连接谁是一个很重要的问题

滴滴这个例子很典型，5 年不到时间，数百亿的市值！因此，我们还是以滴滴为例，说明互联网连接在选择连接对象时的重要性。以下这篇摘自虎嗅网的报道（程苓峰采访朱啸虎的报道）是关于 VC 朱啸虎先生领投滴滴，在最关键的时候注入 300 万美元的过程。在《顺流而为》一书中，我们引用了这个案例，因为这个内容十分典型和精彩，所以在这本书里，我们还要引用这个案例来分析连接的游戏怎么进行。

天使投资人王刚前天说了滴滴的故事。比较重要的一个阶段是在早期：

最初的天使投资 80 万花完了，一直没找到投资，CEO 程维给陈刚打电话，陈刚又贴进来几十万。几个月后，之前并不认识的金沙江的朱啸虎主动找上门来，似乎是通过微博上私信联系的。双方一拍即合，朱啸虎几乎答应了所有条件，A 轮 300 万美金融资到账。

可以说这是至关重要的一环。相当接近于“从 0 到 1”的一环。这一环出了偏差，后来的腾讯投资、DST 投资、柳青加盟、与快的合并等一系列多米诺骨牌都可能有变数。

峰兄就好奇，百马齐奔的时候，就不偏不倚挑上那一头千里马，其中究竟有何妙处。于是跟朱啸虎在微信上聊了两句。

话不多，但意思都到了。

峰兄：你当初怎么看上滴滴的？而且你是送上门去的。

朱啸虎：市场足够大。而滴滴用了唯一正确的切入方式。

峰兄：什么方式是“唯一正确的”。

朱啸虎：就是王刚提到的四个不做。这是关键。

如下直接引用王刚的话。

针对对手，滴滴坚持四不做：

（1）不做黑车。不能做政策风险太大的事。

（2）不做加价。不让产品变得太复杂，所以让对手先做，试水了市场接受度后，才考虑是否跟进。另外，加价会被认为变相地改变了价格体系，有强烈的反对声浪，担心政策风险过大。还曾有投资人建议做竞价，但平台最忌讳把产品设计得太复杂，司机、乘客都不懂，不利大规模扩张。

（3）不做账户。对于乘客，付钱难不是痛点，打车难是痛点。绑卡很复杂，早期若给司机带来的收入不够多，不会有意愿配合。为了不影响扩张速度，暂时没做账户。

（4）不做硬件。有创业公司给司机送 iPad，但平台公司不能用硬件做壁垒，规模是平台的唯一的壁垒。能否给司机带来优质订单是核心，硬件不是。若没订单，司机会在你的 iPad 上安装别人的 APP 抢单。有订单，司机就会买最好的设备来装你的 APP 抢单。

四点归纳到一点，创业早期滴滴抵制住了很多非本职业务的诱惑，做了很多减法，目的只有一个：跑得最快。

峰兄：这四个不做，就把滴滴跟其他团队区别开了。这是你进去之前还是之后定的。

朱啸虎：我投滴滴，就是因为他们自己想得很明白。

峰兄：你当时有没有见到其他同样明白的团队？或者其他明白的团队已经投不进去了。

朱啸虎：其他团队都没想明白。

峰兄：所以滴滴到今天不是偶然。基因决定。对吗?

朱啸虎：团队非常重要。

峰兄：你当时见团队什么感觉?

朱啸虎：一见钟情。终于找到一个想明白的了。

峰兄：想明白就是好团队的标志吗？其他指标呢?

朱啸虎：技能是否匹配?

峰兄：程维之前在阿里巴巴的BD方面的经验，跟打车如何匹配？

朱啸虎：地面推广。

峰兄：当时百度的技术已经到了吗？

朱啸虎：到了。

峰兄：若当时还没找到一个好的技术，你还会投吗？

朱啸虎：这个模式，技术不是核心。

峰兄：之前团购大战，你投了拉手。团购跟打车同样是地推和O2O类型的业务。团购大战给了你什么经验教训，可以运用到打车的选马上面？

朱啸虎：CEO一定要正直。有开放的心态，引入比自己更牛的人。

峰兄：你对程维最认可的一个特点是什么。

朱啸虎：正直。

峰兄：你在O2O上多有斩获，拉手、滴滴、饿了么。过去的什么经历令你在这个领域有独特见解？我看你履历，做投资前的主要经历是保险软件和咨询。

朱啸虎：还是要看商业的本质。

作为聪明的VC，朱啸虎理解这次智能手机普及后的千载难逢的连接场景的连接机会不足为奇，这是那个时候所有VC都已经看到的，因此有上百家打车软件出现并有很多得到了投资，但是朱啸虎能分析出最重要的连接方式是十分难得的。

连接谁，取悦谁，打击谁，反对谁，这是一个政治问题，是善接者在最初一定要考虑清楚的问题，因为在一个市场格局已经稳定的环境中，这个选择如果错误，就会有很多反对和不确定在里面，要么招致杀身之祸，要么就是导致市场推进缓慢或成本提高，在时间和机会窗口越来越短的移动互联网时代，这和自杀没有什么区别。

其实稍微了解到那段历史的人都知道，不同打车软件有不同的玩法，有做硬件的，有做用户注册的，有做加价的，也有尝试通过出租车公司进入市场的，但是唯独滴滴选择了不做硬件，不做加价，不做用户注册，不做黑车（当然在得到入口后，以前意义的黑车也会被接入并洗白，这是后面的故事），不通过出租车公司连接司机，而是直接连接司机。这就保证了在用户体验方面持续提升的可能，因为享受到出租车已经存在的、大容量、一定品质的供应能力，但又不会因为连接出租车公司造成司机的被动，以及因为出租车公司的态度不确定性造成产能波动，更不至于像易到那样在专车供需两端作战疲于奔命，承受“按住葫芦起了瓢”的痛苦。

连接对象的正确，连接策略的正确，最终让滴滴在正确的方向和路径上赢得了速度，速度的结果是规模，规模的结果就是对入口的垄断，正如朱啸虎分析的，这样的选择是战略性的选择，滴滴走在正确的轨道上，成功也是必然的。

四 互联网连接时代的方式（How）：为什么宇宙O2O中心扫码一条街盛景不再

连接形成机会，在时间、场景、对象之后的下一个问题就是怎么连接，这个问题容易被忽视，但是如果因为有融资而忽视了这个问题，最终结果只能是事倍功半，欲速而不达。曾经随着O2O出名的宇宙O2O中心很好地说明了这一点。下面是一则报道。

望京SOHO因聚集大量创业公司被誉为“宇宙O2O中心”，大量地推团队曾在望京SOHO发展出极具特色的“扫码一条街”，百米长龙的地推摊位折射

出O2O行业当时的火热盛况。伴随着O2O热度的逐渐冷却，极具代表意义的扫码一条街如今仅余几席摊位。依靠赠礼积累用户博融资的O2O美好时代一去不复返。

扫码街消亡

扫码一条街位于望京 SOHO 附近阜安西路人行道上，往日几十个商家汇集、人潮涌动的时代却已不再。北京商报记者观察到，尽管是工作日的第一天，扫码一条街在人流最多的中午也仅有7个摊位，不大的小桌上摆着用纸盒包装的星巴克杯子，接连几个摊位都是同样的赠品，几个摊位都是同一个商家，号称“中国最大的自营式社区O2O电商品牌”。被“星巴克杯”围住的摊位是“腾讯投资最大的港美股互联网券商”的全资子公司，扫码注册可获得一个两元的红包。最北侧摆了几把椅子，只要为中国养老事业捐一元爱心慈善款，即可获得现场免费按摩一次，几名穿着白大褂的“理疗师”就站在椅背后面。

扫码一条街是O2O行业的晴雨表。2015年夏天是扫码一条街最繁荣的时期，路过的人只需用一部手机从头扫到尾，一个大大的背包就可以装满毛绒玩具、数据线、自拍杆、饮料和水果等赠品。随着资本寒冬的到来，O2O的艰难处境直接反映在扫码一条街上。2015年10月再故地重游，扫码一条街的长度不足夏天的一半，赠品的价格也降至3~5元。进入冬天后，扫码一条街只剩下零星几个摊位，当时的摊主说：“冬天天气太冷，开春就好了。”然而谷雨已过，扫码街的春天却仍未到来。

凉皮街火爆

与马路西侧扫码一条街相对的是东侧的“凉皮街”。每到中午，大量蹬着三轮车的摊贩在望京SOHO一侧汇集，自觉排成一列，现场制售凉皮、烤肠、炒面等午餐，生意都还不错，与马路对面的扫码街形成鲜明对比。一位在望京

SOHO某创业公司工作的员工笑称，“卖凉皮的比望京SOHO里大部分企业都强，至少他是挣钱的，很多创业公司还在赔钱呢”。

随着“午饭大军”退回工作岗位，扫码街的摊主也一个个收摊回家。一位附近工作的员工表示，过去的摊位一摆就是一天，因为中午收摊了位置就会被抢占，错过“晚饭潮”。如今没有了慕名而来的路人，也再不用担心位置被占了。

做一个平台，把供方和需方连接起来，等有了大量的用户和商户后，挟C以令B，羊毛出在猪身上，羊和猪都高兴，平台更高兴，这是很多人的梦想，于是APP在移动互联网时代就是承载了很多错失PC互联网机会创业者这个梦想的工具，成为主要的连接形式，在很多人看来，做移动互联网就是要开发APP。实际上，在一个供需都需要渗透的双边市场里，APP作为连接器导入市场有很多难度。一个APP装在客户手机里的成本是几块钱，后来是高达十元，甚至更多。但往往因为产品的特性和场景，C端用户使用频次不够，无法满足我们在《顺流而为》中总结的刚需高频轻决策的特点，用户频繁使用习惯未建立，最终的结果是无法进入射向好的鸡和蛋的循环，无法成为那个入口。

那么在绝大多数不适合APP的商业场景下，连接如何实现？这是一个比较复杂的问题，但是考虑到投入回报比，在一些已经成为入口的APP上进行二次连接就是难以回避的道路，这个时候，微信、支付宝、百度等或许都是可以考虑的选择。

五 互联网连接时代的机制（Why）：为什么没有商业模式的连接都是耍流氓

当时机、对象、场景、方式都对了时，一个连接模式就有了基础，但是这会让模式走向就攻吗？也未必，这个时候机制是最关键的因素。

所谓机制，指有机体的构造、功能及其相互关系。百度百科上关于机制的说明如下：理解机制这个概念，最主要的是要把握两点。一是事物各个部分的存在是机制存在的前提，因为事物有各个部分的存在，就有一个如何协调各个部分之间的关系问题。二是协调各个部分之间的关系一定是一种具体的运行方式；机制是以一定的运作方式把事物的各个部分联系起来，使它们协调运行而发挥作用的。

什么在连接形成的商业模式中是最重要的机制，在我看来共有三个机制：第一个是信任的机制，第二个是良币驱逐劣币的机制，第三个是赚钱的机制，即商业模式。

连接如果不能促进信任，交易就无法持续产生，平台就没有存在的可能，这是显而易见的，因此在很多以平台为目的的 O2O 公司中，促进被连接方的信任是一个重要的工作。从以前没人敢乘坐非出租车到大家敢坐这样的车，uber 起到了关键的作用，从以前没有人敢住在陌生人家里，或者让陌生人住在自己家里，到人们可以随意在全世界各地在陌生人家里起床并和这些人交流，airbnb 起了关键的作用。信任的机制是一个很关键的机制，信任的机制出了问题，对连接者的打击是致命的，如“315”曝光的某外卖平台的产品品质问题。

在促进信任的基础上，还有一个重要的机制需要建立，那就是良币驱逐劣币的机制，让好人得到更多的利益，让好人挣更多的钱，让坏人没有机会得利，这是让这个平台具有生命力的非常重要的基础。一个劣币驱逐良币的平台，一定是没有生命力的平台。提供服务的人们不仅需要得到生意活下来，还需要被尊重、认可、平等的权利，而接受服务的人们也会希望了解自己的表现，别人的反馈，更重要的是，希望对优质的服务得到肯定，对不良服务进行批评甚至惩罚，这样平台是否能实现大家的诉求就很重要。

当然，最重要的是，当以上条件都具备时，平台自身需要有商业模式，没有商业模式的平台，除非是公益项目才能存续，只有在商业模式的支持下，这个平台才能走得更远。

O2O项目死去的很多，在PC互联网时代，也有很多模式很快死去，主要的原因就是商业模式的机制建立问题。没有信任，就不能开始交易；没有良币驱逐劣币的机制，交易无法持续；没有商业模式，交易就不能持续赚钱。一个成功的平台，以上三个机制缺一不可。

互联网特别是移动互联网用于连接技术，正在改变着这个世界。因为互联网的技术和强大的连接能力使然，借互联网技术和资金实力完成对一个领域的整合就变得较为常见。而所有成功的连接必须符合以上六个条件，其结果是，不论是时间不对称还是空间不对称，都在被有效地突破，人们获取一些产品和服务的障碍在减少；信息不对称的突破，让消费者被欺骗或做出不理智的情况减少。更重要的是，互联网造成的一些社会协同在信任和良币驱逐劣币的机制下形成，而商业模式的持续性又确保了进一步的信任和良币驱逐劣币，如果互联网公司有价值观的坚守，最终的结果是好人帮助好人赚钱，社会的公序良俗被重造，信任和共赢被加强，社会因为互联网的普遍连接变得越来越好。

1. 为什么出租车司机和商务车司机长着两张截然不同的脸

“那些出租车——无论是你用滴滴或快的叫来的还是路边招上的，车厢里的空气都一如既往地浑浊，车窗按钮、座椅套垫和放报刊的布袋破损稀松平常，冬夏两季通常都不主动打开空调，周边环境干净卫生已经是最大的造化了。而商务专车——它们通常比出租车的价格贵15%～20%——车厢里的空气一般来说都清新得多，有的还会喷点淡淡的香水，所有设施都完好无损，为乘客提供瓶装矿泉水，如果想手机充电还提供充电线和 USB 接口，大多数司机会问你想听什么音乐或是否选择安静不放音乐，冬天和夏天空调是必需的，而且随着外部温度的变化随时调整。

更重要的是两种司机长着两张截然不同的脸。出租车司机的脸大多是冷漠，甚至粗野和带有敌意的——尤其是当你去的地方对那个司机来说并不熟悉或不喜欢，或你提出一点额外的要求——如打开或关上空调，关闭调频里的评书节目，甚至没零钱付车费时，那种粗野和敌意会更不加掩饰地显露在脸上的每个细微表情里，以至于你觉得给他带来了天大的麻烦。而商务专车司机的脸通常是平和与略带友善的，他会跟你打招呼，问你需要什么，在你提出一些要求时迅速地回应，他们往往也不会太多说话，或者在说了一些话之后，因为你不太热切响应而主动安静下来。”

以上内容节选自骆轶航的文章“为什么出租车司机和商务专车司机长着两张截然不同的脸？”这篇文章引发了大量的转发。

实际上，是否能形成正向机制的问题是连接中的一个重要问题，正向机制包括信任机制、良币驱逐劣币机制及商业模式机制。

我们知道，没有重逢就没有信任。用连接的思路看，相逢是现实生活中的一次连接，如果仅仅只有一次连接，那么信任是不能建立起来的。黑车、黑导游、黑司机、黑店其实都是这个原因。如果又重逢，第二次连接是由第一次连接的体验决定的，而当被连接者的利益和第二次连接机会或后续的连接机会有关时，连接者就必须在乎被连接者的体验，这样他就不能乱来了。

当没有互联网时，很多场景都是一次性连接，因此信任建立不起来，但是互联网平台作为一个媒介和供需双方连接后，供需双方和平台不是一次性连接，会有多次重逢，如在打车的场景下，司机要挣钱，就需要每天和平台连接，也就是和平台重逢，这样司机的每次表现就可能被记录，司机要想有好的收入，必须顾忌自己在平台上的信誉；乘客端也是同样的情况，本来和司机不能重逢，不礼貌的行为、爽约可能不用付什么代价，但是和平台重逢后，这样的行为就会被记录，甚至被惩罚，因此他就会对自己的言行重视。“离地三尺有神明”、“慎独”这些本来需要非常强教化和修养的行为，在平台连接的情况下，正在越来越多地影响平台上的受众。

没有重逢时，也会产生另外一个商业结果，就是劣币驱逐良币，如在一个没有很好的管制的社会，那些黑车司机中的无良司机会挣到更多的钱，而那些善良的司机不会宰客，因此挣到的钱有限，结果是无良司机有钱去贿赂交通管理部门的员工，此后更容易获得挣到黑钱的机会，而善良的司机或许会面临更多被惩罚的机会，结果是劣币逐渐驱逐良币，越来越多的黑车出现，消费者的利益受到更大的危害。

在一个网络连接的时代，一个平台为了自己长期的发展及生态的健康，就很乐意对连接在平台上的服务提供者进行奖惩，自然会对那些服务品质好的提供者进行奖励，对那些服务品质差的提供者进行惩罚，因为两者都要和平台重逢，结果是优质服务者会得到更多的生意，逐渐地，就会出现挣钱越来越多的情况，长此以往，就会产生良币驱逐劣币的结果。

有人会说，当司机强势时，平台靠技术和机制来制约，而当平台大了时，谁来制约平台？这是一个新的问题，理论上来讲，当多家平台竞争时，某一个平台是不敢对乘客和司机进行不公正对待的，但是当平台一家独大时，整体消费者的利益或司机的利益是否能被充分保护又成了问题。因为消费者离开平台没有其他选择，而司机离开平台更没有乘客，这就需要成为平台的公司有道德坚守，而不是做一个商人。在技术、数据和能力上，互联网公司显然是最有能力做好这件事的人。这个问题在后面去中心化互联网的章节中会详细讨论。

2. 为什么互联网能让刑满释放人员获得新的机会

前一段时间爆出一则新闻，说深圳从事专车或快车服务的司机中，居然有三千多人是刑满释放人员，于是舆论哗然，有人说滴滴十分危险，有人说滴滴在招募司机时把关不严，也有人在为滴滴辩解，说滴滴无法甄别正常司机和刑满释放犯。

但是我要说，这真的是一件非常好的事情，我们的社会第一次为这么多犯过错误的人提供了就业挣钱的机会，让他们能够通过自己的努力和付出，再一次养活自己和家人，有尊严地在这个社会上立足，为社会创造新的财富，而不是成为社会的负担，甚至因为没有养活自己的机会而重新走向犯罪的道路。正因为如此，我们要十分珍惜并感谢滴滴这样的平台，他们或许是不自觉地在做，但结果是他们实现了让所有劳动者都能有尊严地活着，让每个老实人、勤奋的人、愿意付出的人挣到更多的钱，活得更好，让信任和道德回归，还有什么是比这个更好的一种极致吗？

北京师范大学教授吴忠宪1992年至2006年间在司法部预防犯罪研究所任职，据他研究，20世纪80年代，中国重新犯罪率大概维持在7%～8%，21世纪初期上升到了13%～14%。最近的一份相关研究来自北京地区，2014年北京市监狱管理局发布数据，称通过长达三年（2011～2013年）的追踪，认为北京市的重新犯罪率为5.89%。

根据福建省监狱管理局2012年公布的数据，重新犯罪的刑满释放人员中，有59.2%的人无法找到工作，而失业带来的经济压力也让侵财类犯罪在重新犯罪中高居榜首。

相比于其他群体，刑释人员确实更加危险。但你的歧视会让他们变得更加危险。你是愿意身处一个危险的环境，还是身处一个更危险的环境？对于有犯罪前科的人，如果仅仅因为他们的过去就永久假定他们为“反社会者”，切断其回归社会的道路，这不仅是对他们正当权利的侵害，也是给自己埋下不安定的种子。

一个社会的文明程度，有不同维度的考量。但如果只能选其一，应该是宽容。因为宽容的背后，站着的其实是自由、互助、平等。那么，什么样的人最需要被宽容？强者显然不需要，单纯的弱者也不需要（人性自然心生怜悯），最需要宽容的，其实是兼具弱势性和危险性的人群。而刑满释放人员，按照官方的定义，他们就是“兼具弱势性、风险性的社会特殊群体”，如何对待他们恰恰也是社会文明程度的写照。

歧视来源于对未知风险的恐惧和无力控制，而移动互联网技术如果能实时监控到所有的数据，让信息在平台的管理之下，加上原有的机制，让一些失足人员重新获得劳动的机会，善莫大焉。

第三节　从时空不对称到人格不对称：为什么快销品正在放弃大卖场

贝恩分析和凯度消费者指数研究所联合推出的一份《2015 年中国购物者报告》显示，大卖场快消品城镇零售渠道的销售额年复合增长率从 2013 年的 7.9%降到了 2014 年的 3.7%，销售额占比从 27.9%下滑到了 27.5%。大卖场经营业绩的下滑意味着，如果仍像以前一样在这个渠道推出新产品，不会再那么受关注，也降低了被购买的可能性。如果快销品的新品发布是个 T 台，以前最好的 T 台是大卖场，但现在品牌商发现了其他秀场，他们开始和电商、便利店合作，开拓更多的销售渠道。

“以前，这些新品首先会在大卖场以‘堆头’形式亮相。大卖场曾经是传统外资快销品牌最亲密无间的伙伴，但这种合作关系如今出现了一丝变数。快销品的品牌商们渐渐发现，如果产品首发也算是一场 T 台秀，在中国市场，能办这场秀的并非只有老伙伴一个——为了让新产品的推出更有效率，它们开始寻找其他渠道。

金龙鱼正在卖一种叫作 Morning Cup 的杯子蛋糕，除了大家都会强调的营养处，它的一大卖点是可以让购买者在 3 分钟内做出一个蛋糕。你可以隔着微波炉的门看到蛋糕像蘑菇一样迅速地从杯子底部膨胀，它的原料只有 Morning Cup 蛋糕粉和一只鸡蛋。方便、新奇、好玩，这多少戳中了年轻人的兴趣点：录个小视频、拍张照发朋友圈，说自己 3 分钟就做好了一个蛋糕。

其他新品也有类似吸引年轻消费者的想法。雀巢为它的无蔗糖咖啡换了包装，用绿色代替了原来的红黑色，以突出天然和健康的特点；桂格的燕麦乳被强调成‘可以随时随地带着走’的麦片饮料，主打营养和方便。

品牌商们知道自己在做什么，年轻人才是未来的主力消费者。但有一点可以肯定，去大卖场购物并不太像是年轻人的典型行为。”

卖场本质和电商一样，把消费者当成性价比敏感的动物，仅收录了和性价比最相关的核心信息，卖场让商家流量成本奇高，比价让零售价格上不去，卖家不挣钱是必然。

如果用我们的 6G 分析一下，可以看到，快销行业供需矛盾正在变化，一方面，随机性的消费都以便利性为卖点，而计划性的购买则以性价比为卖点，而卖场模式在解决便利性方面也不是十分突出，在解决性价比上也没有特别的优势；

另一方面年轻的消费者人流都已经转移到了网上，其销售下滑是必然的结果。

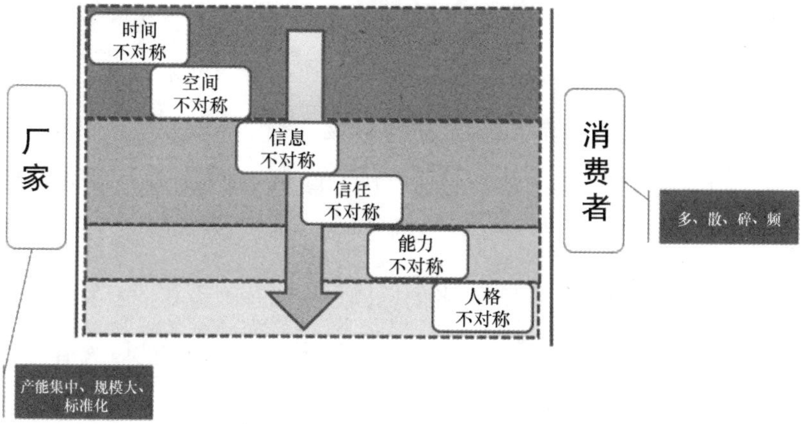

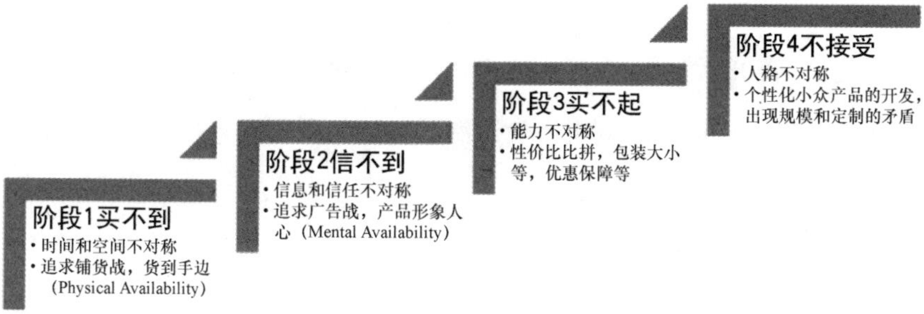

本章小结　互联网连接和以往的商业连接有什么不同

第四次工业革命，是以互联网产业化、工业智能化、工业一体化为代表，以人工智能、清洁能源、无人控制技术、量子信息技术、虚拟现实为主的全新技术革命。第四次科技革命，是继蒸汽技术革命、电力技术革命、信息技术革命的又一次科技革命。

互联网是这个时代送给连接者的最好礼物，因为这是连接者的机会，也是助连者的机会，还是造连者的机会；这是改善性的机会，也是颠覆性的机会；这是屌丝的机会，也是权威的机会；这是时代留给好人的阳光机会。

互联网是每个连接者的福音，借助互联网，每个人的效率、眼界、信息、社交都得到巨大的改善，当然，也有时会因互联网而烦恼，但有一些也是幸福的烦恼。

互联网成为这样的机会的创造者的原因，不仅是因为其技术的特点，还因为从历史到现阶段供需之间的“六堵墙”需要被进一步突破的巨大潜力，而成功者是那些把握了时机、场景、对象、方式、机制还有善心的连接者，帮助了别人，成就了自己。

让助连者成功的因素也是以上六个因素，但是核心是机制和发心，机制可以让坏人变为好人，让态度从粗俗变得温暖，让良币驱逐劣币，让服务好玩并有温度。

第六章

互联网中心化连接的红利：流量迁移引发的机会

移动互联网兴起伊始，人们对互联网的格局有很多猜测，移动互联网是不是会延续PC互联网的趋势？三家独大的局面是不是会延续？有没有BAT级别的公司出现？新的商业模式会是什么？人们有各种猜想。即使连李彦宏这样的专家都曾经表示“现在很多公司都在大手笔地投入移动互联网，很像酒驾的情况，很刺激也很危险。每个人都觉得很兴奋，但是没有想到挣钱很难”。但是短短数年过去，微信、滴滴、美团、饿了吗等公司的表现让人惊艳，更多的公司正在野蛮生长，快速发展，为什么移动互联网有了今天的格局？这些机会是怎么来的？还会有新的机会出现吗？前面介绍了四流、6G模型、连接4W+2H模型等理论，接下来，我们可以从连接策略的角度分析，看是不是能得出为什么最后胜出的是微信、滴滴、美团等这几家公司？对个人和企业来说，移动互联网影响下的未来趋势会是什么？这一章我们将重点分析和讲解。

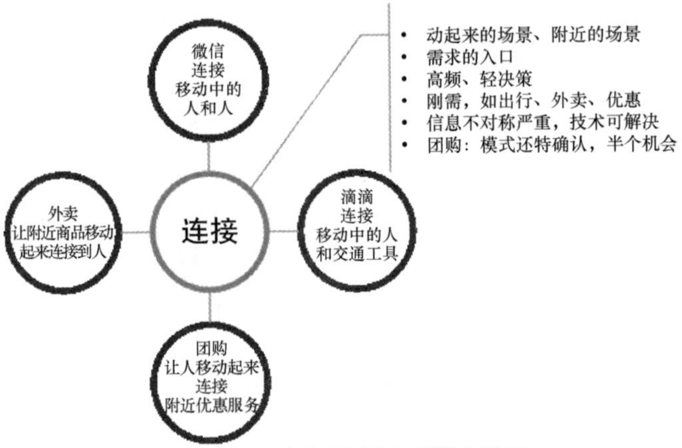

新场景：当智能手机开始支持人在现实世界的移动和互联网世界同步……

第一节　PC互联网时代中心化连接模式成功者：再谈为什么BAT的商业模式是好模式

互联网的发展，从终端的形态可以分为PC互联网时代和移动互联网时代。

在 PC 互联网时代，人们上网的工具是台式机或笔记本电脑，通常采用的是有线的方式，也有用无线的方式上网的。在移动互联网时代，人们上网的工具是智能手机，通常也是采用无线的方式接入互联网。

在前面的章节中，从生意模式角度及供需之间 6G 模式的角度，曾经分析过为什么 PC 互联网的连接模式造就了 BAT。一个正确的结果往往有多个角度的解读，这个结论也已从连接的角度解读过。例如，如果从对用户和商户连接的格局来看，互联网连接客户和用户及其他连接对象有两种不同的连接方式或思路，一个是中心化的互联网连接，一种是去中心化的互联网连接。

所谓中心化的连接方式，是指用户和一个平台连接，之后通过平台再连接到希望连接的对象上，如百度提供的服务是让大家和百度连接，之后通过百度再到达想搜索的内容网页，相对于用户和内容而言，百度就是这个连接的中心，也就是说，百度作为一个中心，连接的两边分别是人和信息，这个现象背后，人和信息的连接是随机的，多数情况下，两者不可能，也不需要持续地建立连接，所有人在不同时刻需要的信息不一样，通过百度这个中心，时时刻刻都可以找到自己需要的内容。

淘宝提供的服务让所有用户和淘宝连接，然后和淘宝上的商户连接，如果用户想到达商户的页面，必须先到淘宝，之后再到达商户的网页。相对于用户和商户而言，淘宝就是中心，这也是一种中心化的连接方式。相似地，多数情况下，用户和商品或商家既不需要，也无法建立长期固定的联系，因为不同时间人们需要的商品是不一样的。

腾讯的 QQ 也是类似的中心化连接模式，如果想找到 QQ 连接的人，先要登录到 QQ，也就是说，QQ 作为一个中心，连接了人和陌生人；但是 QQ 的问题稍微有一些差异，如果从逻辑上理解，有两种趋势，有一些人和人的持续和稳定连接是需要的也是可能的，这是由熟人社交属性决定的，因此QQ也满足这样的需求，这时QQ更多是一个工具属性的产品（去中心化的连接方式），当然，如果使用QQ寻找生人或熟人太多还是需要先登录QQ再做查找，这时它就是一个中心化连接模式。QQ自身成为一个混合的连接方式，兼顾了中心化和去中心化的连接方式。

以上的中心连接模式是一个好的连接模式，因为这样的连接是有商业模式的。一方面，用户享受了非常好的免费服务——无论何时何地，都能稳定可靠地获得自己需要的服务。另一方面，更重要的是，网站有商业模式支持这样的免费服务，网站能够通过数据中心在云端提供服务支持这样的需求，然后通过后向变现（向商家收费）的模式进行变现，这就是所谓的“羊毛出在猪身上”，背后的原因在“顺流而为”中也介绍过，就是变现流量的方式。流量即需求，流量是在时间、空间上集中了的需求，对商家有巨大的价值，有很多商业有供给能力，但是在寻找供给，买这些流量就是最好的获客方式，因此这样的供求关系就造成了一个稳定的三方关系，即用户、客户、平台之间的关系，平台也因为能有机会变现巨大的流量而变得非常有利可图，有更大的动机和能力改善用户体验，从而长期稳定这样的利益格局，其结果也是使更多用户产生路径依赖，这又使得平台的地位更加稳固。因为有用户流量，商户也会贡献更多的费用，这反过来又支持了平台的发展。这个循环一旦开始，就可能持续循环加强，如果再有用户产品的互联网网络效应，很快就形成了入口锁定效应。结果就是在每一个连接的场景，都会有一个或几个寡头出现，这个寡头会有巨大的商业价值。如果该领域有网络效应，如社交网络，最终结果就是一家独大，以上也正是中心化互联网催生大互联网公司的最重要的原因。

第二节 PC 互联网时代人和服务的中心化连接：为什么团购模式在中国和美国不同

从商家的角度看，PC 互联网时代，中心化互联网的连接模式是很有优势的。比如在解决用户需求是刚需的、销售半径大、标准的产品非常有效，甚至也包括一些标准化的服务时，如果销售半径大，也能成为有商业模式的入口模式的平台。百度、淘宝、京东都是这个模式的受益者。巨大的用户流量正好和商家对用户（精准流量的）的渴求相对应，最终解决了很多商家获客的需求。例如，百度服务的中小企业已经超过 60 万家，这已经超过历史上传统媒体所能服务的容量极限。

继续从商家的角度看，如果是销售半径比较小的产品或非标准服务时，中心化的模式会有一些问题，这一点在《顺流而为》中讲到过。一方面，PC 中心互联网连接模式可以带来的流量优势可能是销售半径小的小店不需要的，因为其服务半径有限，不可能把上海的食客吸引到北京来吃午饭，另外，巨大的流量对实时店内提供服务的小店可能是灾难，因为一个服务型的小店本身的服务容量就是有限的，一个小餐厅有二十张桌子来一千人就是灾难。因此，在 PC 互联网时代，你很难看到一家索引了近距离服务商家的搜索引擎。但是用户的需求是真实存在的。而且这些小店也需要互联网的支持，因为他们也遇到供需之间“六堵墙”的问题，按理说，互联网应该能帮助解决这样的问题，只是在 PC 互联网时代，互联网的基础设施还没有完善到这个程度。例如，服务半径小的小店遇到的时间不对称主要是一个小时的问题，空间不对称可能就是 2 千米的问题。如果不是很精准时间、地点的匹配，的确对成交帮助不是很大。

聪明的 Groupon 发明了团购模式，特别针对销售半径小甚至是非标的服务。Groupon 最早在美国的模式是每天一团，有非常显著的价格优势，然后通过网站更新及邮件群发向 C 端推广，结果很多服务性商家愿意借助这个平台来销售自己的服务，甚至开始排队，Groupon 也得益于这个模式迅速地成长起来。

虽然 Groupon 的模式也遭到一些诟病，但是其发展过程还是得到了很多投资机构的认可。为什么 PC 互联网有那么多局限还能有这样的模式出来？在我看来，Groupon 团购模式的本质是在本来无法标准化的服务业领域创新性地利用互联网处理好了商家、用户、平台三者利益的关系：服务业的特点是可变成本较低，如一个酒店的房间，空还是有人住，酒店付出的成本几乎相同，只有在忙时酒店的房间用来促销才会有机会成本，闲时的机会成本是 0，这样服务业商家利用自己的闲时库存来进行市场营销获取新客户、用户透过团购网站得到巨大优惠、团购网站得到基于销售额的分成，这个模式其实是将销售半径小、非标服务的销售货币化，从而把难以互联网化的地面服务业的商业模式再次拉到了 PC 互联网上。主要用户体现在线上电商的逻辑，针对的不再是 PC 互联网对信息的全的主要诉求，而是消费者对“惠”（优惠）的刚需，而商业模式上，线上成交后进行的 CPS 分成的方式让商家依然有利可图，于是这个模式获得了快速的推进。

在中国，这个思路被聪明的互联网人往前做了进一步的延伸，把美国团购鼻祖 Groupon 的模式调整为每日多团，每团多日，结果又把货币化、虚拟化的服务因为扩大总量变成了搜索引擎，不仅满足了用户对“惠”的需求，也满足了用户对“多”的需求，其结果就是团购最终又走到了一个类似搜索的商业逻辑里来，用户需要找这一类服务的优惠时，团购网站是最优的选择，因为所有不同类型用户需要的商家的优惠都在这里罗列了，而平台还是不是给予补贴，这样团购网站逐渐成为一个本地的服务流量入口，团购网站也就成为索引了一个地方优惠的、优质服务的入口。其变现逻辑最终还是回到搜索变现的模式上来，即后向变现，向需要流量的商家收费，只是相对于搜索主流 CPC 的变现方式，团购是采用更深度的变现，即 CPS 的变现方式。

中国团购模式的搜索引擎搜索的对象是服务而不是产品，是销售半径小的产品而不是销售半径大的产品。再一次精准的需求表达成为流量入口，后向变现的商业模式就成立了。正因为对巨大的本地服务需求搜索模式的商业化前景看好，这个模式再次成为几个巨头的必争之地，阿里巴巴、腾讯、百度都在这个领域有投资，而美团也始终不放弃最终成为一个和 BAT 同级别商业巨头的机会，在这个领域深耕细作到今天合并点评的结果。

相对于通用搜索引擎模式渗透难以收录的服务业，PC 互联网上的另外一个中心化互联网连接的商业机会是垂直化的搜索引擎，我们注意到视频和旅游正在往这个方向走。这个趋势的发展得益于两个因素，一是互联网用户体验，二是用户的成熟。一方面，通用搜索引擎在一些细分的领域无法满足用户的深层次需求，如果有更好、更专业的搜索引擎出来，他们有机会因为信息收录的格式、质量不同而形成更好的用户体验，进而成为一个垂直的搜索引擎。另一方面，因为用户越来越成熟或细分市场用户在某一类别的市场搜索频次足够，他们能记住一个新专业网站的域名，通过直接到这个网站上搜索，而不经过通用的搜索引擎，这个时候，垂直的搜索引擎就不需要每次都支付费用向通用搜索引擎导流，结果是这个搜索引擎就站住脚了。例如，去那儿就是在旅游上发现了这样的机会，一步一步成为旅游搜索的巨擘。

第三节 移动互联网连接移动中的人和人：有了QQ，为什么微信团队还能如此成功

企鹅智酷今年发布的最新2016版《微信数据化报告》显示，所有6.97亿微信用的户数据显示，94%的用户每天登录微信，而且61%的用户每天打开微信超过10次，每天超过30次的重度用户占36%。使用时长方面，55%的用户每天使用微信超过1小时，使用时长超过2小时的用户占32%。无论是整体使用频率还是时长，微信都表现出了强大的用户黏性。腾讯Q2的财报显示，微信的月活跃用户已经超过8亿。至此，微信在这个时代的成功已经无可置疑。2015年汇丰银行（HSBC）发布的一项报告显示，微信市场价值估计高达836亿美元（约合人民币5344亿元），几乎是腾讯市值的一半。为什么在移动互联网时代有微信这种公司的机会，为什么不是QQ延续在PC互联网的优势获得成功，而是微信笑到最后？

微信成功当然是张小龙及微信团队人共同努力的结果，但也不能忽视的是，微信是这个时代的企业，其成功也是以这个历史性机遇出现为前提的。在智能手机普及的移动互联网时代，人们需要解决在移动中的通信、社交这样一个互联网产品，这个需求和人们原来使用的移动通信或QQ一样，完全是高频刚需的特点，因为处于移动状态，能满足的场景更多，所以其频次比在PC互联网时的聊天的需求频次更高，而基于熟人的聊天工具产品具有网络效应，即如果越多人都在使用一个软件时，对使用者的价值及对使用者的吸引力更大，这也让这个产品有更强的荷塘效应，最终出现赢者通吃的局面，因此，这是一

个移动互联网的出现的巨大的连接入口性机会。

PC 时代的 QQ 已经连接了几乎所有的人，为什么它没有延续优势，获得这样的历史性机会呢？实际上，QQ 的成功是连接了 PC 时代的人和人，在 PC 时代，人依附于一个或多个固定的设备和本地网络，这个设备就是个人电脑，QQ 所有产品的基础都依附于这个现实。这就造成了 QQ 的 PC 互联网基因及沉重的 PC 互联网的用户包袱，人们会习惯性地按照 PC 互联网的思维思考。同时，当一个产品既要满足新用户、新场景的需求，还要满足巨大的既有用户的原来使用习惯的体验时，这时内部创新颠覆自己就成了难题。其实这一点和柯达失去数码相机机会，摩托失去数字蜂窝市场，诺基亚兵败智能手机相似，即使内部有创新基因和创新能力，甚至在很多研究和技术方面有优势从而远远走在竞品的前面，但内部的重视，如何处理和已有主要产品或收入之间的关系，都难得让这个内部产生的新产品像创业公司的产品那样彻底地不顾一切地满足用户的需求服务，最终还是被外面的野蛮人抄了后路。李善友教授的非连续性论述说的就是这个道理。

在 QQ 上，这个规律再一次应验，QQ 没有完全移动互联网的基因及颠覆自己的动力和能力。而微信却和腾讯的其他产品不同，它完全诞生于移动互联网，没有丝毫的 PC 基因，所以它的功能和特性能够抛开所有繁杂，一切基于移动端的特性，从摇一摇，到二维码扫描，再到搜索周围人，这几个从 2.0 版本开始疯狂聚拢用户、积累口碑的创新功能，都是完全植根于移动互联网特点的。

当然，腾讯所掌握的关系链令它在移动时代掌握了非常有利的一个筹码，这也是很多人归结微信成功最主要甚至是唯一的原因。如果腾讯内部迟迟无法产生一个能深刻理解移动端用户需求、拥有移动互联网基因的优秀产品，它即便手握重筹，也依然存在被市场挑战者窥住间隙从后方逆袭成功的重大风险。幸运的是，这款出现时机合适、产品定位清晰、诉求满足高效、市场跟进迅速的战略级产品最终出现在腾讯，并在用户争夺的关键之机获取了集团内部的高度关注和资源支持，得以利用 QQ 强大的关系链一举制胜移动端。因此，微信的成功，既归功于张小龙多年的潜心修炼，也有马化腾的高瞻远瞩，还有他神来之笔运气的成分。

实际上，当时已经崭露头角的野蛮人是雷军，其旗下和微信十分类似的产品是米聊，米聊彻底的移动互联网用户角度设计产品和用户体验，加上根本没有任何历史包袱，借助小米硬件产品的迅猛发展野蛮生长，很快拥有了数千万用户。而微信团队在米聊真正适应市场并坐大之前，打了一场漂亮的拦截战，并通过后续一再精彩的发力（版本更新——用户体验战）甩开了这个有可能产生威胁的对手，而 QQ 关系链的绑定推广最终让这场胜利来得再无悬念。这就是为什么微信会有今天的成功的原因。

从微信在获取市场老大位置的连接策略角度看，用我们的互联网商业连接模式分析一下不难看出，微信选择的连接时机是移动互联网智能手机普及后的历史时机，其选择的连接对象是所有移动互联网用户，其连接的场景开始是聊天场景，后面覆盖社交、服务等多个场景，其连接方式选择的是 APP，在成为连接器的方向上，用 APP 的方式连接的确有难度，但是对于高频刚需的场景，这样的 APP 能成为最热的应用。

在此特别值得一提的是，微信在连接机制上的别具匠心，针对熟人的、更多的还原现实生活的状态让这款产品有了灵魂。曾几何时，互联网上充斥了虚假信息，让家庭成员分离，每个人都在自己的世界中沉迷，但微信让人们回归到家庭、回归到信任的状态，让人们愿意和自己曾经的朋友连接，进行更好的沟通。因此，微信在连接机制上的设计十分重要。当然，这个级别的产品，设计的发心是最重要的，这一点可以在张小龙提出的微信的四大价值观中得到印证：一切以用户价值为依归、让创造发挥价值、好的产品是用完即走及让商业化存在于无形之中。以这样的发心来做连接，修成正果也是意料之中。

第四节 IM 是移动互联网新门户：为什么 Facebook 花 190 亿元收购 WhatsApp

Facebook 花了 190 亿美元收购只有 52 人团队的 WhatsApp，是 2015 年互联网行业里的一件大事情，为什么 Facebook 要这么做？扎克伯格是怎么想的？我们看一下发表在钛媒体上的柳华芳的一篇分析。

Facebook 花 190 亿美金收购 WhatsApp 并不贵

一大早醒来，打开手机看到 Facebook 190 亿美金收购移动 IM WhatsApp 的大新闻，这个让人惊讶的数字已经在微博上引发大量惊叹号，这个移动 im 为什么如此值钱呢？让常年研究社交网络的我来带你一起解读一下吧。

Facebook 战略失误，错过了移动 IM 的爆炸式成长期

马克扎克伯格（以下简称马扎）同学在判断移动互联网形态方面有战略失误，当时 Facebook 把过多精力放在移动 Web 上，在用 pc 互联网的思考方式对待移动互联网，messager 在 Facebook 体系里一直是一个不温不火的组件，也没有被太重视。

而让马扎后悔莫及的是他忽视了一个很重要的因素：手机本身就是通信工具，而且是随时随地的通信工具，一旦整合手机通信录，那就是天然的移动社交网络。Facebook 这种 pc 时代崛起的老牌社交网络还在依托于 mail contact list 进行关系链建设，WhatsApp、kiki、line、wechat 等移动 IM 却深度整合手机通信录来构建关系链，后者的关系链亲密度显然高于 pc 上的社交网络。

由于马扎的战略失误，Facebook 没有在 ios 和 andoid 智能手机爆发后的关键两年抓住移动的入口，用中国互联网界的话说是没有快速抢到移动互联网的门票，马扎低估了 native app 的力量和移动互联网的爆炸增长，生于 2004 年的 Facebook 直到 2012 年用户规模才达到 12 亿，而生于 2009 年的 WhasApp 用了 4 年多的时间用户规模达到 4.9 亿，WhatsApp 从成长速度和规模上很像是下一个 Facebook。

马扎没有马化腾幸运，马化腾幸运地有了微信，而 Facebook 自家产的 Facebook messager 关键时期的产品形态过于传统和保守，最后只能用收购来消灭可能未来干掉自己的 newbie。

移动 IM 就是 social im，Facebook 害怕丢失欧美主战场

当 Facebook 醒来后，他们在北美市场很快地收复失地，但是在北美之外并不是那么顺利，这在一定意义上暗示了 Facebook 在欧洲、亚洲、南美市场的用户活跃度没有想象中的那么高，而不幸的是 Facebook 的主要竞争对手除了生于美国的 snapchat、WhatsApp 外，还有来自于亚洲的 line 和 wechat，后面两家的 boss 分别是韩国的巨头 naver 和中国的巨头腾讯，后面两家是不可能被收购的。

马扎对于 snapchat 一直比较青睐，无奈富二代出身的 snapchat 创始人埃文·斯皮格尔对小扎的美金不感冒，多次尝试失败后，Facebook 转而收购

WhatsApp 这个更贵、更庞大的家伙，当然这里的庞大只是用户规模，WhatsApp 团队只有 52 人。

Facebook 在收购 WhatsApp 之后，主要竞争对手剩下 kakaotalk、line、wechat，kik 似乎没有太抢眼的表现，而亚洲的移动 IM 却走向国际化，亚洲用户对 IM 一直很衷情，因此，亚洲互联网巨头们对于 IM 的玩法和用户行为习惯更加熟悉，Facebook 的虚拟货币就是跟腾讯学习的。

在收购 WhatsApp 之后，Facebook 移动端在欧美市场基本安全，line 和 wechat 都基于亚洲人群而发展和扩张关系链，他们在欧美市场会面临关系链断裂的痛苦和艰难，他们在这里没有自己在亚洲地盘上的语言人种的沉淀关系链，欧美人群、非亚裔人群的关系链障碍将是 Facebook 的最重要堡垒。

移动 IM 接管手机通信，是移动互联网的最核心入口

相对于 pc 互联网最重要的入口是搜索引擎，移动互联网的最核心入口不是搜索，而是移动 IM，这是为什么？

手机本质还是通信工具，电话、短信、通信录是基础单元，而移动 IM 用更好的体验来替代了这些基础功能，带有社交头像的通信录和通话记录，文本、语音、视频、表情等丰富的聊天素材，基于 wifi 网络的免费通信，基于通信录的紧密社交网络，基于 html5 的应用创新平台……好处实在太多，让用户不得不把移动 IM 放在首屏。

而 Facebook messager 的早期产品完全就是一坨屎，直接搬来 pc 端的简陋产品和功能，这样的产品即使拥有关系链优势，也不会受用户待见，虽然 Facebook 后来已经改进了产品，但是错过了移动 IM 抢占移动互联网入口的最佳窗口期。当然，欧美互联网用户的习惯还是相对有洁癖的，Facebook 们不会像中国互联网巨头们那样去疯抢 app 分发入口和通道，因为欧美的安卓官方市

场可以自由访问。Facebook 即便是收购 WhatsApp，也并不意味着移动 IM 领域的战争结束，恰恰是刚刚开始，亚洲巨头们会想办法解决自己的关系链，虽然艰难，但他们的国际化欲望是空前的强烈，Facebook 在品尝 WhatsApp 之余还是需要学习亚洲市场的 line 和微信在内嵌移动支付和增值服务方面的产品构想和实践。wechat 们在欧美市场也并非完全没有机会，他们也很有钱，可以用钱砸市场来获取一定规模的关系链，也可以借助 gmail 等传统邮箱系统的通信关系链来弥补。

190 亿美金，值不值，贵不贵

这是继时代华纳和 AOL 合并之后的最大规模收购了，Facebook 是无奈的收购，再不收购一个移动 IM，Facebook 几年内就可能存在生存危机，所以，很值，因为 190 亿不是现金，大部分是摊薄后的股票，WhatsApp 创始人要四年后才能拿全属于自己的全部 money。

因为值，所以不贵，事关 Facebook 未来的生死，所以不贵。如果微信卖的话，阿里和百度就算花 300 亿美金也会收购，无非是股票摊薄的问题，看看微信给阿里制造的恐惧，就知道移动互联网时代的社交型 IM 在产业链的极高入口价值了。

在移动互联网上连接人和人的入口是靠什么场景形成的？肯定不同于 PC 互联网时代的人和人的连接入口。如果没有得到这个入口，新的掌握了密码的玩家进来，一旦发现自己不再是入口，原来的商业价值就将瞬间坍塌。微信的成功路径及美国互联网公司各自业务方向和投资战略的方向已经明确，这个场景就是以对话或聊天为主的即时通信。聊天是移动状态中人和人之间最重要的协同方式，聊天也是在移动互联网时代解决多个不对称最重要的方式：找到人

直接问询，起码解决信任不对称问题；找到合适的人咨询沟通，解决一些非常细分市场的信息不对称问题，因为有很多的 knowhow 在产业界有经验的人的大脑里；找到合适的人沟通，或形成自己的圈子，就能解决人格不对称问题。聊天的频次超过其他所有的场景，加上网络效应，形成一个移动互联网的超级入口就是必然的，如果得到这个机会，就拿到了移动互联网的船票，没得到这个机会的，即使已经在用户和 PV 数据上暂时有一些优势，资本也会推动通过收购等方式来获取这样的资源，否则它就可能很快被淘汰。这么说，马扎做了一个聪明的决定。

第五节 移动互联网时代中心化连接的少有机会：为什么滴滴、饿了么和美团能受投资者青睐

中新网 6 月 16 日电 滴滴出行今日宣布已完成最新一轮股权融资，金额达到 45 亿美元。同时，招商银行还将为滴滴牵头安排达 25 亿美元的银团贷款，中国人寿对滴滴进行了 20 亿人民币（约 3 亿美元）的长期债权投资。这也意味着，滴滴本轮融资的实际总额高达 73 亿美元。

滴滴新的投资方包括 Apple、中国人寿及蚂蚁金服等。腾讯、阿里巴巴、招商银行及软银等现有投资人也都参与了本轮融资。这是全球未上市企业单轮最大规模股权融资之一。本轮融资之后，滴滴拥有的可调用资金约 105 亿美元。

数据显示，滴滴已拥有 3 亿注册用户，近 1500 万注册司机，服务涵盖出租车、专车、快车、顺风车、代驾、巴士、试驾及企业级等多个垂直领域。凭

借大数据驱动的智能匹配调度体系以及领先的规模优势，滴滴出行目前日完成订单已突破 1400 万。CNNIC 的数据显示，滴滴专车在中国专车行业中已占据 87.2%的市场份额。多家权威调研机构数据也显示，滴滴出行在顺风车、代驾、试驾等垂直领域也都处于市场领导地位。

与此同时，滴滴也赢得了资本市场的青睐，尤其是在滴滴快的合并后多次刷新行业融资纪录。2015 年 9 月，滴滴宣布完成合并后第一轮逾 30 亿美元融资，创下全球未上市公司融资的最高纪录。

另外一个融资大户是美团网，2016 年 1 月，合并后的美团、大众点评完成超过 33 亿美元的融资。美团的前一轮融资发生在 2015 年 1 月，美团网完成 D 轮总额 7 亿美元的融资，估值达到 70 亿美元。

还有一个融资大户是饿了么，依据官方公告，饿了么最后一轮投资来自阿里巴巴投资 9 亿美元，蚂蚁金服投资 3.5 亿美元。阿里巴巴及蚂蚁金服共持股 27.7%，本轮投资后饿了么估值超过 45 亿美元。

为什么滴滴、美团、饿了么能创下如此之高的融资金额？这三家公司都是在移动互联网为数不多依然沿袭中心化互联网连接场景的最后可能赢家，而其各自针对的市场及未来潜在可进入的市场空间是十分巨大的。

随着移动互联网的进入，中心化互联网也在延续，最典型的例子是出行和外卖。按照之前的分析，一般只有刚需、高频、轻决策的场景才有可能成为入口；销售半径大的产品，入口的战争格局已经形成或正在打扫战场，但是移动互联网对本地服务的一些新的机会还在产生，虽为数不多，但潜力巨大。

其实出行和外卖这两个场景有需求历史已久，但是在移动互联网普及之前是无法规模化满足的，主要原因是即使有 PC 互联网，人和服务之间的信息不对称还是无法解决，人们需要找到并捕捉附近实时变化着的供给和需求，只有有了移动互联网之后，特别是智能手机普及之后，这个问题才有可能得到有效解决。我们可以认为，给车上司机装上智能手机，把餐厅的餐单提供出来就是收录过程，虽然收录很困难，但入口形成后社会效应会十分巨大，商业价值也会十分巨大，加上把私人车加入运营中来解决了动态产能的问题，这个机会显然是没有边界的。

滴滴就是看到了这个新的机会开始创业，而且在进行连接的过程中走了最正确的路径并保持了速度，因此逐渐成为收录最多司机和最多乘客的平台，这样最终形成了对出行领域的流量入口，而一旦这个入口地位确定，优势转移到专车、快车、顺风车、代驾就顺理成章，挟需求以令供给，双向加强的正向循环，让所有竞争对手失去了机会，而在这个过程中，启动和教育市场过程中需要给司机端和乘客端以利益，人才需要招募、技术需要不断的储备和投入，资金的需求是自然的结果。资本也不傻，看到的又是一个赢者通吃的流量变现入口。

外卖的生意，也是这样一个逻辑，吃饭是每天都会发生的事情，如果有人送来，而且是不固定商家，这样每天都可以选择吃什么的体验最好。如果没有移动互联网和消费升级，这个生意也不存在，有了移动互联网之后，这个需求可以被批量持续地满足，加上这个场景高频、刚需、轻决策的特点，消费者很容易产生路径依赖，继而形成一个流量的入口，美团、饿了吗、百度几个巨头看准了这个趋势，都做了资金投入。

滴滴连接了移动中的人和交通工具，而外卖是让食物移动起来，连接到人，在中国这个人口大国，在消费升级的过程中，它无疑有巨大的机会。

滴滴和美团一样，都是在本地服务业中最大的需求——衣食住行中的“行”、“食”这两个高频需求场景中通过商业模式和运营效率赢得优势的市场地位，而消费升级在中国的趋势十分明显，因此投资者看重的也是入口锁定后得到长期和巨大的回报机会。

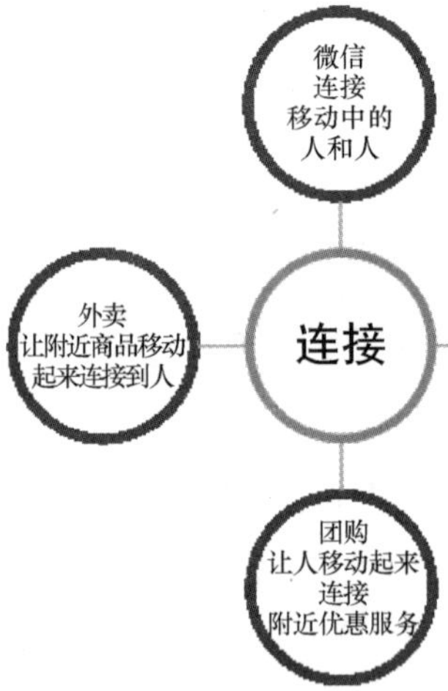

本章小结 为什么互联网奇迹还在延续

中心化互联网是利用互联网技术实现对现实生活进行改造和影响的第一波浪潮的结果。大的机会来自技术对四流的改变，通过借助互联网生产方式和商业模式的巨大先进性，BAT 等公司率先解决了连接市场中最重要的元素人、商品、信息、钱，进而获得了成功，这是一个复杂的过程。虽然 BAT 三家公司在激烈的竞争中赢得了胜利，但这都是一次性的机会，不是这三家也有别的公司出来，而这三家胜出，无疑是对 4W+2H 模式的贯彻和执行的结果。在商业上，因为几乎所有自由竞争的企业对新客户都是刚性需求，所以成为流量入口以后，挟需求以令供给是他们相似的商业模式，互联网广告是大家主要的商业产品。

到了移动互联网时代，中心化互联网的机会依然存在，但是已经不是很多了。在移动状态下需要连接的场景，需要移动的解决方案，帮助移动中的人和人连接造就了微信；解决移动中的人和钱的连接，造就了微信支付；让移动中的人和交通设备连接，造就了滴滴；让服务移动起来，连接到固定的人，造就了外卖的模式，所有这些都是中心化互联网的机会，但是除了这些机会，助连者的机会十分有限，主要原因是高频场景的缺乏及决策较重，是难以形成路径依赖成为入口的，挟 C 以令 B 的游戏难以再玩下去，下一步怎么办会在后面这一章讲到。

第七章

移动互联网去中心化连接：第二次包产到户让好人挣钱

移动互联网兴起伊始，人们对互联网的格局有很多猜测：移动互联网是不是会延续PC互联网的趋势？BAT三家独大的局面是不是会延续？有没有BAT级别的公司出现？新的商业模式会是什么？即使连李彦宏都曾经表示："现在很多公司都在大手笔地投入移动互联网，很像酒驾的情况，很刺激也很危险。每个人都觉得很兴奋，但是没有想到挣钱很难。"但是短短数年过去，微信、滴滴、美团、饿了么等公司的表现让人惊艳，更多的公司正在野蛮生长，快速发展，为什么移动互联网有了今天的格局？这些机会是怎么来的？还会有新的机会出现吗？前面介绍了连接、供需之间的六堵墙、连接模型等理论，接下来，我们可以从连接策略的角度分析，为什么最后胜出的是微信、滴滴、美团这几家公司？对个人和企业来说，移动互联网影响下的未来趋势会是什么？这一章我们将重点分析和讲解。

第一节 中心化连接的挑战：为什么商户正在放弃团购

南京日报2016年05月24日的一篇报道引起了我的注意，我向一些商户了解，很多商户也有类似的想法，这是为什么呢？我们先看一下具体报道。

一批餐饮企业逃离团购

本报讯（记者 张希）近日，市民唐女士想吃牛蛙，上了几个团购网站都没有找到某知名牛蛙连锁店的团购券，她有点纳闷，这家不是经常搞团购活动吗？"吃货"刘小姐也发现了这个现象，自己经常光顾的南京知名小吃连锁已经很久没有搞团购活动了。记者了解到，团购的诞生是为了给商家引流，而如今更像顾客单纯的打折工具，商家牺牲了利润，效果却未达预期，为此今年不少餐饮企业降低了团购活动频率，甚至选择逃离。外界可能不知道，今年餐饮界引发了一场“地震”。3 月 21 日至 27 日，浙江千余家中小餐饮商户发起了“无团购周”活动。而在南京，王子牛蛙、烘动手感、七家湾锅贴、那家小馆、泸溪河、李记清真馆、蔡记大红袍、尚汤八珍面等一批商家也支援了这次行动。传统团购模式引发商家大面积反弹。回顾团购诞生之初，其目的是以低价产品帮企业吸引新顾客，刚开始，团购确实起到了引流效果。但是这些年发展下来，团购网站多如牛毛，商家扎堆搞团购，很快大家就发现低价手法不可持续。“我们的愿望是，推几次特价套餐，吸引一批顾客进门，吃过之后新客沉淀下来变成回头客。但事实上，团购模式让顾客变得精明，有的人现在只去有团购活动的饭店，反正这家不搞活动那家搞，团购反而降低了用户对商家的忠诚度。我当然可以开个虚高的价格再搞团购活动，但这对企业长远发展不利，对不会用团购网站的中老年顾客也不公平。”南京一家餐饮企业负责人私下吐槽。记者还了解到，团购网站在经历 2011 年的“千团大战”之后市场深度洗牌，当前形成美团、大众点评、糯米三家独大的团购局势，占据整个市场 90%以上的江山。团购网站的话语权越来越强，当前团购网站的结账周期大多在 7~30 天，团购平台在为积淀下来的资金流暗喜，餐饮企业却为资金流动性发愁。中国饭店协会统计数据显示，餐饮行业早在两年前就已呈现出“四高一低”现象：利润率低，平均水平已经不足 5%；能源成本高、人力成本高、物业成本高、原材料成本高，高效健康地做生意如今变得越来越难。逃离团购“吸血模式”，一批餐饮企业在悄悄行动。

团购是不是吸血模式，文中表达可能未必恰当，但是这个模式在被过度使用后被一些商家诟病已经是不争的事实。其实团购是一种搜索引擎，收录的是一些服务类商品，主要满足消费者的需求是全和惠，通过餐饮等高频次需求获得流量，再在其他需求中变现流量，如酒店、度假和门票等，这是非常合理的模式，但是在商业化后，由于业绩的压力，会不会对一些商家采取强势的收费措施，背后的原因是什么值得进一步分析。

随着团购模式在市场中覆盖越来越广，使用者越来越多，这个模式逐渐走向成熟，这个模式的问题也随之越来越清晰，最主要的问题还是多方利益平衡的问题。

健康可持续的商业模式能够让平台持续在用户体验方面投资，主要原因是用户体验就是流量，就是需求，当因为供给相对过剩并寻找需求时效率低下，这些流量就是稀缺的，稀缺就有价值，这个价值在极端情况下以拍卖的方式进行变现才是公平的，这一点类似于中央电视台每年的广告标王拍卖，谷歌、Yahoo、阿里巴巴都在通过拍卖的方式变现这样的流量。流量稀缺性的价值还表现在即使中国的中小企业在学习能力方面都很低下，但是在获取搜索流量方面仍能接受类似于关键字拍卖模式的流量产品，甚至会积极学习这样的拍卖机制，以期更高的性价比获得流量。

变现流量这个商业机会非常大，一方面是因为微观上可以把每个流量单元机会通过拍卖的方式变现，另一方面是因为互联网跨越时空的特点，这个入口很可能形成一家独大，掌握全国甚至是全世界流量主要部分的局面，如百度一天的搜索次数可以到十亿次以上，阿里巴巴也有非常好的流量，于是变现这些流量就是非常好的商业模式。有人开玩笑说整个入口因为拥有了最稀缺的精准流量可以在整个行业的生产总值的基数上切分走一部分，这是这个商业模式之所以性感的最主要原因。

但是任何问题都有两面性，优势的地方就是劣势的地方。在这些互联网公司获取巨额收益方面，也会形成路径依赖，那就是随着互联网的不断渗透，流量也在持续增加，公司从上到下都会希望获得更高的收入，但同时，因为这是一个竞拍的机制，流量的费用会越来越高，虽然理论上讲可以通过供需均衡的机制实现平衡，但是最终的结果是那些愿意付费的人会得到更多的流量，如果这些成本越来越高，而获得流量的人没有进行很好的转化，每次客户消费都依赖搜索引擎，其结果是只能销售一些质次价高的产品来满足其获利的需求，最终反过来伤害用户利益。如果不愿意伤害用户的利益，那么公司自己的利益就必然受到损害。在一个监管比较差的环境中，这个机制还会形成劣币驱逐良币的可能，最终导致均衡的失去。最近在国内外发生的很多案子充分地说明了这一点。巨大的流量入口正在向商户“收税”，而往往质次价高、劣质商户为转嫁成本，在明着或暗地里伤害用户的利益，这些用户又是一些没有鉴别能力的弱者，或者智力能力没有优势的人群。其实这不是这些网站的意图，而是商业模式及商业运营过程中管理方式和文化的必然结果。

中心化互联网平台后向变现是最重要的形式，业务规模越大，收入的欲望和压力就大，如果内部管理和文化上有了变形，而外部管理和环境不配合，矛盾就会变得越发激烈。这也是百度被诟病的背后的一些原因。

第二节 连接人和服务的正确姿势：是连接人和服务组织还是连接人和服务者

有人说搜索是完美的商业模式，因为搜索是最直接的需求，顺着搜索的线索，我们能有效地解决供求关系，那么未来人们在互联网上会寻找什么？这是一个值得思考的问题。如果这个答案是人们在寻找信息，百度就已经回答了这个问题；如果是人们在寻找商品，阿里和京东也回答了这个问题，除了这些，人们还在寻找什么？或者说人还在互联网上找不到什么，随着技术的进步或资金的投入，这个答案就找到了，就是人们在寻找服务，即从“即搜即得”到“即搜即用”。

这一点不难理解，如果人们只是找信息，那么有看电影娱乐需求时，搜索结果会告诉人们现在在上演什么电影，哪些明星在出演，故事情节是什么、花絮是什么等，这就是最早的以静态信息为主要收录内容的搜索引擎。百度的阿拉丁可以把一些动态信息打通展示出来，让信息的“新”得到有效的解决。互联网有了移动社交的功能后，人们就知道周围都有哪些人看了，大家的反馈怎么样，是不是值得花时间去看一下。但看一次电影需要的信息是动态的，你不能每次都在一个特定时间或特定的电影厅、特定座位看电影。周围有没有电影院，哪个电影院正在放映，几点开始，是不是还有座位，是不是可以购票等信息就变得十分重要，最好能够在线预定位置并购买，直接开演前到达就可以了。后面的这些信息，传统的以信息收录为主的搜索引擎就满足不了了，因为这些信息难以收录，人们搜索的目的不是得到信息，而是用到服务，没有对服务的实时动态的收录能力，是无法让消费者确定性地享受到一场精彩的电影的。以往 PC 互联网搜索引擎收录再详细的信息、再怎么即搜即得也已经不能满足移动时代的用户需求了。

交通出行是另外一个例子，在即搜即得的时代，搜索只能告诉人们这个城市有多少出租车，有多少出租车公司，一般的高峰期有多少，打车到机场需要多长时间，需要花多少钱，或者给一些攻略，怎么才能更快地打到出租车。但是人们更需要的是即搜即用，即我不需要那么多信息，在我需要一辆出租车时，软件可以帮我叫到一辆车并确保我按时间到达目的地就好，但是PC互联网时代收录信息的思路肯定解决不了这样的问题。

教育也是一个例子，在即搜即得的时代，搜索引擎认为人们的需要是知道这个城市有多少老师，哪些学校教育质量好一些，哪些老师会更负责一些，这次实验班招多少人，找谁能调到好的班级，历史上高考都考了哪些内容，这次高考估计重点在哪里，怎么押题等。但是在移动互联网时代，人们更需要知道的是怎么找到一个合适的老师从明天下午开始每天到我家帮助我们家孩子提升一下语文的兴趣和能力，最终能考上一个好大学，因为我发现他偏科已经十分严重，再不做一些调整就会出现问题。

人们在找信息、资料、商品，所有这些归纳起来，其实人们寻找的是一些解决问题的方案，人们的需求起源于人们的痛苦，为了解决这些痛苦，人们开始寻找解决方案，而信息、商品、服务可能都是解决方案中的一种。因为其本质特性，这些标准、交易半径大的产品解决方案已经在PC互联网时代就被充分地互联网化。但是到了本地服务时，互联网的帮助就会有一定的难度，因为每个人要的手机可能都是一样的，但是每个人要的口语培训是完全不一样的；每个人要的手机是一样的，但是每个人通过软件能叫到的出租车的需求取决于使用打车软件的车辆的多少及附近可提供服务车辆的数据。

服务是一个很古老的话题，在《顺流而为》中已经介绍过这个话题，服务的无形性、不可分割性、变异性、易消逝性的四个重要特性已经决定了互联网不能把服务当作信息或标准的商品那样用搜索或电商的方式解决，再加上服务的销售半径、可用时间等的问题，连接人和服务是一个难题。服务的连接有新的挑战，连接能不能最终形成商业模式也未可知，这就是为什么很多O2O尝试失败的最重要的原因。一旦连接对象是一个标准化、信息化程度不高的服务组织时，很多问题就会出来。

事实证明，连接人和服务的问题，有两个方向，一个是标准化的服务继续沿着信息的方向来走，一个是非标服务沿着连接人和人的方向来走。

沿着人和信息的方向走的策略是让以前无法获取的动态信息、精确信息可以获取，这就是滴滴、外卖解决服务问题的思路，让移动中的人找到同样移动中的车，让物品移动起来，能被需要的人获得。让服务端充分地信息化，之后动态获取数据，成为入口是这个方向的趋势。在这个方向上，我们对服务的理解是更多的信息，更动态的信息，信息解决了更多的问题。但是我们还是难以解决服务温度的问题，因为从本质上讲，这种服务方案还是连接了人和信息。之所以可以这么做的原因是交通出行这种场景对服务相对的标准化，男女老少、高矮胖瘦、不同职业的人从东直门到西直门都需要一个座位，要座位给一个座位就好了，实时的可提供服务的空座位信息就是对服务的收录，这归根结底还是信息的收录。

如果我们认为服务是有温度的、非标准的，如男女老少、高矮胖瘦、不同职业的人对英语口语培训的需求或对美容的需求，根本不可能被标准化解决，那么搜索服务就不仅仅是信息能满足的，这种情况下连接人和服务就必然是连接人和人，因为只有人对人、面对面时，把服务者和被服务者互相当作人，服务才会跳出流程标准的格式，才会关注到人的内心需求，才有相互的沟通和交流，才是有温度的。虽然它不是标准的，但是因为可以及时反馈并做出调整，从而让客户满意，而其本身有重逢的机制，系统上看客户满意在一定范围内是能得到保证的，而此时交付的服务既可以是标准的部分，更可以是基于熟知上的定制和随心发挥，才有超出期望的可能。

连接人和服务，如果产品体系没有用户体系，没有人的概念，这样的连接是做不起来的，很多有流量的公司最终无法进入移动互联网，其原因就是只有流量没有人，没有人的相互连接，没有关系的存在，没有沟通的可能，没有人对人应变的可能，连接人和服务就成为空谈。这里就得提一下微信，这个强大的连接工具天生利用了人和人的连接，稍作调整，就变成连接人和服务者的工具，而这种连接带来的是服务的温度感和体验感，因为有人和人之间的信任，这一点后面有专门的章节介绍。

第二节 去中心化的连接模式：为什么酒香可以不怕巷子深

中心化还是去中心化的连接，都是由连接器在连接时扮演的角色而定的。中心化的连接，实际上是以连接器为中心显性出现的连接方式，体现为连接对象和连接器持续稳定的连接，但是被连接双方没有固定的连接。而去中心化的连接，连接对象可以自己相互作为中心自由连接，或连接器隐形出现，体现为被连接者双方的长期稳定的连接。

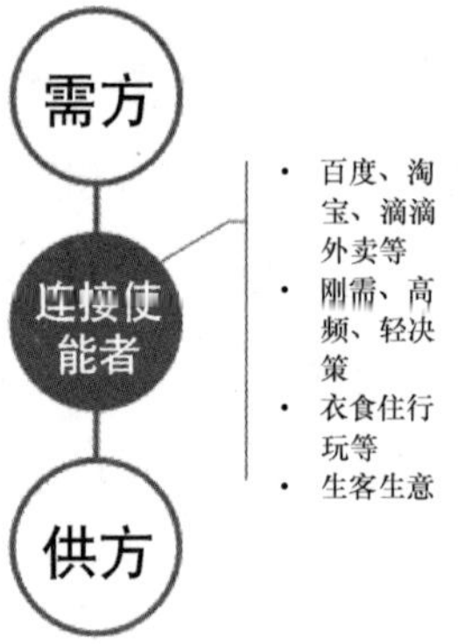

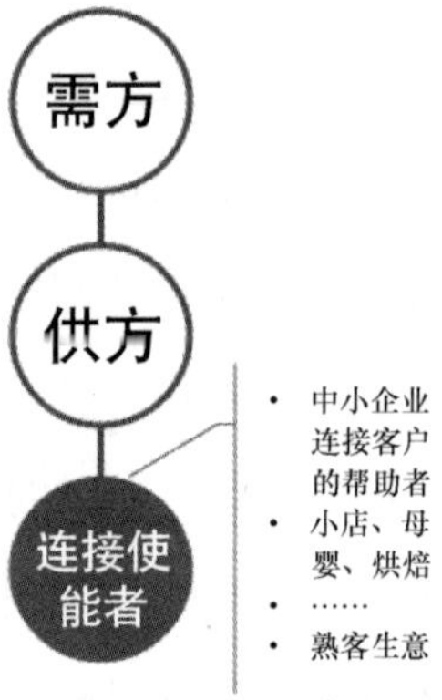

人们通过淘宝和商品的连接是一种中心化的连接，消费者每次买东西都要上淘宝，商家卖东西都需要开个淘宝店铺，把产品放在店铺里，淘宝就是商家和消费者之间的中心化连接器。

当没有飞机时，人们和远处的城市的连接只能通过火车进行，乘客只有到火车站买票才能到达想到达的城市，到大城市的商户也只有到火车站才能接到到站的人员。火车就是一种中心化的连接器。

没有互联网之前，人们和图书信息的连接是去中心化，每个人都在附近的书店、图书馆得到信息，和自己附近的图书信息进行连接，而如果想获得最完整全面的图书信息，可能只能去国家图书馆，甚至国家图书馆也未必全面。

在没有互联网的时代，人和商品的连接也是去中心化的，人们只能在附近的商店找到有限的商品，这个商店的货架长度就决定了人们可以购买的产品品类。人们即使到了北京，也未必能买到自己想要的所有东西。

古代的人和人的连接也是一个去中心化的连接模式，即家庭、宗族、部落是其主要的活动和交流的范围，人们自由地在这些范围内进行交流和连接，彼此相互认识并熟知。

随着社会互联网的发展，中心化连接方式得到飞速的发展，中心化连接方式起于 PC 互联网，人和人连接、人和物连接、人和信息连接都在进行中。

中心化互联网是历史发展的必然结果，在一段时间及一些场景下是十分领先的。这种先进性是由互联网技术决定的，互联网的技术实现是云+端的模式，就是所有的信息都存储在云一侧，在互联网上，人们从任何一个地方到达云端获取信息的时间和物理距离都是一样的，而在端这一侧，只要有一个手机或电脑就可以了，这样就激发了中心化互联网连接的巨大优势，信息的鸿沟不再有，人们获得信息更加便捷、高效、平等。就像百度的使命所述，人们平等、便捷地获得信息，找到所求。在互联网出现之前，这种情况是不可能的。中心化的互联网的发展，也造成了中心化互联网的商业生态，这个方向的发展结果是垂直化的构成，搜索引擎会继续走向垂直化、本地化。

中心化互联网有好处，但是也有一定的局限和问题，局限在于中心化互联网弱化了甚至消除了时空的差距，但是对那些没有时空问题的商户并没有提供帮助，而中心化互联网的另外一个弊端来自商业模式，即在平台变大后，让平台平衡用户、商户、平台三者的利益是困难的，有时会伤害到正规的商家利益，有时会伤害到用户利益。

在中心化连接方兴未艾的同时，去中心化的连接需求从未停止，因为人们本来就有去中心化连接的需求，很难想象每一个家庭都需要通过到购物中心才能买到酱油，也很难想象一家人或一班同学的沟通必须到一个聊天室内进行。互联网上去中心化的连接不再通过一个中央的连接器让被连接者产生稳定持续的连接，这样连接者自主连接自己的连接对象的积极性被最大限度地激发，去中心化连接造成的社会效率提升也会更加灵活。这种连接如果能有一些商业模式的支持，将具有更强的生命力。

随着移动互联网的快速发展和时间的推移，这种商业模式逐渐清晰，那就是：一方面，去中心化连接平台不仅有用户需求，还有通过广告方式变现的可能，而更小范围内的去中心化商业连接的商业模式的基础也逐渐形成，个人为个人服务的技术和商业条件日渐成熟；另一方面，首先，现实生活中人和互联网人甚至社会关系的真实映射，使得人和人的连接成本如此之低，其次，支付方式便捷，打赏、优惠券等结算工具成熟，再次，用熟人关系或信誉记录背书的交易双方的信任问题不再存在，还有第三方物流在国内的迅猛成长，这些都使得任何一个人在任何地方能调动全网的能力为自己的持续生意服务。一种供给只要有自己的需求的产品化服务，就有可能找到有效客户并形成持续成交，最终能靠自己的一技之长活下来，而且能活得很好。

在两种连接模式下，一些商家有两种选择：一种是作为中心化互联网的一个供应商存在，从中心化互联网的连接器购买流量：另外一种是自己连接用户的去中心化连接模式。未来哪种连接模式会存在是由商业模式推动的。如果一种连接模式没有商业模式，商业化的需求一直是由一种力量在推着往前走，随着新的连接形式的到来，特别是移动互联网的连接形式，让人和人、人和信息连接方式有了新的呈现方式，此时有新的商业模式支持就能对世界产生新的影响。

按照原来的计划，只有熟流量才有较大的价值，而生流量是很难有价值的，这一判断也是最早社交媒体出现时的问题，即社交媒体的流量不是熟流量，虽然其流量很大，但是变现能力不是很强，很难有很大额度的销售额产生，不一定是最好的商业模式。

但是今天，我们发现流量是相对的，社交流量可能无法人以“词”分，但是他们是游戏的熟流量。游戏首先成为社交媒体变现的最大收入来源，其结果是几个社交媒体成为最大游戏流量的集散地，让这些媒体得到了更大的发展。后来，随着连接对象的多样化，新的商业模式产生，最终有了新的变化。如果映射到商业场景，中心化互联网的优势对于平台而言显而易见，即基本上可以通过自己垄断的流量进行变现，其结果是酒香也怕巷子深，或者酒香一直怕巷子深。

第四节 当熟客成为资产：为什么王永庆能从小米店主走向台湾地区首富

王永庆几乎是中国家喻户晓的人物，他被誉为台湾地区的“经营之神”，在台湾地区的富豪中雄居首席，是台湾地区唯一进入“世界企业 50 强”的企业王。他的“台塑集团”发展成为台湾企业的王中之王。在台湾地区，与台塑集团企业有着存亡与共关系的下游加工厂超过1500家。

很多人不知道，首富王永庆的生意起源于一个200元投资的小米店。1932年，16岁的王永庆用200元台币在台湾嘉义的一条偏僻的巷子里承租了一个很小的铺面，开始了他的第一个米店的经营。当时嘉义已有米店近30家，米店的竞争已经十分激烈。王永庆的米店开办最晚，规模最小，更谈不上知名度了，经营上没有任何优势，生意开始十分清淡。

大家一定好奇为什么这个小小米店的老板后来能成为台湾地区首富？总结一下，相比没有熟客经营的米店，新米店重要的生意都是等客上门，即生客生意，没有和客户的连接，差异化服务、定制化服务也就无从谈起，而王永庆的做法是用服务和产品差异化吸引新客，建立连接机会，之后和客户深度连接，在这个基础上做一些信息收集和数据分析，从而进行个性化服务，超出期望的服务会带来口碑效应，最终形成一个正向的循环。具体来说，他就是采用了下面的逻辑。

- 用差异化产品引客：把米中石头、沙子拣干净再卖，品质优于竞争对手。
- 用差异化服务引客：送货上门，让客户不再需要到米店买米；送米到家后先把陈米倒出来，再把新米放进去，然后再放陈米。
- 用个性化服务留客：记住客户家里的剩米数量和吃米速度，计算好时间在他们正好吃完时送米；记录客户发薪的时间，在他们发工资时收钱，避免尴尬。
- 用口碑传播拉新客：在大暴雨中送米，让客户感动，之后实现口碑的传播，新的客户越来越多。

王永庆可以从经营小米店成为台湾地区首富，完全是经营思路的结果。把客户当成流量，占据一个好的位置就可以了；把客户当成资产，和客户进行主动连接，不依赖一个浅巷子的流量，生意就会有新的做法，这是去中心化连接的胜利，也是把客户当成资产的胜利。

按照每天卖出 200 斗的最高销售量，对每家吃米的速度做一些估计，基本上可以算出来王永庆有 320 左右的家庭熟客，这些基本就是王永庆的资产。这些熟客因为和王永庆有深度的连接，所以不仅会重复购买，更重要的是和王永庆有感情，因为王永庆的服务是有温度的服务，客户有感情甚至有爱的感觉也是不奇怪的，因为这种感情的关系，客户对价格不敏感，不断地推荐新客户，王永庆的生意不好都很奇怪。凯文凯利说，我们如果有 1000 个粉丝就会衣食无忧，这就是基于去中心化的模式的连接及把客户当成资产的结果。

小店老板的未来前景是广阔的，小店生意是有挑战的，主要是受到连锁企业、互联网巨头的冲击，最重要的因素是要扬长避短，便利、信任基础上的熟客是小店生意的关键。小店的业务发展需要理念上的提升及工具上的改进，后面介绍的天焱生活就是通过 PCRM 的产品借助微信帮助小店像王永庆经营米店那样做生意。

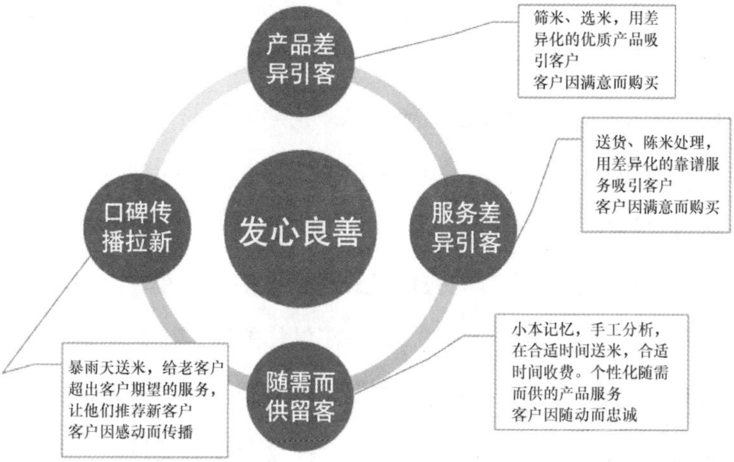

第五节 去中心化连接器：为什么微信是目前中国去中心化商业连接的最成熟的载体

传统企业互联网化的路径沿着由外及里的方向不断演进。最先是销售的互联网化，之后是服务的互联网化，再往后就是企业内部管理或供应链的互联网化。李彦宏曾经说过，未来的企业都是互联网企业。

互联网用于企业对外营销，已经让很多企业接受甚至轻车熟路，因为大家都知道现在的客户都在网上了，所以营销在网上进行会更加有效。早先有新浪、网易的 banner 广告，后有百度搜索营销、淘宝的直通车，到后来各种微博营销、微信营销等层出不穷。越来越多的企业正在使用互联网营销作为主要的手段获取新的客户。以流量入口为生意模式的互联网模式也得到了快速的发展。

正如《顺流而为》中介绍，被互联网帮助的第一批企业是销售半径大的标准产品和服务，但是销售半径小或非标准服务就没有得到互联网的帮助，移动互联网到来后，新的机会就产生了。很多企业通过中心化互联网的思路帮助这些企业，而是去中心化的连接方式成为这些销售半径短的服务的趋势。

去中心化的思路是不需要一个中间的媒介来帮助企业或个人获取客户，供需双方直接进行连接。

这有点像 200 年前做生意的人们，虽然生意半径很小，但都是自己附近的老客户，甚至就是亲戚邻居，商户口碑是在以往的服务中逐渐累积出来的。因为生意主要是靠老客户，所以商户在提供服务时也十分小心，不会有丝毫怠慢客户，更别说欺诈自己的客户了，这就是一种没有技术支持的去中心化的连接模式，王永庆卖米就是典型的熟客生意，计算一下，如果王永庆每天卖出200斗米，他大概有320个熟客就够了，但是如果只是在街上等着新客人来，怎么也不可能有这样的发展。当然，王永庆当年没有现在的中小企业幸运，他需要用一个小本来记录分析，有了移动互联网之后，这种去中心化的连接的需求依然存在，但是可以得到互联网的帮助，或者说移动互联网的某些应用会成为去中心化商业连接的载体。

设想现在一个移动互联网应用想成为去中心化商业连接的载体，它应该能以自己的力量支持供需双方解决好六个不对称的问题，而自己不必成为连接的那个中心，因此它应该具备以下能力。

- 交易主体覆盖：人或组织（下文称被连接体）具有唯一独立、真实的身份并完成了广泛覆盖，这样连接成本会变低。
- 交易可能无限：被连接体之间可随时、随地、自由、组合连接，而不需要第三方媒介，只要受限制，限制的因素就是坐收渔利的机会。
- 交易沟通便利：更好的协同是交易背后的本质，被连接体之间的无障碍沟通已经得到解决。
- 交易支付成熟：支付体系已经完成建立。
- 交易信任基础：有较好的解决方案，打开人们的心锁，发生交换。

不难看出，在目前现存的连接器中，微信是符合以上所有条件的理想载体，它不仅在中国连接人数最多，是人与人的即时通信和社交工具，也是商家和用户之间去中心化商业连接的最佳载体，这一点也印证了人是一切社会关系的总和的判断。互联网是自由人的自由联合，微信是一个平台，可以让自由人和自由组合更高效地实现。

另外一个非常重要的因素是：微信月活跃用户已经到了 8 亿，在智能手机这台比 8 年前任何笔记本配置更高的移动小“PC”上，所有人都在并且能熟练使用微信这个客户端软件，而这个软件远比 PC 时代的 ERP、CRM 更复杂！要知道，在十年前很多公司导入 ERP 失败的原因是公司内部的员工无法改变自己的工作习惯，接受在一个软件上按照相关的要求来操作电脑，把自己的工作流程信息化。这些问题在微信的时代已经不再存在。

微信最后会不会成为一个企业特别是中小企业的熟客经营的连接器，还取决于微信商业化的本身。商业化和用户体验可能会有矛盾，微信团队有很大的志向，对用户体验也提出了很高的要求，因此微信商业化的发展需要有好的伙伴参与进来，提供支持。

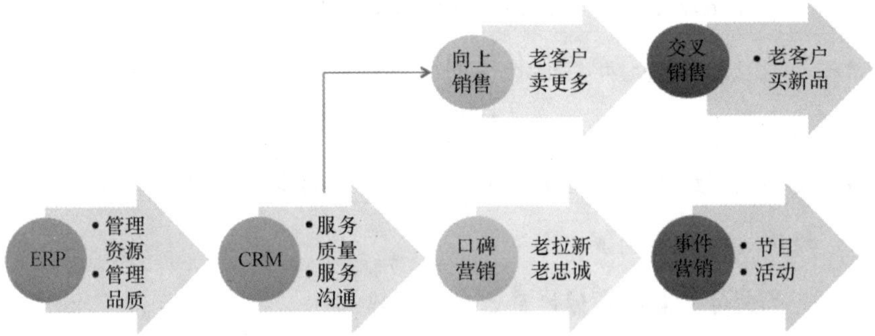

第六节 去中心化连接和自底向上的生产力：为什么解决中国粮食问题的是包产到户

众所周知，中国的农村改革是从包产到户开始的，这个机制起于 1978 年年底，1958 年开始“大跃进”，小岗一共才 120 多人，当时的这个村可以说家破人亡。

安徽凤阳小岗18户不想饿死的农民在一起赌咒发誓，签下分田到户的“生死契约”，关闭了一扇门，又开启了一扇门。1978年12月22日通过的十一届三中全会公报上还有“人民公社要坚决实行三级所有、队为基础的制度，稳定不变”字样，而这18个大字不识一箩筐的农民，偷偷摸摸想走得更远。这掀起了中国改革的一个新的篇章。

当一个人可以依靠自己的能力，动员所有社会资源，获取自己应得的收入时，这便是一个伟大的时代。

人历来是依附于组织的，但是在互联网的支持下，越来越多的社会资源正在重组，人类在家庭中的劳动正在被更高效的社会劳动取代，组织中的一些对人的需求也正在被社会劳动取代。这就形成了两个趋势，一个是人越来越多地依赖自己的能力养活自己，甚至能实现财务自由，另外一个是组织在变形，以前的所有职能都由自己承担的一些组织，特别是市场化的组织，学到前所未有的挑战，一方面是效率的问题，另一方面是成本的问题。因为社会劳动在新的技术或模式支持下，其综合成本和质量已经远远优于企业自己来组织。

让人再次成为中心，让人能发挥自己的创造性，让人能有自己的客户，依赖自己的熟客来获取收益和发展，或者说有自己的网络自留地，这对社会的变革有远大的意义。这是一种自底向上的生产力，因为客户关系或粉丝是自己的，只要自己的产品过硬，这些客户就能长期使用，甚至通过发达的社交网络，把口碑传播给更多的人群，没有人的才华会被埋没，没有人的辛劳不被认可，这对生产力解放的意义而言是空前的。如果说包产到户解决了中国的粮食问题，那是因为它解决了产权的问题，产生了激励机制，农民的积极性被前所未有地发挥出来，最终解决了中国农村人口的吃饭问题，全国人民的吃饭问题也得到解决。

自底向上生产力的另外一个好处是让消费者和生产者直接连接沟通。本书前面介绍过，重逢才会产生信任，商家在确定自己的用户资产后，为了重逢会不断地改善自己的品质和服务，以免在一个社交媒体发达的时代被传播负面的口碑，最终的结果是优质的服务会得到更多用户投票而长期存续下来，实现良币驱逐劣币。

自底向上生产力还有一个好处是多样性的解决。在一个自上到下的体系中，因为规模经济性的存在，大的商家具有规模或效率优势，因此小众的市场、定制化的市场，人对人的服务就难以生存，有了自底向上的模式，多样性就有了存在的空间，我是个人、小团队，只要由我自己的客户养着，我也过得很好。

还有一点就是就业的优势，任何一个人都可以通过自己的才能活着找到一个非常细分的市场，进而找到自己的机会，这些机会是广泛存在的。供应和需求及配套的一些服务都会带来就业的提升。这对社会的稳定和均衡发展都有很大的意义。

第七节 如果客户产权清晰：青岛天价虾的事件如何避免

青岛天价虾是去年的一个现象级事件，如前面第二章所述，事件大致过程是：2015 年 10 月 4 日，肖先生在青岛善德活海鲜烧烤家常菜就餐，点了 38 元每份的大虾。但吃完后，老板却声称大虾价格为 38 元一只。肖先生顿时惨了，原以为 38 元结账，此时账单上却开出 800 元。肖先生这还算好的，另一位朱先生，账单开出 2175 元。

无独有偶，几个月后，哈尔滨又爆出了天价鱼事件：2016 年 2 月 14 日，江苏常州游客陈先生在微博中爆料称，2 月 9 日（大年初二）晚上 9 点多，他和家人共计 20 人在导游的带领下到哈尔滨市松北区的北岸野生渔村就餐。点餐时，他们看到菜单上的标价，鳇鱼的价格是 398 元 1 斤，其他两种鱼的价格是 298 元 1 斤。但在结账时，陈先生认为当时他看着鳇鱼称重为 10 斤 4 两，账单上却写着鳇鱼 14 斤 4 两，两桌饭结算下来总计花费了 10302 元。为此，陈先生一行人在结账时与店家发生了争执，并随后拨打了 110 报警。陈先生提供的菜单显示，“鳇鱼中段铁锅”单价为 398 元/斤，14.4 斤共消费 5000 余元，“赶条鱼”与“雅罗铁锅”的单价均为 298 元/斤，加上几百元的配菜、饮品和主食等，陈先生一行 20 人共消费 10302 元。

网络上有很多关于这两个事件的分析，有的说商家黑心，有的说监管不力，有的说消费者不小心，最有价值的一个分析是关于客户产权的分析，他对比了台湾的小店的做法，故事如下。

最近，有位游客去台北的一家小店转悠。她看中了一套非常漂亮的茶具，折合人民币两百多元。

店主是个胖墩墩的男孩，他自豪地介绍说：“这套茶具是他的团队设计的，获得了台湾最高设计金奖。”但是——他从里边取出一只小茶杯，说：“这只茶杯，设计感很强，但用来喝茶却很烫，请客人再考虑一下。”

客人立即放弃了这套茶具，又相中了另一套。可是小老板摇头，说：“这套不是台湾设计的，我知道你们来台湾，就是要买台湾本地产品。如果买到的不是台湾产品，怕你的心情受影响。”

咦，你看这个怪老板。当时游客就怒了，呵斥道：“你到底想不想做生意？”

小老板正色道：“正因为我认真做生意，才会跟你仔细说。我要做百年老店的，卖了你不想买的货，会砸了我的牌子的。”

嘿，不大点的小东西，还琢磨做百年老店。游客被逗乐了，再仔细挑选，结果挑选了一套价值千元的精品。买完后出门来，游客感叹道：“这孩子会做生意啊，他真诚地替顾客着想，非但没吃亏，反而赚爆了。”

作者比较了大陆和台湾这两个店的差异，最后的结论是背后的客户产权机制。因为大陆的小店是出租出去的，小店的牌子不是经营者终身享用的，客户也是以游客为主，不会有回头客，这样导致商家仅仅靠管制和良心发现继续为客户服务，伤了客户可以换个地方经营，受伤的只是青岛的城市品牌或这条商业街的品牌，他们毫发无损。如果他们再有一些钱搞定地方监管人员，欺客现象发生就是必然的，存在的就是合理的，商家宰客就自然发生了，而且还会继续发生下去。反观台湾的小店情况，店是自己的，客户是自己的，这一代、下一代都会靠这个店生存，他们一定会像保护自己的眼睛一样维护这个店的口碑，因为未来的生活要靠这个店，因此好的服务是必然的结果。

包产到户，包的是地，地上产出的农作物收入归农民支配，农民自然不会怠慢，每天起早贪黑，为自己的利益而拼搏，而人民公社就会直接导致分工不均、领导贪污、社员偷懒。需要注意的是，在移动互联网时代，作为一个小的商户，你的地就是你的熟客，熟客越多，信任你的人越多，爱你的人越多，你的生意就越好，挣钱就越多，这个客户资产甚至会不依附一个物理场所而跟着

你走，如老师走了，学生就跟着走了；厨师走了，食客就跟着走了。作为老师或厨师，自己的客户的就是自己的资产，这个资产用一些产品的机制得到确定和保护，如天猋生活的 PCRM 通过微信的会员卡帮助商户把熟客留下来，并通过数据分析、产品、技术支持长期经营，最终让小店经营得越来越好，这个模式得到了市场的高度认可，大量的商户如便利店、餐饮店等使用这个产品做自己的客户忠诚计划，把自己的客户资产保留下来，最终便会实现包产到户的好处。

第八节 去中心化连接及熟客经济的时代：为什么说让好人挣钱的时代来了

熟客生意的逻辑是让客户满意、感动、惊喜，之后通过口碑传播，获得更多的生意，这一切是建立在充分连接后的信息对称及连接后的重逢机制上的。如果没有充分的连接，又缺少监控管制的手段，很多本来是熟客生意就被一些人因为短期利益做成了生客生意，即使本来有一些人在市场中奉公守法、善待客户，但是因为缺乏良币驱逐劣币的机制，长期经营劣币驱逐良币，好的商业也难以生存，于是整个行业要么是规模难以做大，要么就是充斥了很多让人们难以放心的商家，甚至在一定程度上，社会也变成了人们易毒相食、互害的利益场，消费者只好自己想办法来保护自己。但是一旦有了充分的连接，信息不对称被消除，熟客生意的客户资源有机会得到保护，熟客生意的机会就来了，互联网特别是移动互联网正在以其前所未有的连接能力改变这个社会。下面通过几个案例向大家介绍这一波移动互联网带来的奇迹，好人挣钱的时代来了！

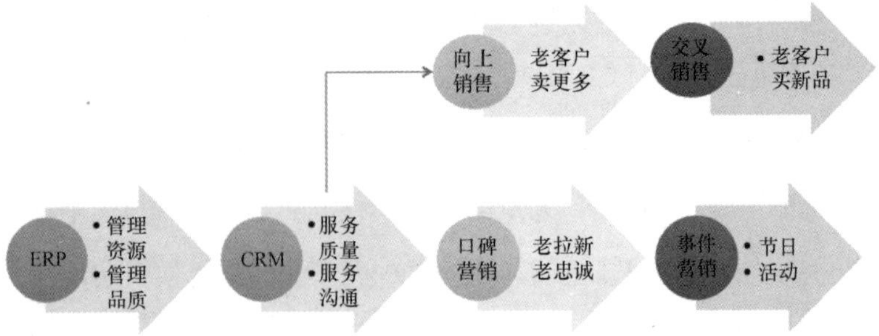

一 让小便利店用上CRM：天猋生活帮助实体街边店连接自己熟客的奇迹

本书的核心概念是连接，商业的深度连接就是交易。供需双方是交易的主体，交易是否有效达成主要看是否能突破供需间“六堵墙”，而连接之所以能突破“六堵墙”成就一些大公司主要是因为它会影响交易的关键因素——四流，四流是构成商业模式最重要的因素，围绕供需矛盾的解决过程中分工，出现了连接者、助连者、造连者三个角色，无论是哪一种角色，成功的连接都要符合 4W+2H 的模型，善于连接者正是掌握了这个技法和心法，最终才在市场竞争中胜出。

以上的模型形成了一套分析、思考、验证逻辑框架，这个框架是不是自洽、是不是能帮助我们看清楚一些行业或机会，我们尝试用它来分析一下一个案例，那就是天猋生活的 PCRM 业务。具体的分析方式是先通过 6G 模型看这个行业的供需矛盾，再通过 5 流分析看具体机会来源，之后再分析连接机会找出互联网的可能角色机会，是连接者或助连者还是造连者的机会，最后通过 4W+2H 模型找路径。

2016 年在快销行业有一个特殊的现象，短短三个多月时间，接近 2 万家小店用了邻老板基于微信的 PCRM 产品，没有任何补贴，每个店的交易和用户数仍在飞快增长，而小店自己发出的优惠券的核销率竟然达到了 80%以上，这些数据就是天猋生活邻老板 PCRM 推出后的惊艳表现。为什么会有这样的表现？这个业务的特点是什么？潜力有多大？对快销行业的帮助有多少？我们一起来分析一下。

1. 快销行业的现状分析

便利店终端是快销行业传统渠道的最主要覆盖对象，因此 PCRM 这个问题要从传统快销的渠道模式谈起。如果用一句话总结传统快销的销售模式，按照快销领域专家的总结，就是“货到手边、形象入心、给一个立刻就买的理由”，这三招理论上讲就是 Physical Availability、Mental Availability 和 Promotion。

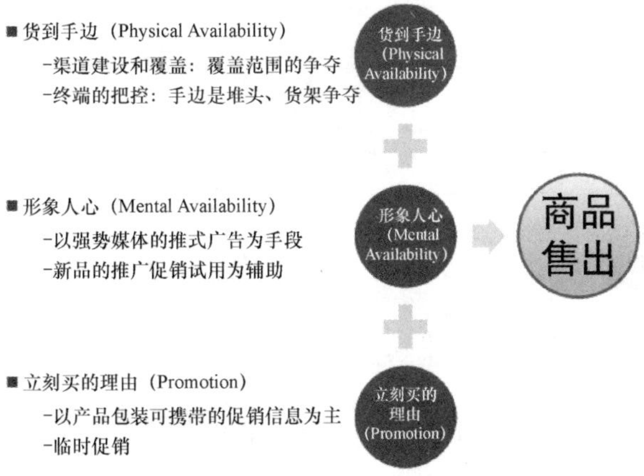

传统行业有非常强大的经销商体系及广告推广能力，为什么是这样的结构？用我们的 6G 模型仔细分析一下这个领域，可以看出这个行业的渠道现状的缘由。其实快销行业的供需之间的矛盾是消费者的多、散、碎、频和供应者的产能集中、规模巨大及产品标准化的矛盾。快销行业受众面广的同质化刚需、高频的产品消费，有机会因为较为广泛的品牌忠诚和持续消费而产生规模的生意机会，但需要供给在靠近分散的需求方所在的位置提供才能持续达成交易，需要合适的渠道管理才能实现规模的经济性。“货到手边、形象入心、给一个立刻就买的理由”，这三招中，货到手是“时间、空间不对称”的表现，形象入心是“信息和信任不对称”的体现，促销就是解决能力不对称的问题，当这之后也可能因为体验后进一步消除信任不对称。

快销F2C供需矛盾以及传统渠道解决方案缘由

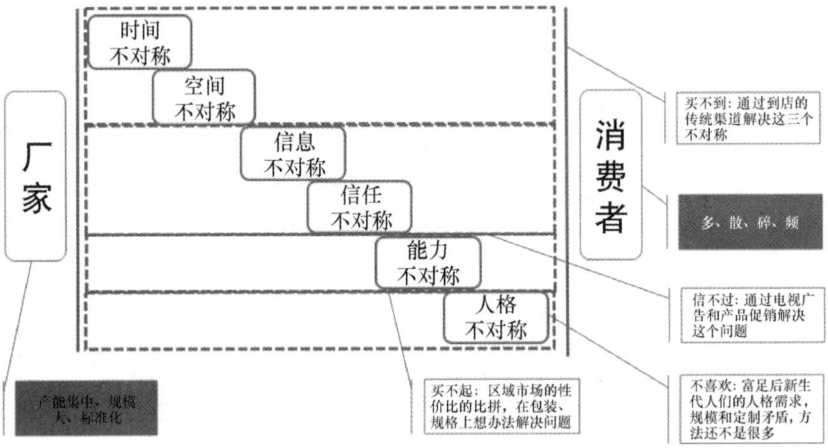

仔细按照6G模型分析，快销行业供需之间的矛盾是分层的，从上到下，分别是买不到，不相信，买不起，不喜欢，而随着消费者购买力的增强及厂家渗透能力的增加，供需矛盾正在从上到下演进，在不同的地区，其演进的程度不同，街边店以便利和服务来吸引消费者，而商超、卖场以性价比和信任来销售，因此其面临的压力和挑战也不尽相同。

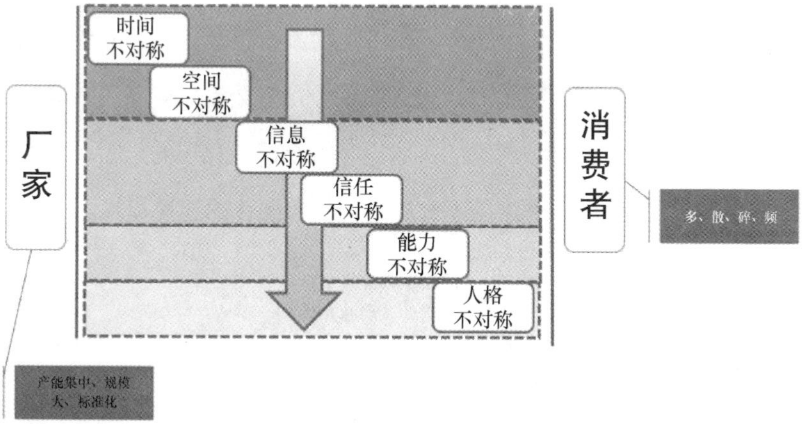

回到 6G 模型，快销行业的渠道模式分为现代模式和传统模式，现代模式主要是到达商超、卖场这些地方，而传统模式主要以是街边店为模式到达消费者，无论是哪种模式，厂家、经销商、配送商、小店都是从厂家到达消费者的四流的安排，四者在这个链条中扮演的角色有所不同，但是四流的效率最优化始终是厂家所追求的。在厂家主导下，产业链的模式和经销商的角色变迁过程为分三个阶段：第一阶段，经销商是坐商，经销商完全买断模式，厂家介入较低；第二阶段，经销商是行商，经销商负责区域市场四流，特别是做好小店的客户关系，厂家负责生产和市场；第三阶段，经销商是做商，经销商仅仅负责物流和资金流，厂家负责小店关系和人流（巡店订单）。快销售的传统渠道人流在街边店内，信息流像神经系统，分为上行和下行，而物流系统像动脉血管，厂家是心脏，小店是毛细血管，中间经销商和配送商是主动脉和动脉，资金是静脉血管。不难看出，从心脏到毛细血管最规模经济性的模式就是主动脉和动脉模式，心脏到毛细血管直接供血是不可能的。此外，通过现行的代理模式可以看到，信息流是不全的也是中断的，一方面，消费者信息这个体系无法获得，另一方面，有很多的信息有孤岛及不全面，无法进行精细的数据化管理，厂家围绕卖货能力不断做四流的效率最优配置，因此分销系统有了以上三个阶段。受物流、资金、IT 信息能力的局限，库存保留在消费者、小店、经销商、配送商手中，资金流如何高效率地解决，都是厂家在设计渠道模式时必须考虑的，这也是特定模式存在的原因。用本书的说法，就是快销行业在当时条件下的不够先进但能够操作的连接模式。

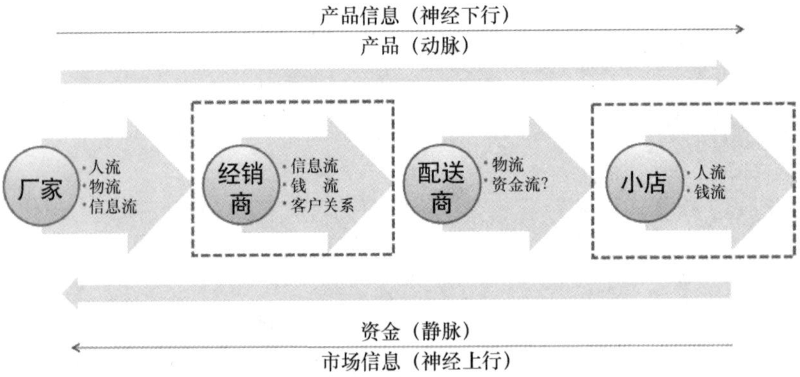

2. 互联网对快销的潜在竞品分析

当快销传统厂商不断调整其渠道的模式来应对供需直接矛盾时，互联网的公司没有闲着，阿里巴巴、京东、一号店、唯品会都在进军快销行业，也有很多互联网公司在尝试生鲜的产品，其做法有什么特点？如何形成对快销行业的挑战？我们下面分析一下。

如果用 6G 模型分析，可知阿里巴巴通过解决供需之间矛盾的新的方式获得了巨大的市场机会。在快销领域，解决矛盾的主要方式是第三方物流，它解决了时间空间不对称问题，而且其无限长的货架，构成了货到手边的独特优势。在信息不对称方面，淘宝、天猫网站有独特的优势，借助这一优势及商品收录的全和廉，淘宝形成了流量入口；在信任不对称方面，阿里巴巴有自己的支付宝；在能力不对称方面，阿里巴巴的蚂蚁金服可以提供到 C 端或 B 端的金融服务。而马云本人又是一个超级网红，很多人慕名而来，因此在人格不对称方面，阿里巴巴没有明显的缺陷。因为阿里巴巴解决了六个不对称，所以成为一个超级巨无霸。

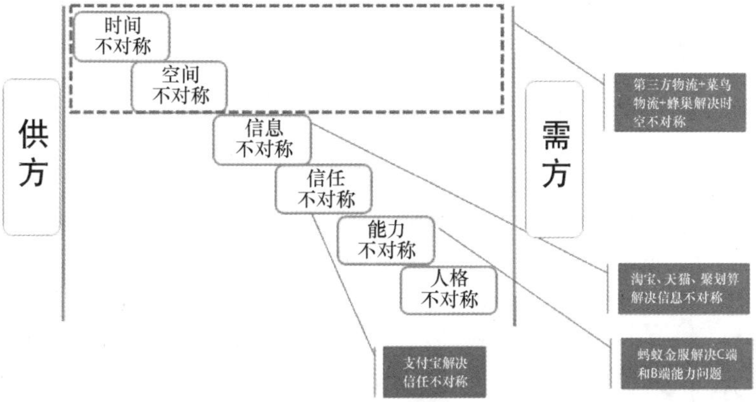

流量的入口效应，消费者的理解和把握，中间渠道的季度压缩，细分市场的消费者满足

相似地，我们用 6G 模型分析一下京东电商模式在解决快销行业问题方面的优势，可以看到在解决时间、空间不对称的物流方面，京东采取的是自建仓储和物流。京东在物流和仓储方面有大量的投资，甚至造成连续几年的亏损，但是京东的客户体验得到了很好的保证，当日达和次日达让客户物流可送达范围内能体会到货到手边的好处。在信息不对称方面，京东商城也收录了大量商品信息，每样商品都有详细的介绍，信息不对称的问题不再存在。在信任不对称方面，京东最早采取了自营模式，从而防止了水货、假货的出现，消费者信任就这样建立了起来，特别是在售后服务方面，京东做了大量的投入。在能力不对称方面，京东发现了机会，不仅有 C 端的京东白条，还有 B 端的京东金融服务。而刘强东和奶茶妹妹本身就是网红，吸引了大量的眼球，因此在人格不对称方面，京东也有不错的基础。正是因为京东在六个不对称方面的差异化

优势，造成了京东电商成为后起之秀。

从以上6G模型的分析可以看出，不同的商业模式在解决6个不对称方面有不同的方式和特点。值得注意的是，阿里巴巴也好，京东也罢，平台不是为某一类商品设计的，只是在快销售行业会有自己的优势，特别是在快销领域的计划性的消费，而随机性消费会对时间、空间更敏感。由于计划性消费对性价比和服务敏感，所以对快销传统渠道来讲，互联网将是一个重要的影响因素，但不会取代传统渠道。

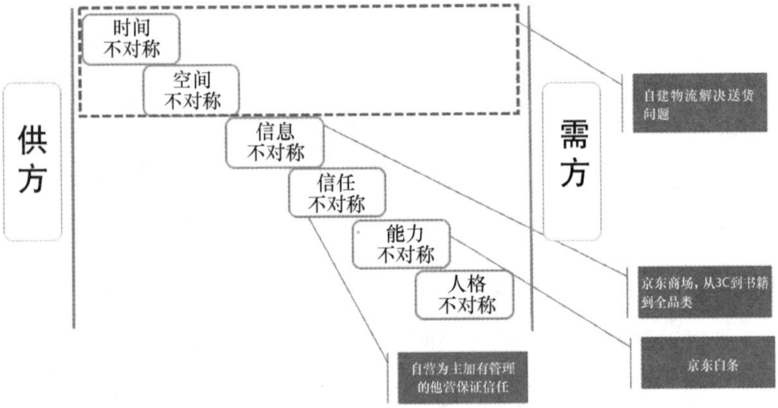

从市场调研的反应来看，目前的互联网渠道对快销行业的影响巨大，计划性购买越来越多地倾向于专项网购或商超、卖场，甚至有经理人担心天猫或京东做自由品牌的快销产品一定会发生，而在需求侧，消费者的喜好也正在发生较大的变化，什么是健康，什么是时尚……需要什么样的产品正在发生变化，特别是80后、90后、00后逐渐成为消费主力。例如，娃哈哈从儿童做起，到成人对品牌的接受，但是这些人有了孩子后并不把自己之前的消费习惯传递给后代，他们会选择国外的奶粉或倡导母乳喂养，甚至对瓶装水的健康性也产生质疑，新的时尚是自己带热水等；此外，全国范围内经济增长趋缓的影响很显

著，体现为快销行业整体下滑，全渠道体系都感觉生意不好做了。一面是传统渠道的下降，一面是互联网渠道的兴起，互联网的模式在快销领域产生了巨大的影响，引发了快销行业的担心，是不是有了马云，快销渠道就没有机会了？如果京东或天猫出了自己的快销产品，如果自动售货机取代了小店，快销行业将会怎么演变，是不是就没有经销商的机会了？

现阶段，快销行业的头部厂商的销量在减少，主要的原因是什么呢？其实核心的原因有很多。第一，消费正在升级，很多城市的消费者开始步入第四阶段的矛盾，即已经到了较为充裕的时代，人们选择自己喜欢的产品时，人格不对称是最主要的问题，以传统功能为卖点的销售量的确会下降，这一点减弱了货到手边的优势。第二，随着互联网的发展，传统的电视广告模式不如以前有优势，其结果就是形象入心的手段的高价格和低效率。第三，竞争从同质化向非同质化演变，外卖正在影响方便面的销售量，而美图秀秀也会影响化妆品的销售量。当然，还有一个因素的叠加，那就是在这种赢利困难的情况下，快销行业内部的库存压货能力在减少，因此从整体上看，快销行业的主要厂商的销售量在下降。

3. 去中心化连接在快销行业的应用

围绕街边店的快销渠道是怎么样的？未来还会存在吗？我们来看一组数据。线下的便利店有 1200 万家以上，产品在这些小店占据厂家的销售额能达到 60%以上，而在利润方面，小便利店的比例占到 90%以上，这充分说明了便利店对快销行业的重要性。

如前文所述，一个独立街边小店的生意越来越难做了，这是因为：一方面，它们正在面临中心化互联网的竞争，原来自己的客户连厕纸或大米都改在京东或天猫上购买了，这个趋势对小店是一个十分重要的影响；另一方面，它们也正在面临连锁超市的竞争，从客户关系管理、综合运营成本、C 端的口碑来讲，对它们而言都有一定的难度。街边店因为便利性和服务会长期存在，但是不是有机会做得更好，能不能成为一个很大的机会还要看是否在解决 6G 中有好的办法。

天焱生活针对小店的产品叫作 PCRM，这个产品基于微信的连接能力，让所有小店通过邻老板的服务，能够快速、高效、低成本地连接自己的熟客，继而可以进行熟客管理。换句话说，它就是用微信的 PCRM 产品替代了王永庆的那个小本本，从而让每个小店的老板都可以像王永庆那样经营自己的小店生意。

这个方案的具体实现方式如下：小店入驻邻老板平台后在企业号上获得一个功能，这个功能可以帮助小店向到店的用户发会员卡，一是可以线下扫码发卡，二是可以通过线上方式领卡，领到的这个卡在 C 端的微信卡包里，一旦通过会员卡把 b 和 C 连接起来，b 就有了到 C 的一个新的通路，这个通路上可以走会员的支付、沟通、优惠促销，也可以增加积分储值等各种各样的熟客管理功能。

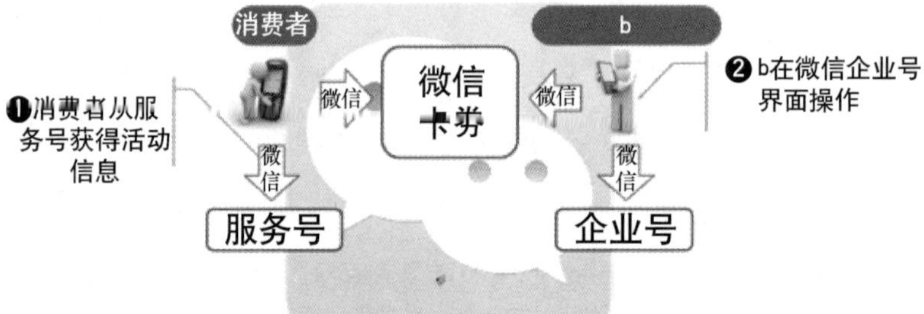

从连接的角度不难看出，这种帮助小店和客户进行的连接拥有以下优势。

- 轻：非 APP 的连接，是基于微信的连接，市场导入的难度大幅度降低。
- 适度：区别于朋友圈和服务号的第三种基于微信的连接，不打扰用户，但是能达成 B 端意图。
- 可管理：在企业号下实现方案，对每个老板可以单独被支持和管理，是未来商业模式的基础。
- 直连到人：不仅连接人和服务组织，更是连接人和服务者，服务者就是老板，让服务的温度体现。
- 去中心化：相对于准备挟 C 以令 b 的中心化连接思路，是去中心化的连接，释放自底向上的动力。

这种连接的理念是：第一，去中心化的连接更有生命力了；第二，客户就是资产，管理自己与客户的连接，就是在管理自己的资产。PCRM 这个产品不仅帮助小店建立了去中心化的连接，更清晰了小店的客户资产，每个用了 PCRM 产品的小店都可以一目了然地看到自己的客户有多少，是否有价值，相对于同行自己做得怎么样，如何改善和提高等。

基于这种连接工具和管理功能，小店可以很轻松地开始自己的熟客管理，有两个结果：一是小店的服务可以更加有温度，基于PCRM的记忆和分析能力，可以让小店老板在一定服务策略下为消费者提供服务，充分发挥自己小店的特长，识别高价值客户，增加一些便民服务，让自己的老客户感受到差异或占便宜的感觉；二是小店可以玩着把钱赚了。这个产品的实施成本和运营成本如此之低，效益如此之前所未有，因此它有极强的生命力。事实上，短短的四个月时间里，邻老板的发展十分迅猛，最主要的原因就是它的模式简单和易操作。

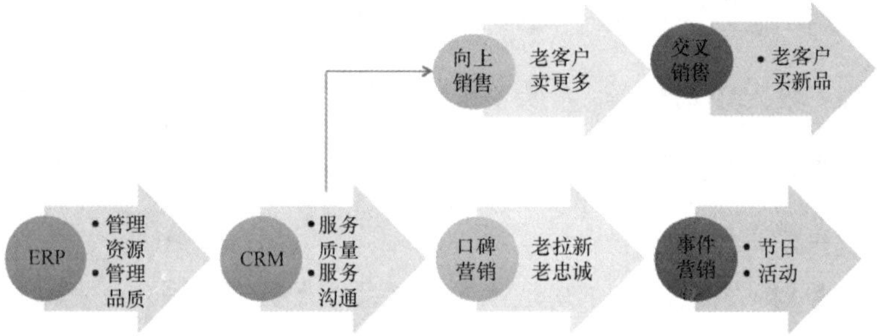

善于借助邻老板的小店，能够快速展开自己和用户的连接，迅速开始自己的熟客管理，基于老客户进行二次营销和交叉销售，其生意就变成了新的模式，自然会比其他没有连接能力，只能基于位置和时间被动捕捉交易的小店生意好得多，而邻老板通过建立了对小b和C的连接，也得到了市场的奖励。

微信的优势首先是几乎所有中国人都在用，不像APP推广需要很大的成本去地推，不用APP客户和卸载，但是基于微信的客户连接工具很难被卸载，除非把微信卸载。其次，微信大家都会用，而不像PC时代的一个客户端软件，不被用户接受是很大的问题。这就是为什么基于微信的商户和用户连接的工具会很容易推广。当然，更重要的是这是一种去中心化的连接模式，小店在做自己的 CRM，留存的客户信息都是自己的资产，客户越多，挣钱就更容易。让自己的资产保值增值，没有比这个更重要的事情了。

目前，这种非常轻的连接模式正在被复制到经销商和小店的连接上，经销商通过这样的连接方式，实现订货、支付、物流的信息化，更重要的是，通过这样的方式低成本地连接到用户，营销方案、沟通、支付全部可以到达 C 端，其结果就是整个产业链的效率提升，而去中心化的连接，连接者在交易过程中并没有明显的角色，不去取代渠道体系的任何中间角色，产业链里的相关方都乐见这样的连接出现，这种基于微信的去中心化的连接模式，或许是快销渠道互联网化的最佳方案。

在这个案例中，连接，去中心化的连接，以微信会员卡为基础的去中心化连接，以及基于这样的连接后的运营是关键。有了 PCRM，无数个王永庆会出来，越来越多的人会像台湾嘉义的居民享受王永庆的服务一样享受到小店的服务。而善心的店家会因为信任得到市场的奖励，社会会变得更加美好。市场数据再一次印证了善连者赢的观点。

二 因材施教话教育供需：跟谁学如何打造为老师和机构赋能的产品体系

教育是一个古老的行业，除了公办的教育机构外，民营机构和老师是教育，特别是市场化教育的主体，他们天然在和学生、家长进行着连接。在移动互联网时代，这样的连接怎么规划，如何实现，如何加强，是摆在几乎所有教育界业内人士面前的一个新的课题。

跟谁学作为教育行业互联网化现象级的公司，在继 O2O 的平台产品后又推出了天校、百家宝、U 盟、跟谁学商学院等一系列产品，并得到了市场的追捧。在过去一年多时间，我本人也参与了很多次和老师的交流活动中，也有一些机构和老师都在问是不是要用这些互联网的产品？为什么要用这样的互联网产品？怎么用好这些产品？

针对这些问题，我们再一次尝试用本书中的 6G、五流和熟客营销模型来对教育行业宏观及教育机构微观在供需方面的矛盾进行分析和解剖，分析教育行业的现状，进而寻找互联网中心化和去中心化两种连接方式可能在教育行业里起到的作用，理解不同的教育互联网公司做的一些方向，特别是理解跟谁学作为教育互联网现象级公司的产品策略和思路，并分析跟谁学的产品思路和市场推广的策略。

1. 对教育产业的认知：如果从供需关系的角度看教育有什么特殊性

宏观上我们谈的教育，主要指的是市场化、商业化这一部分的教育，在公办体制内的教育因为不是商业化的重点领域，其供需方面也不是按照市场的规律波动的，不在本书的考虑范畴之内。

作为一个非教育行业的人，我对教育行业规律的理解还十分粗浅。在此尝试从纯商业角度，按照和其他市场化的行业一样的思路分析和理解这个行业。这算是一个商业分析者和互联网人的视角。

如果从商业角度看，教育属于服务业的范畴，在服务的四个种类中，多数教育服务还是服务业，即专业服务的范畴。既然针对的是教育市场化的部分分析，宏观上思考的起点还是行业整体的供需关系，整体教育的市场规模依赖于有效供应能力和有效需求量的规模。当然，实际整体规模也会受供需之间“六堵墙”的影响，六堵墙问题解决得越彻底，交易的规模会越大。和我们分析过的一些行业相同的地方是，中国教育领域的需求和供给规模都十分巨大，但也有很多显著的不同，如不同地方、不同的人需要的教育不同，而满足的方式也无法一致。在特定品类行业教育的商业化过程中，核心矛盾就是教育的定制化和规模化之间的矛盾。

教育供需的核心问题实际上是“教”和“材”的问题，众所周知，教育如果单纯为了教书育人最讲究“因材施教”。材是需求方，而教是供给方。学校和教育机构就成了一个供需见面和交易的场所，很多学校在抢好老师，实际是在抢夺“教”的资源，也有很多学校在抢好学生方面不遗余力，这是在抢夺“材”的资源。无论是以考试或录取还是综合素质提升为衡量标准，“教和材”这两个因素同时影响教学服务和交易的结果，如果考虑到消费者和决策者分离出现的家长的角色，差不多这些就构成了教育体系里影响供需的主要因素。因此，从宏观上研究教育的问题，需要从需求特征、供给特征及可能交付模式的特属性出发，才有可能真正理解教育服务。

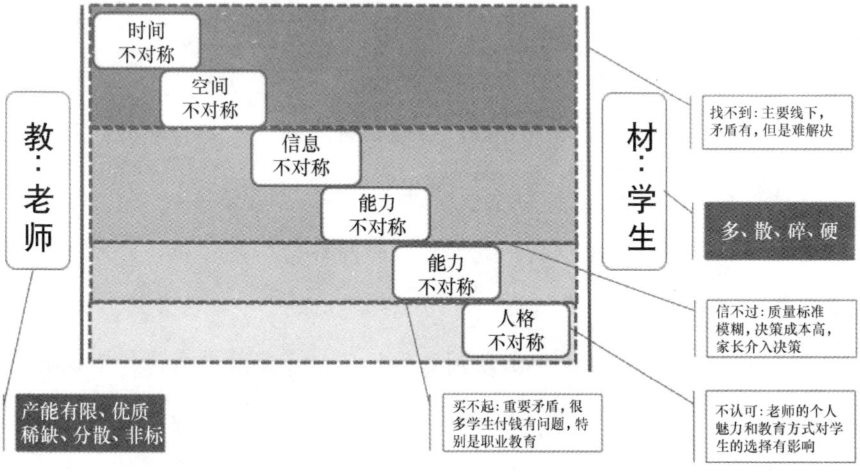

回到6G分析，从全部教育行业角度，不难看出，从需求方出发，相对于其他商业领域，教育服务的需求有以下几个区别于其他行业需求方的特点。

- 消费者、决策者、体验者分离：成人技能型的培训三者合一，和买件衣服一样，我决策、我买单，我付款。而教育服务里的三者可能是分离的，老板做决定，公司买单，员工双规学习，如妈妈决定，爷爷奶奶买单，学生上课，这种现象非常多。
- 需求方多角色痛点不同：孩子的痛点可能是尽快完成作业，找到答案，而家长的痛点或许是家长间对孩子前途攀比的压力及第三方对孩子的监管和陪伴。
- 多数学习需求是被动地：学习过程是突破舒服区的过程，是痛苦的，教育几乎就是一个药品，而不是毒品或食品和补品，不像它们有自发的使用频次和高比例的重复购买。
- 大多数需求是个性化的：不同的人对同一类服务的需求也千差万别，男女老少、高矮胖瘦、不同收入职业的人从东直门到西直门需要的出行服务都是一个座位，要一个座位，就给一个座位，其实出租车、专车、顺风车的座位没有什么本质的差异。但是男女老少、高矮胖瘦、不同收入职业的人对于英语口语培训服务的需求差异很大，标准服务是很难满足的。
- 消费者的决策成本很高：教育是一种特殊的服务商品，使用者和决定者及付款者分离，妈妈决定、奶奶买单、孩子学习很常见，公司买单、部门经理决定、员工参加培训更常见。很多家长选老师，不仅有金钱成本，还有时间成本，更有机会成本，孩子选错老师，上不了大学，这是大麻烦。因此，决策会比较重。

继续按照6G模型看教育服务的供应方，相对于其他行业的产品和服务的供应方，其主要的特点如下。

- 供给方的供应容量：供应方分散而且供应量有限，能替代的方式不多，因为这个服务体验很重要，互动的体验是核心，所以标准的内容解决不了问题。
- 供应方服务半径有限：因为体验是核心，所以面授是教育主要的形式，能提升教育服务半径的互联网技术有帮助，但是这种帮助还比较有限。
- 供应方的服务标准化：每个老师上同样的课程，方式都不一样，即使每个老师每次授课都可能根据心情、对象、人群而变化，当然，这与需求变化有一定的关系。
- 个体供应者容易形成自己的品牌：因为术业有专攻，而标准化的服务还不成熟，在教育领域，个人的因素在教育中的比重很高，消费者选择的可参考因素不多，所以很容易形成老师的品牌，而不是教育机构的品牌。

考虑以上供需各方的特点，相对于其他行业，教育行业宏观上的供需矛盾对从业者有以下一些特殊挑战，让以组织化的教育机构实现规模盈利有很大的难度。

- 需求及满足模式不一致：人们对不同类教育需求的差异很大，舞蹈和和高数同为教育但之间的教学方式的差异，工业和农业的差异，动物和植物之间的差异，这样规模化有难度，因此虽说教育是一个大品类，但很难像其他商品有共同的交易属性，如家用电器或快销等。
- 服务质量标准难以确定：在很多教育领域，什么是好的培训教育实际上没有一个标准。一个老师带 10 个学生，8 个认为太牛叉了，2 个认为太垃圾了，或者孩子认为这个老师很好，家长却不认可。

- 规模化和定制化之间的矛盾：一个好老师可以同时给两个孩子上课，给五个孩子上课质量就会差一些，如果给 100 个孩子上课，课程质量就没有能力保障了。
- 获得新用户的难度：因为决策成本高，如何低成本地快速获得更多的用户，在教育行业里有很大的挑战，而能提供帮助的外部因素很少。
- 重复购买的难度：教育是一个痛苦的过程，不是一个打游戏的过程，因此经常出现很多课程报名了没有学完，而一个模块的学习结束后没有续报的情况。

出现以上的种种现象，不仅应从整个行业的宏观供需上分析，还可以从微观上对教育服务的本质属性进行一些解释。这一点在《顺流而为》中有介绍，服务业分类的四个象限中，教育服务作用于被服务者的大脑，是比较典型的专业服务。这一类服务的特点是定制化程度较高，单价可以很高，但是规模化有难度。这就是为什么很多教育服务私塾、师徒制、小班，甚至一对一等很受欢迎，因为获客成本高企，所以只有交易金额都非常大才有机会获利。这就是为什么很多英语教育机构的单笔交易都大得吓人，因为只有这样，交易额才能覆盖获客成本。

我们知道，服务作坊的方向是服务工厂，而对专业化服务进行规模化改造的一个方向是大众化服务，具体就是开大班，让一个老师为多个学生服务，这是一个创新，但是会牺牲一定的原来小班制的定制化效果。但是因为多人平摊服务成本，对学生的成本支出会有一定幅度的降低，加上满足外地学生之间的一些学习和交流社交的刚性需求，结果是它也成为一种主要存在的教育生意。

例如，早期一些英语培训机构，一堂课有数百个学生，除了正规的内容外，一定有一部分段子、耍宝、励志的成分，这些满足的是学生的社交娱乐需求，在课程中成为教学的补充，解决的是人格不对称和信任不对称问题，为成交的扩大起到了很重要的作用。

因此，在教育市场有两种趋势：一是定制化，小班课有很多的市场，一对一也得到欢迎，这是因为需求的个性化原因；如果强调规模化，则走的是大班制的模式，但是体验是核心，交互是核心，如何保持体验、保持定制而又能有规模效应是教育行业始终不变的话题。

2. 互联网对教育的影响和解决思路猜想

基于以上分析，互联网对教育行业的帮助在哪里？作为教育机构里的从业人员，我们应如何面对和进行选择？

教育的问题十分复杂，的确很难解答以上问题，还是要回到我们介绍过的概念和模型里分析，进行一些预测。

消费者是无辜的，所有的问题都是供应侧问题或供需间的问题，教学的过程实际上是供需之间，也就是老师和学生连接的过程，交易是这个连接走向深入的标志。机构也好、课程顾问也好、老师也好、互联网也好，最终都是在这个连接中以起到有效帮助的作用而存在的。老师和学生之间的连接如果有问题，也是供需之间的“六堵墙”的问题，既有时间、空间、信息不对称的问题，也有信任、能力、人格不对称的问题。我们知道 PC 互联网在解决时间、空间和信息不对称方面十分有效，这是很多互联网公司做在线教育的起点。因为教和学之间有时间、空间、信息不对称的问题，如果能解决好北京的老师给青海的孩子上课的问题，互联网在这里就有自己的价值。在这个方向上有很多互联网公司在尝试。

流量入口因为解决了一部分供需之间的时间、空间不对称而成为一种生意。互联网如果要扮演重要的角色，通常前提是供应侧能交付大量的、质量有保障的标准化的产品或服务，需求侧有高频刚需。但在教育市场中，你会发现，这样能提供大规模服务的、有一致性质量保证的服务能力较少，多数情况下好老师其实供不应求，好老师的服务规模有限。而消费者的决策过程很重，除了线上获取信息以外，他们更倾向于基于口碑来判断老师的优劣，因此教育行业规模化的第一个问题是供应侧的问题，还不是供需间的问题。这是由教育的特殊性决定的，教育天然在供应侧无法做到像出行、酒店甚至是餐饮服务等的标准化和规模化。

如果沿着互联网入口的思路来解决教育的问题，就会出现如下猜想：是不是会有一个中心化的模式出来，汇聚所有对教育的需求成为流量入口，主要解决时间不对称、空间不对称及信息不对称的问题？目前看到的结果在特定品类里已经出现，平台实现全品类的消费者信任需要长时间的建立，然后才能成为入口。在一些细分领域，出现问题找老师、找解决方案已经形成了趋势，如有一些作业帮、猿题库这样的公司，针对了高频、刚需、轻决策的搜题搜答案的需求，产生了一定的流量入口效应，并开始有商家按照流量入口的逻辑成功变现。因为流量规模的巨大，甚至有网站有盈利出现。作业帮和猿题库成为一个成功的助连者，这样的模式还是连接的模式，它们寻找了一个合理的场景，在建立入口时符合了 4W+2H 的特点，最终在局部形成了入口。当然，这些入口切入的都是教育里的一个特定的场景，不是教育服务的最主要的场景，因为找到题目答案与教育的本质还有一定距离，搜题的应用最多也就算作轻教育而已。但是因为这类软件能够快速满足用户需求，又符合高频刚需、轻决策热点，于是成为一个局部的入口。

教育领域的通用的综合性入口可能还需要较长的时间才能形成。这样的机会也不会很多。目前来看，机制和品牌成为这个入口的关键因素，如跟谁学的O2O产品，以“全、好、快、准、惠”为核心价值主张和老师收录标准，这一点和百度当年追求的“全、新、快、准、稳”十分类似，只是收录的内容和方式不一样，百度用的是spider来抓取，而跟谁学最初需要的是地面人员的工作，其效率和纯互联网机制还有一些差距，希望随着时间的推移，随着搜索流量的增长，老师的主动入驻成为趋势，再加上人工服务，让老师和学生之间的匹配效率提升，这样才有机会形成一个找导师的熟流量入口。当然，这个过程是有挑战和长期的。

如果不考虑供需间的问题，回到供应侧，还是要解决好老师供不应求的问题。老师服务半径短，在需求方选择供应方时，根据6G模型，此时的矛盾在于信任不对称、能力不对称、人格不对称，而不是信息或时间、空间不对称，教育服务机构只有在解决这些主要不对称方面有一定的能力才会有价值。按照之前章节的分析，系统性解决信任不对称、能力不对称或人格不对称时，去中心化连接可能更有帮助。

按照这个逻辑，在教育机构内部，如果想持续经营并规模化盈利，必须同时确保服务的品质和规模，这是一个综合的结果，实现这一点这需要标准化和定制化的结合。一定程度上的标准化，让教育有一个基础的体验保障，之后在定制化的部分进行个性化的辅导，即所谓“传道授业解惑”。

3. 跟谁学在教育互联网化的产品理念和方向的理解

教育互联网改造到底是中心化的连接模式还是去中心化的连接模式，还需要时间来验证，因为在教育产业的供需之间，或多或少都有六个不对称问题的一个或多个，所以很可能最终两种模式都会存在。不论是哪种模式，帮助到最终用户及教育机构是前提。

因为我已经离开跟谁学，对跟谁学产品战略的了解不是很多，但是对跟谁学推出的一些产品一直有追踪，结合我们的分析一起来看看跟谁学这样一个由教育和互联网高手组成的公司是如何逐步利用互联网的技术和产品，为广大的老师和教育机构服务，进而服务到更多的用户的。

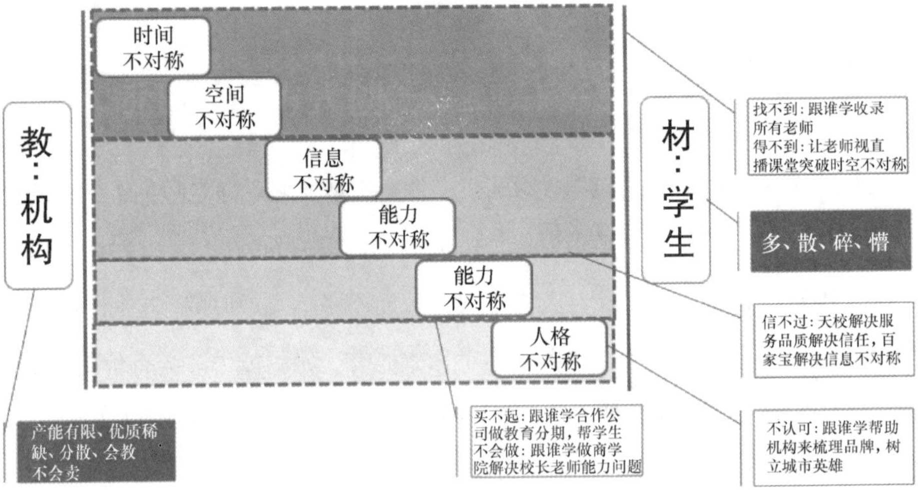

教育机构显然是教育市场的主体，一定会长期存在，最主要的原因是它们是信任不对称解决的主体。一个北师大的数学博士刚毕业招不到学生，但是一个在家长身边已经经营了十年培养了很多状元的奥数培训机构可以找到学生，博士在这个培训机构工作就能有机会帮助学生学习，进而实现自己的价值。有一些教育机构还在解决能力不对称和人格不对称的问题，如通过教育分期帮助学生降低学费压力，通过企业独树一帜的正能量文化或老师网红吸引一些学生入学。这时机构的重要性就显现出来了，但是否能长期增长，其服务的品质和运营方式需要重点考虑。在服务工厂或大众服务类型的服务组织的品质管理方面，我们有一个重要的模型可以参考，就是卡诺模型。通过对服务的内容进行分类和目标设定来管理品质，确保在规模和时间延续时，依然能确保客户的服务品质。服务之间的竞争在保健因素、满意性因素及超越期望的因素方面都有涉及，于是服务管理的主要思路就是从服务品质+口碑营销，继而能有合适的机会。

沿着这一思路，为确保一些大众服务的老师能持续、系统性提供好的服务，机构采用 ERP 的价值就比较大，因为在人、材、物匹配方面的 ERP 有自己的优势，可以持续、系统地保证服务品质，减少和消除不满意。当服务品质有基本保障之后，用 CRM 做好和家长学生的沟通，把价值传递给家长和学生，就有机会实现客户满意。在这个基础上，阶段性地创造一些新的事件卖点，让消费者的感动传播，这就是事件营销和口碑营销。

以上解决方案就是从中心化连接到去中心化连接，这是对以信任不对称、人格不对称等为主要障碍的产品和服务的发展趋势，而技术和产品能给出直接的解决方案，基于以上的分析，跟谁学的天校、商学院就是这样的产品，机构需要什么，机构需要的是去中心化的连接。天校就是一个专业的连接器，其中 ERP 模块是对机构规模运营后服务品质内部品质保障的基础，而 CRM 模块确保和客户持续有效的沟通，实现客户满意。百家宝是在这个基础上基于社交网络进行的事件营销和口碑营销工具，因为产品整体的逻辑是帮助机构和老师先提升服务品质，然后再帮助他们更好地和客户沟通，最终客户在良好的服务和信任感下，主动在社交网络里进行宣传和传播，使机构的服务产品口碑大幅度提升，最后实现更大的续费及资本的巨大溢价。这就是跟谁学的产品路径。

以上产品的改进和动作，是系统的、科学的，但是是否能形成对教育市场的影响，还要看使用者，特别是机构负责人。因此，跟谁学商学院应运而生，它其实是在解决机构和老师在连接自己的学生时，使用第三方工具——互联网的能力不对称问题。大家或许对传统教育行业的一些知识没有理解，或者没有能力在互联网时代推广自己，这个问题的最有效解决方式是线下的培训。从理念到实操，从战略到执行，全面进行学习，从势、道、术三个层面学习，从而解决好机构和独立老师在互联网时代提供更好服务的态度和能力问题。

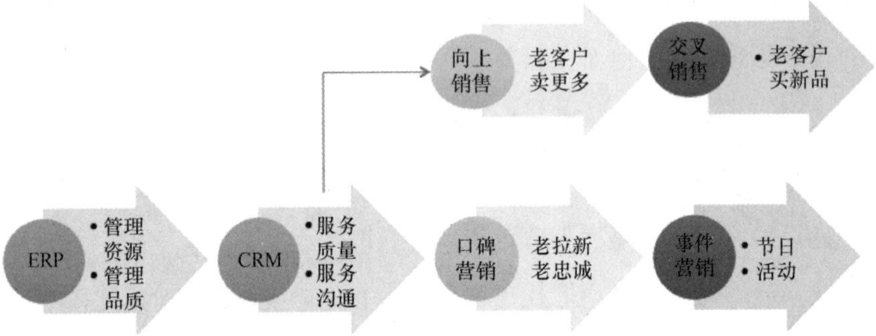

本章小结 中心化互联网有利有弊

中心化互联网成为流量入口，虽然会付出较高成本，但对一些中小企业还是有很大的帮助，这是因为流量是刚需，流量就是需求。但是流量的交易持续下去，很可能就难以实现平台、用户及商户三者利益的平衡，最重要的原因是商业模式的问题。

这时去中心化的连接就生逢其时，这就像回到 200 年前人们的生意主要是和熟人之间的重复性的交易，质量口碑成为交易最核心的、最关键的要素，服务的质量和温度、差异化是留住客户最重要的要素，信任和共同利益让好人挣更多的钱，而不是通过第三方导流量赚钱，在移动互联网时代，商家和用户的这种连接成为可能，商家需要直接连接用户的技术性问题都已经被解决，而市场上也需要个性化的、高品质的服务来满足市场的需求。微信就是这样的一个工具，它对解决一个生意中的物流、人流、信息流、资金流都有很好的方案，于是成为一个非常好的连接器。

在这个连接器的帮助下，天猋生活就是一个成功的案例，即通过微信的企业号和服务号实现商家和自己的客户的连接，这个连接是比较轻的连接、适度的连接、人对人的连接、有管理的连接。它让好人挣钱成为可能，在市场回到其原来的机制，奖励那些为客户创造价值的人。客户成为商家的资产，在邻老板的体系里，这个资产被确权、被明确、被支持、被管理，最终商家有可能在自己的熟客上实现基业长青，就有点像凯文凯利所说：“有 1000 个粉丝，就会过上体面的生活，吃喝不愁。”

第八章

再谈企业的互联网生存法则：重新回到以客户为中心

技术在不断升级，商业模式也在不断演进和创新，如果用三句话来总结这几年互联网带给社会的变化，那就是："乱花渐欲迷人眼，各领风骚三五年，几家欢乐几家愁。"本书讲了去中心化的连接方式和可能的商业模式，作为企业和个人，在这个时代，到底应该如何取舍，如何选择呢？在这里，需要强调的是还是要回到最核心的问题，就是以客户或用户为中心，用 6G 模型来评估风险并寻找机会，找到自己的位置，协同相关的资源，寻找到自己的生存机会。

第一节 互联网+本质是生产方式创新：互联网+就是做公众号和 APP 吗

互联网给很多的企业带来恐慌，他们担心落伍，担心被颠覆，于是开始做互联网化，在一些"专家"的指导下，很多传统企业都开始做 APP，后来发现 APP 很贵，之后又开始做微信公众号、服务号，投入大量资源，结果却收效甚微，甚至是南辕北辙。

互联网到底是什么？互联网当然有各种各样的新技术、产品、博眼球的活动、各种论坛上的思想碰撞，但这些不是互联网的精髓。真正理解互联网的创新要回到生产方式上，在我看来，互联网首先是一种生产方式的创新，然后才是技术的创新，之后辅助以新商业模式，互联网才得以飞速的发展并向不同行业渗透。理解互联网的这波浪潮，特别是传统企业的人，一定要从生产方式的高度上进行理解。

学过政治经济学的我们都知道生产方式是人类借以向自然界谋取必需的

生活资料的方式，包括生产力和生产关系两方面。生产方式的创新，包括在生产力方面的创新，也包括生产关系的创造性的优化，这才是互联网能产生各种效率提升、价值提升、颠覆效应的本质原因。

如果用一句话概述互联网新的生产方式的核心，就是：在生产关系上，一切以客户为中心，重新组织各方及做好利益分配，不受已有的利益格局影响或牵绊；在生产力上，利用快速迭代、越变越美的机制，让生产力得到前所未有的提升。

几乎所有的互联网公司都有一个非常鲜明的特征，那就是完全以用户导向，这不仅落实在公司的文化和价值观的陈述中，更存在于互联网公司的日常产品设计和运营中。一切从客户的需求出发，不顾及其他影响因素，包括根本不顾及一个行业里原有玩家或既有利益格局，按照张小龙的话，只以“用户体验为依归”，根据用户体验来组合相关服务方甚至创造新的服务方案。这是说起来容易，做起来难的事情，这也是互联网企业和传统企业最大不同之所在。在传统行业或成熟的行业里，旧的利益格局已经形成，员工的工作习惯已经建立，考核的标准已经成熟，所有这些有可能就是和用户第一的原则相违背的，很多情况下大家明知道应该用户第一，甚至也眼见其他竞争对手在这一点上发起攻击，但是很多改革的措施就是不能走下去，对的无法执行，错的也无法改正，用户可以自由决策时，他们自然会因为那些以他们的需求为中心的体验满意最后用钞票或点击投了票，在传统企业看起来，就是被超越了甚至是颠覆了。这一点在传统的购物、旅游、餐饮等各个领域都有不少的例子。

其次，在生产力方面，互联网有一个快速迭代的机制正在让用户体验不仅好，而且变得更好，这是互联网让用户体验变好的能力。在几乎所有针对直接用户的产品或服务中，只有互联网这种产品在交付给用户后，厂家对产品还有数据监控和不断修改的能力，这是由互联网产品的技术决定的，传统的硬件和软件都做不到这一点，而很多的传统商业做到这一点更是有很大难度。互联网企业可以看着消费者使用的数据量判断产品改善的方向，之后不断验证自己的判断，根据用户的反馈来持续科学地改善产品和用户体验，这个机制让互联网在生产力上优于硬件和传统软件，从而让传统生产方式下的产品和服务被远远抛在身后。

互联网企业遵守用户第一、重视用户体验到了什么程度？可以说优秀的互联网公司都是到了极致的状态，在技术上、资金上不惜投入，如苹果在产品和品质上近似变态的追求、滴滴快递不惜重金补贴用户提升用户的体验，早期百度在搜索产品上的科学细致的分析，其一把手牵头在“全、新、快、准、稳”各个指标上的不断评估和提升等。而一些草根性的互联网公司为了用户体验甚至可以走在法律的边缘，特别是在互联网发展的早期，国家在线上知识产权、版权的管理还不是很有经验，加上消费者识别能力有限，或者说消费者自身需求的就是一些便宜的产品，在线下没有渠道满足，结果是假货产品在网上销售赢得了用户的满意，甚至盗版音视频在网上出现，抛开道德层面的因素，这些做法最后能有效果也是满足了用户需求的表现。当然，能长期健康发展的互联网公司不主要是依赖这样的方式获取客户的，根据客户的真实需求设计产品，产品根据用户的需求反馈不断迭代，所有公司的资源围绕用户的需求，才是最终胜出的砝码。

需要注意的是，技术是帮助企业做生产方式的改进，但是有了互联网技术未必就能做到生产方式的创新，同时，传统企业不一定非要用互联网技术才能实现这样的生产方式的创新，如海底捞就是生生在非常传统的餐饮行业做出了很好的用户体验，并且有不断改进的机制。在海底捞，从上到下的对客户第一的理解和贯彻，为提升用户满意的服务创新的竞赛和传播，无不暗合了互联网的用户第一，快速迭代的机制，这才是本轮互联网+的精髓。

第二节 传统企业的互联网时代理念挑战：商超卖什么商品应该谁说了算

对于传统企业的互联网化转型，不提具体的实现方案，先提一个影响用户体验的机制问题，即谁来决定给用户什么样的产品，如在一个商超里，卖什么产品谁说了算的问题，这个问题其实是一个很核心的问题，这个问题的答案就已经可以把一些企业排除在可以升级的范围之外了。

2016 年 8 月，物美商业集团董事长蒙进暹在一次业界论坛上做了传统企业互联网化转型的分享，其中的一段论述值得关注："回顾一下，传统背景下我们的经营观念，我们形成的经营观念、模式，以终端为王，谁的店越多谁就很厉害。信息不对称及需求大于供给就形成了自己的传统零售，传统实体店形成了固有的一个商业模式或者叫盈利模式，过得还很舒服。十年前，20%以上的增长，过的都很好，而现在电商社会，他们很开放，但真正的绝大多数行动都是以顾客需求为导向在做他们的事情。他们一上来就简单直接开发新商品，简单创新服务，一切皆有可能。先抛弃一个公平的地方之外，我认为不是电商打垮了实体零售，是实体零售自己落后的，但是我们可能还是在抱残守缺，因为我们过得很舒服。我们抛弃了做商业的本质，或者一定程度上掩盖以顾客导向为需求的事情。"

"举一个小例子，（我们今天的）核心问题讲商品，如何满足顾客的需求？我们传统的做法，叫适销对路。但是真正做起来没有人那么干。在座的很多，包括做百货的，做超市的人都是这样的，到底卖什么，不卖什么，谁说了算?采购说了算，供应商说了算，谁给的高谁说了算，因为消费模式吗?在这样的情况下找不到真正适销对路的商品。我记得大概在1996年还是1997年，郭会长推了一本书《品类管理》，至少物美自己干过，组建专门的团队干过，和宝洁合作过，和可口可乐合作过，都失败了，没有成功的，我不知道有哪些企业成功的。为什么呢?最本质的一条，就是我们以利益为导向，不是以顾客需求为导向在做管理和评价，所以这个事情做不好。这样双方形成的固有的盈利模式怎么改，本质上是一样的。谁都不敢打破这个模式，所以解决不了。电商解决了，传统实业怎么办?原来是注重收支来换取利益的机会，就形成了一个挑战。”

很多传统企业认为互联网的挑战来自于技术、人才、资金，但很快发现即使这些因素都已经考虑进来，还是很难推进。很关键的问题在于是否意识到新的商业力量在满足自己客户的相似需求方面的优势，以及自己原来的商业模式中的禁锢导致对用户体验无视。以商超为例，他们的商业模式和互联网商业模式没有本质的区别，只是他们的流量来自线下，和用户之间的连接在店内完成，因为地理和历史的原因，商超成为一个本地的流量入口，所以在这个店内销售的产品原本应该有促进引流、促进销售额、提升利润三类有机搭配，逐渐变成了以利润为核心，相关利益也出现了板结，在流量被线上用户第一、用户来决定什么产品上线机制造成的体验更好满足吸引走时，危机就逐渐出现了，但是此时再调整决策机制，对商超的难度不是一般的难度。

物美发现了这个问题，并从2013年开始通过互联网公开招商，建立了“链商”平台把所有的数据信息放到平台上，运用互联网技术，以顾客需求为导向来确定供应商，顾客喜欢什么卖什么，摆脱了以前受人制约的状态，颠覆了零售品类的管理模式。

根据统计的销售数据公开表明，通过互联网技术，物美销售商品的销售好坏与否都是用系统说话的。淘汰的商品最重要的考核标准就是是否滞销，在有限的陈列资源下，用数据来寻找到以顾客需求为导向的商品。利用数据从三个维度进行商品优化：首先是商品的组合、品类的组合清晰明了，缺什么不缺什么一目了然。如水杯，有陶瓷、塑料的，但没有不锈钢的，物美就会发布招商信息，自然有供应商找上门来。其次是品牌，市面上流行的品牌，物美与竞争店进行对比，根据品牌进行邀约；再次是单品，对单品销售额排序后，把不好卖的商品放到一边。对很多种同类单品，但一些商品数据显示销售情况不好或类似价格带相似的进行淘汰，数据系统排好后供应商谁进谁出非常清楚，这就是真正以顾客需求为导向。

物美在零售领域遇到的问题不是唯一的，在各行各业，都有类似于物美遇到的问题和挑战的情况，如医疗服务如果以消费者为中心，便宜能治病的药是最好的，但是一旦我们的医院、医生、药品批发的利益体系形成，各个部门有盈利的压力，其结果就是那些便宜并能治病的好药逐渐退出了这个体系，因为大家在这个药上挣不到钱。如果没有政策的限制，互联网公司完全可以以这一类产品或服务出发，吸引流量获取信任，之后再在用户流量的基础上实现利润，这样传统的模式就会受到挑战。因此，梳理用户第一的思想，才是互联网转型的第一个重要的举措。

第三节 传统企业的能力挑战：产品在快速迭代还是在不断低水平重复

海底捞有很多“变态”的服务，这些服务也在不断升级，其背后是一套快速改进的机制，即通过激励一线人员进行服务创新，然后把相关的服务方面的创新变成海底捞的全部店内服务内容，让所有到店消费的客人都有机会享受到升级后的海底捞的服务。

在海底捞，为了鼓励这样的创新，会以员工的名字命名一项创新，这种精神上的鼓励比物质鼓励的作用更大。创新和成就感能够大大提高员工的积极性，以及参与到组织运营管理中来，改善、优化日常的工作。海底捞的豆花架、方便上菜的万能架、小酒精炉、给小孩使用的隔热碗，能够将豆花一次性分成35块的切割豆花工具、在门口等座区安装插座、在擦鞋处准备502，以及在洗漱处准备一次性牙刷、吃火锅时给顾客准备手机塑料袋……所有这些看上去微不足道，但这些微不足道的东西汇集在一起，就形成了海底捞的独特竞争力。

传统企业在互联网升级之前其实就有良莠之差，面对自己的客户，服务有持续提升的能力，内部有类似的机制和能力的服务业，在市场竞争中的优势也十分明显，如果没有这样的机制，不管有没有互联网的到来，这样的企业都会被市场无情地淘汰。

互联网的第二个优势在于产品的快速迭代机制，这类似于传统行业的服务持续改进。太阳底下没有新鲜事，那些让一些企业脱颖而出的传统的方法，恰恰是传统企业需要建立和发展的。互联网一方面把不这样做的挑战血淋淋地告诉你，同时也把好的方案和工具提供给你，主要看你是否理解、重视并能用好这些工具。

毋庸置疑的是，传统企业实现服务和产品的快速迭代的确有先天不正的问题，很多传统企业没有和客户进行好的连接，在没有技术支持的情况下，无法系统性获取产品在市场上用户的真实使用数据和反馈，没有这个基础，快速迭代往往难以谈起。

此外，互联网企业的快速迭代很多也只是代码的修改，迭代失败了还可以回滚到前一版本，迭代的成本和风险都比较低或基本可控。而在很多的传统企业中，迭代的成本和风险都十分高昂，磨具已经出来，每改变一次，都意味着成本的增加。一个数千人的公司已经习惯了旧的工作方式，一个新的调整，从培训到执行到位需要时间和成本，失败了更是伤筋动骨。

以上两点在互联网上都可以找到新的办法来解决，但核心是快速迭代认知和重视，理解了快速迭代的必要性和难度，再寻找合理解决方案，已经成功了一半。在这个基础上，重新理解自己的客户和产品，再结合线下线上的用户场景来规划设计服务体验及服务体验不断升级的机制，这样的传统企业才会把互联网这个工具用对用透，因为它不仅知其然，还知其所以然。

第四节 传统企业互联网时代发现风险、机会和方法：为什么运钞车的生意前景不好

武装押运是一个不错的生意。运钞车的武装押运通常是由省公安厅下属负责，基本上所有的银行都由这一家公司进行武装押运，运钞车每天早晚接送钞箱、到人民银行领钱、上门收款（银行的对公客户有时会收大量现金）、带上工作人员去各处 ATM 清机加钱。能获得一个省的银行武装武装押运生意的机会，这是一个稳定的赚钱的机会，也是别人无法替代的一个领域，应该说是一个非常好的机会。

但是就是这样一个机会，最近听到的一个故事是一个商学院的 EMBA 向同学诉苦，发现自己好不容易争取下几个城市的运钞的独家生意不好做了，客

户运钞需求在下降，甚至原来有需求的地方都已经没有需求了，让他感到担心的是发现背后的原因是人们用纸币的场景越来越少了，因此未来根本不会有那么多的现金押运需求了。

运钞车的生意前景看淡就是资金流的变化在影响商业模式，在这个案例中，实际上是对原有的商业模式的一种挑战。这样的挑战还有很多，如之前讲过的康师傅的销量有较大幅度的下降，背后的原因是外卖的出现，外卖其实是一种物流形式的创新，物流的变化导致快销品销售的变化；报社的生意越来越不好做，主要的原因是互联网媒体的兴起，各种自媒体在第一现场的报道完全创造了新的客户体验，这背后是信息流的变化；化妆品的销售下降和美图秀秀有关系，数码相机的销售严重下降和智能手机照相功能的不断改进有关系。

因此，一个老生意是否被挑战，要从自己的客户及客户体验的制造者和可能的替代者上分析，特别是在如今四流发生变化时，新的人流、物流、信息流、资金流的一个项目或组合都可能导致有新的满足客户的方式出现，在各个时期要么在满足客户需求的能力上落伍，要么是效率或成本上的差异，那被颠覆也是指日可待的。

风险就是机会，传统企业在新时代下寻找机会也要回到四流，根据自己目前的四流解决方案，结合市场上新的可能的四流解决方案和机制，在用户体验上能否有更大提升或在相同体验下，成本有结构性的优势，甚至是不是能延伸到一些新的领域，让自己原有的经验结合新四流进入新的市场或领域，这一点十分值得分析和研究。海尔在智能家电领域的做法就是按照这个思路进行的。

第五节 传统企业互联网化确认自己位置方法：为什么这次万达互联网电商方向可能对了

众所周知，首富王健林的电商情结由来已久。在第四次转型大戏中，最终万达电商与旅游、文化、金融并列，成为万达新四大支柱产业，自此万达电商的故事不断。

2012 年 5 月，万达电商开始组建，200 万元年薪招聘电商 CEO 的消息轰动一时。随后上任的是龚义涛，他曾任 Google 总部电子商务技术部经理、阿里巴巴国际交易技术资深总监。当年 12 月，一并而来的还有阿里巴巴、谷歌的一批高管。

董策时代随即到来。董策原是奢侈品电商佳品网的 COO，一度负责过东方园林（14.620，0.95，6.95%）旗下电子商务平台苗联网的筹备工作。他到万达电商后推出面向商户的飞凡平台和面向消费者的飞凡 APP。

2015 年 6 月 3 日晚，董策突然提交了离职信，2016 年 2 月，原芒果网 CEO 李进岭填补了职位空白，出任万达电商飞凡网新一任 CEO。万达电商走到了一个新方向：互联网金融。这一设想在去年已开始渐渐显示出具体轮廓——万达电商被划归到万达金融集团体系，新飞凡的存在不局限于提供一般购物中心 APP 所能提供的基本服务，而是成为一个获取全国用户和商家大数据的渠道。

王健林的规划是这样的：预计 2020 年，万达将汇集全国 5000 个以上大型商业中心、200 万商家、7 亿人到 8 亿人的消费数据。这些海量数据将建立起强大的风险识别能力和数字化应用能力，就会产生价值，成为万达开展征信、信贷业务的基础。

如果从6G的模型来看，如果走电商道路，一般互联网公司的优势在于流量的优势，流量就是潜在需求，电商平台主要解决需求和供给之间的时间不对称、空间不对称和信息不对称的问题，消费者能够在电商的一家平台解决所有的问题，加上制度解决了信任不对称，而线上的商品因为信息对称、充分比价，价格也变得十分低廉，这样消费者和商家的能力不对称也在一定程度得到了解决，如此，这个商业逻辑才能走通。传统电商和搜索引擎没有什么区别，都是在做流量制造和变现的生意。但是如果万达电商也按照这个路径走就有一些问题，因为万达的流量都在线下，相对于互联网动辄每天上亿次的流量，这个流量虽然不小，但还不是很可观，而这些线下流量和线上流量相比，因为没有数据积累，相关的漏斗分析十分难以做到；更重要的是，万达的这些线下流量已经变现过一次，万达的商户支付的每月租金就是为这个线下流量在买单，即使这些线下流量因为一些强制的工作全部转到线上，万达也没有道理在没有提供额外价值时把同一个流量对同一拨商户变现两次，除非消费者在离开万达后产生新的需求并在网上表达。何况，把所有的流量转到线上并成为流量入口这件事本身没有什么机会，万达的线下场景并不具备像天猫或京东已经收录大量商品后产生的高频、刚需的特点，无论是网站还是APP，走向流量入口的这个路径都难以走通，这可能是为什么几任CEO、COO都快速加入、快速退出的原因，没有人能按照一条走不通的路走通。

万达如果不在电商的逻辑变现而是以金融的方式变现，商业模式的核心就转移到解决供需之间的能力不对称上来了。其实能力不对称的问题比较普遍，几乎所有商铺在正常经营或扩大规模时都有周转困难的一段时间，而消费者在很多领域越来越需要，也习惯得到金融服务的帮助，中国消费者前所未有地学习负债来改善自己的生活，这两个表现都是供需之间的能力不对称，而金融正是解决能力不对称最好的方式。金融的机会之所以存在，就是传统金融行业的效率不高，征信能力低下，同样一笔贷款成本要远高于互联网金融数十倍，背后的原因是互联网公司的大数据，有了这些数据，就能分析出金融服务的风险，而风险控制如果能嵌入业务流程中，整体风险就更加可控。金融的需求在万达的商户及用户中也大量存在，而且是没有人更好地满足，即使是阿里巴巴这样的公司，也没有可能得到线下消费的完整数据，也难以覆盖到线下的商户和用户，把这个理解为万达的机会并不牵强，不过万达要面对的是，如何能说服这些商家对接万达的支付通道并把消费数据提供给万达，而万达用多长时间能够覆盖这些商家中的大部分，因为客户信息及消费数据对于哪个商家都是命根子。这一点需要万达的团队特别考虑和设计。

从武装押运公司的商业模式的变化和万达的这个案例可以看出，通过四流的变化可以分析商业模式受到的挑战和面临的可能机会，而6G是定位企业新商业模式的优势来源并分析模式是否成功的基础。

站在需求方的角度宏观上看，有两种创新是有价值的。一种创新是创造了一个新的体验或服务，满足了以前从未被满足过的新的需求，如福特汽车或苹果手机的出现，供应商在理解客户需求的基础上在重新定义一个产品和市场。另外一种创新是在满足老的需求，但是成本、体验、价格有了新的优势，如滴滴打车，交通服务还是由车提供的，但是有了滴滴之后，连接模式变了，整体效率和服务品质就有了新的变化。前一个未来将在供应侧改革中谈及，后一种就是我们说的连接带来的优势，因为有新的连接，所以会出现一种情况，就是阻碍以前成交的一些因素不再存在，交易会在更多的时间、空间出现，因此数量、频次、交易额都会发生变化，这些变化是因为新的角色连接而来的，所以这些角色也合理地得到了市场的奖励，这个奖励的大小取决于交易提升的程度和规模。因此，一个商业的机会就可以通过6G模型来进行评估，一方面看看从0到1的所谓的秘密是什么，一定是某一个技术或创新让某一个不对称在一定范围上打破，另一方面从时间、空间、信息、信任、能力不对称方面去看看主要影响的是哪些因素，这些因素对交易的规模的影响程度如何，如果是独家生意而这个公司有机会，那么这个公司就是最合适的投资对象。无论是供不应求还是供过于求，这个增量实现的推手都有机会获得利益，利益的大小取决于增量的规模。

一个夫妻店把经营时间延长，从晚上10点到次日9点也提供服务，在社区范围内里突破了时间不对称，如果这一段时间一个社区3000户人家每月的需求空间是4000元，则这个小店就有可能多实现4000元的销售额，如果有20%的毛利，这一个月就能多挣800块，加上因为晚间提供服务带来的客户满意度，这个小店就能享受到时间不对称带来的附加利益。

麦当劳是一个连锁企业，它统一把服务时间延长到24小时，解决了在晚上到早上这段时间时间不对称的需求，从而使麦当劳的收益有了提升，这个政策一旦推出，麦当劳在中国的所有店都将这么做，结果会在更广的空间上提升了麦当劳的客户满意度，如果这一段时间的需求是200万元，只有麦当劳提供了7×24的服务，它就有机会享受到200万的新增销售额。

不难解释为什么很多夫妻店延长服务时间只能增加有限收入，因为他们只在一个地点有限范围内解决时间不对称的问题，而在全国范围内解决这个问题就更有意义，互联网电子商务的公司为什么有这么高的市值，如淘宝、京东等，主要的原因是它们的商业模式解决的是所有商品、所有时间、所有空间的不对称问题。因为它们在不对称范围、大小、空间上的巨大的突破，所以带来的社会价值和增量的销售额也大得惊人，市场奖励这些背后的推手，一个数百亿甚至千亿的公司出现也在情理之中。

今天，信息不对称和时空不对称的问题已经得到较为充分的解决，一个新的趋势是新的互联网公司或传统企业正在解决信任不对称和能力不对称的问题，如蚂蚁金服就是在解决信任不对称的问题，原来银行也在解决能力不对称，但是因为技术和体制的原因，效率比较差，而很多公司借助互联网的数据优势进入互联网金融，其实就是尝试解决小微企业或终端用户的能力不对称问题，这个问题的解决一定带来大量新增的销售，而作为这个不对称解决背后的推手的互联网金融公司成功也是自然的结果。当然，理论上的分析和实际的结果还有很大的差距，最终是否能走到这一步还需要看路径的规划和团队的执行，但是方向的正确已经是一个巨大的进步。

第六节 人格不对称或是正确的方向：为什么 Papi 酱拍能得到 1200 万的投资

2015 年的一个风云人物是 Papi 酱，在现实生活中，她是中央戏剧学院导演系在读研究生；在网络世界里，她是在不到半年时间里迅速蹿红，个人微博粉丝超过 760 万人，总粉丝数超过 1181 万人的“2016 年第一网红”。

2015 年 10 月，Papi 酱开始在网上上传原创短视频，她以一个大龄女青年形象出现在公众面前，对日常生活进行种种辛辣的点评和吐槽，此后，她每周一发布自己的视频节目。截至 3 月 20 日，她的节目在各视频网站的总播放量达 2.9 亿次，集均播放量达 753 万次。而就在不久前，真格基金、罗辑思维、光源资本和星图资本分别共投资 Papi 酱 1200 万元，这也是 Papi 酱拿到的首轮投资，其目前估值 1.2 亿元左右。

据了解，Papi 酱两场广告招标情况沟通会的门票每张 8000 元，每场 100 张，3 月 27 日举行的第一次沟通会放票不久就被广告主、代理机构抢购一空。其广告招标说明中规定，参加竞标的企业注册资金实际缴纳金额必须超过 300 万元，同时还需要先行冻结 100 万元的信用保证金，这也创造了阿里巴巴拍卖平台的纪录。然而，即便如此高的门槛也没能阻挡企业对她的热情拥趸，部分企业甚至表示，将准备 1000 万元的资金参与此次“新媒体广告第一拍”。

实际上，网红经济正成为今年互联网的一个现象，加上直播模式，网红的变现十分抢眼。网红实现商业变现的可能性到底有多大？Papi 酱的这次广告招标已经回答了这个问题。从普通人到网红，通过树立自身在互联网的传播力和影响力，从而获得广告收入，这是许多网红商业变现的重要途径，但却不是唯一途径。

另一种重要的变现渠道是在拥有大量粉丝的基础上，通过经营自己的淘宝店获利。在微博上拥有 418 万粉丝的网红店主张大奕是一名平面杂志模特，微博主要是自己的服装搭配和潮人生活方式。2014 年 5 月，她开设了自己的淘宝店“吾欢喜的衣橱”，目前已经是金冠卖家，淘宝粉丝量超过 261 万。

此外，还有一些网红出道于用户众多的网络直播平台——任何人都可以在注册后成为直播平台的“主播”，“主播”通过 PC 或移动终端与网友实时分享自己的种种琐碎生活和想法，并以弹幕的形式与网友实时交流。用户在直播平台购买虚拟货币为喜爱的“主播”打赏，购买虚拟货币的金额再由“主播”与平台协商分成。对一些颇受欢迎的“主播”来说，每天收获的打赏收入就已经相当可观。

如果用6G模式分析，网红经济的背后是人格不对称的突破，罗振宇所说的“魅力人格体”，其实就是网红所具备的独特个性，而粉丝正是被这种人格吸引，愿意追随并在一定程度上乐于被别人看成和网红相似的人格，继而在消费决策中受到影响。以Papi酱为例，不少网友认为，她之所以成为“2016年第一网红”，就在于其制作的视频节目选题设计出众、表现自由率真，既具有接地气的草根气质，又满足了年轻人的娱乐需求，使年轻人完成了与一个有趣的人“社交”。

人格不对称让供需之间“六堵墙”的最后一道屏障突破，产生的效应既包括直接的因人格属性影响产生的销售，也包括因为网红的传播和影响，增加获取信息的时间耐心，以及在信任不对称方面的突破，让一些本来难以实现的收入实现，难以获取的利润获取。在这个消费者富足的时代，产能过剩的时代，作为可能让一些产品短时间产生直接增量收入的推手，网红自然可以获得相应的报酬，广告模式还是电商分润模式，只是形式差异而已。

网红经济的产生和发展，也和中国消费者的不断升级有关，在一个性价比为主要消费决策的时代，网红经济发展起来一定是有困难的，只有少数的IP才会有更强的影响。但是这一切正在改变，2016年1月，百度发布的《95后生活形态调研报告》指出，1995—1999年出生的“95后”总量约为1亿人，他们从出生就与互联网为伴，与“80后”、“85后”相比，他们可谓移动互联网原住民。他们在网上最爱做的是点赞、分享、评论和吐槽，最认同当下互联网上流行的宅、逗比、呆、高冷等流行价值观，追求敢想敢说敢做，注重娱乐和社交，热衷于弹幕、美颜，聊天必备“表情包”。业内人士指出，作为移动互联网和网络社交平台最重要的用户，以“95 后”为代表的年青一代所具有的这种心态也为网红的成长提供了社会基础。

第七节 传统企业的场景寻找和连接实现：冰箱还是一台摆在家里的自动售货机

最近北京一些办公室、写字楼里，海尔新品的介绍吸引了很多人的关注，这个展品是一台号称 0 元的海尔冰箱。其实海尔把买冰箱的钱都用于后面的供菜上门的服务，每月两次，一年送的菜的市场价值大致等同于一台冰箱的钱，而这个冰箱是智能冰箱，可以记录分析、检验各种信息，并根据口味、风格、时节、保质期等做饭的水准推荐一些菜品。不难看出，海尔用一年的服务培养用户习惯，准备把业务从产品延伸到服务这个领域。下面是海尔这个活动的一篇报道。

海尔馨厨互联网冰箱的逻辑是通过生态打造开放平台，共创共建厨房经济入口

新一代馨厨互联网冰箱作为海尔智慧美食生态圈的重要网器之一，也是对智慧美食生态圈的扩展和升级，据不完全统计，2016 年海尔馨厨互联网冰箱智慧厨房联盟资源方已超过 30 家。与苏宁易购、本来生活、易果生鲜等跨界合作，用户可随时在冰箱上购买或者免费享受高性价比的生鲜、生活用品。同时，自由电商平台“闪电购”，在屏幕和手机端上做了单独频道，用户一键按钮就可下单，产品由厂家直接配送，解决用户生活中对于快消品的购买需求。

而整个生态圈构建最大的优势，是通过海尔馨厨互联网冰箱这个平台，打造“屏+生态”的商务模式。

海尔馨厨互联网冰箱最大的特点，就是将冰箱变成一个智能交互的网器。在这个服务型的平台上，用户可以实现多样性的互联网式生活体验，听广播、看电影、买食材、看菜谱、和朋友聊天……都可以通过这个平台来实现。

不难看出，卖冰箱和未来送菜服务完全是两个不同的商业模式，原来冰箱就是冰箱，现在的冰箱就是一台装在客户家里的自动售货机，卖冰箱只是第一步，后面通过一系列产品功能和服务来不断为客户提供服务，收入转移到服务上来，更重要的是，积累了大量的消费数据，这些数据为后面的各种推荐、产品创新等提供了更大的依据，这样海尔就是一个可以不断迭代其服务的互联网公司了。

回到6G模型，海尔的这个冰箱的作用就是一个连接器，是后面模式的开始，有了这个连接和信息采集，供需之间的时间、空间、信息不对称的问题就能被解决，如果按照海尔的思路，当这个冰箱的市场覆盖到一定程度时，海尔一定会得到回报。当然，前面进入这个市场，连接更多家庭需要投入和耐心，因为只有在规模上才能体现出经济性，而消费者是否接受这样的创新也是一个挑战，我们对海尔后期的这种创新的进展拭目以待。

相似地，我们注意到物美的社区店也推出了1小时的快送服务，前提还是和用户或熟客建立联系，之后再把自己产品和服务延伸，寻找更多场景满足客户的需求。从客户的角度来看，送货上门也好，延长经营时间也好，都是在解决时间不对称和空间不对称的问题，而在这些问题的解决上，互联网电商在一些品类上无法有比便利店更好的解决模式，而这正好也是物美这一类公司的优势所在，因此类似的创新也是值得期待的。

传统企业互联网化，在四流变化中寻找商业模式挑战和新可能的机会，在连接模式改变中找到连接客户或供应链正确的姿势，在6G模型中寻找并验证价值定位，获取优势。

第八节 从服务业的角度看模式创新的新机会：从绿植购买到租摆，商业模式进行了哪些升级

本书最主要的内容是连接，在这个过程中穿插了四流、6G 模型，连接是4W+2H 模型，这些对于企业和商户来讲有什么现实的意义？本节会探讨这个问题。

我们知道，所有的机会来自于供需间和供应端，如果一个企业和商户有能力开发新的产品和服务，在供应侧进行创新和升级，这一定是一个很好的方向，因为这是蓝海的市场。如果一个企业在供需间寻找机会，要么就是成为一个助连者，要么就是那个善连者。但供应侧的创新之后还需要解决供需间的问题，而对那些服务产品不变的商户，供需间问题就是所有问题，因此供需间的问题还是一个主要的机会来源。

供需间的问题就是流通领域的问题，任何一个面向消费者的产品或服务都需要解决一些问题，其挑战和机会都来自于六个不对称。如果和企业解决六个不对称的现状模式相比，新的解决方案能更多、更广、成本更低地解决它们，则新的产品和服务就在赢利能力上有更大的可能，这对原有的企业或商家就会造成很大的威胁。同理，如果寻找新的机会，也要通过解决不对称方面的广度、深度、成本等方面寻找。

例如一个小店，增加服务市场就是一种针对时间不对称的举措，但是延长工作时长通常也会增加成本，而一些夫妻店因为不需要雇用更多的劳动力，其延长营业时间的机会就大于连锁品牌。

再如，一个理发店通过熟客的会员储值卡完成了用户的锁定和原始积累，新的机会就是到新的小区开设新的店铺，这就是在空间不对称上再找到新的可能和机会。

还有一种就是增加服务，如一个小店增加帮助社区居民代收快递的服务，这就是帮助快递公司和快递客人解决他们的时间不对称问题，既能帮助解决的问题，小店的收益也会增加，如到店客流就会增长，或者每个包裹收费 1 元也就是新的收入来源。

社区的年轻人已经习惯了网购的送货上门，但是日常的柴米油盐还是要到便利店去买，便利店增加一个送货上门服务，就有可能帮助社区年轻人解决问题，节省时间，这也是在解决供需之间空间不对称的问题。

3C 店的老板，发现新的手机需求量很大，但是很多人买不起，找一个合作伙伴能给自己的客户做分期，然后将销售额按比例分给这家合作伙伴，就解决了能力不对称，这就是新的可能。

小店在社区里已经营业很久了，大家都很熟悉，如果帮着介绍一些家政或照顾老人的服务，就是一个新的可能。

综上所述，从消费者角度看需求，从企业的优势看供给，在六个不对称上找机会，可能就是企业的新出路。

在这个过程中，值得重视的是，这些机会的存在需要消费者的配合，这些年消费者的趋势是消费升级，即消费者对服务的要求越来越高，高品质的产品配合优质的服务是消费者的需求。如消费者希望宅在家可以获得所有的服务，希望按照自己的时间来安排相关活动，他会为有品质的产品或服务买单。供需间的一些改进有消费者买单，其结果就是企业的升级。

互联网出现后，很多互联网的机会是助连者的机会，而也有一些传统企业正在往助连者的机会上走，走向平台化，如我们看到的e袋洗、万达电商、神州租车等，它们借助于市场的地位、品牌、资源的优势，开始向助连者的机会出发，但是助连者的机会越来越少，越来越多的传统企业的助连者机会在减少，更多的机会是善连者的机会，那么这些机会在哪里呢？这就要分析一下新的趋势和机会。

在《顺流而为》一书中分析过，服务业自身的特点造成了其供求关系和运营管理相对于标准产品有天生的困难和问题，这些问题和困难造成服务业在产能和服务品质上的难度，如一个餐厅服务20个人是一种管理方式，服务100人就是另外一种运营和管理方式。有没有互联网，这些问题和矛盾都存在。有问题有矛盾，就有机会，解决好这些矛盾，就能成就新的企业，理解这些问题后的商业模式和运营模式的问题，就是找到最好的解决方案，能不能不借助互联网，产业界人士也都在思考，即使没有互联网的帮助，也有很多创新的做法来解决或回避以上的矛盾，让一些新的公司涌现出来。互联网只是让这些创新的速度加快而已。

还是回到经济学需求的老问题上来，服务和产品都是在满足人们的需求，很多产品除物理的产品以外，也必须有服务才能满足客户的需求。PC互联网有效地帮助了生产制造业，最主要的原因是产品的标准化和产能规模化已经不是问题。如果服务业的供方难以标准化、规模化仅从需求方做创新，是难以解决问题的。从满足用户需求的整体方案上看，服务业的局限和实物产品的特点组合在一起，着眼于规模化就有很多种创新的可能。

在以上解决供需间问题的思路上，进一步扩展视野，同时向内向外看，向内看自己的运营模式，向外看不局限于自己提供的方案的产品和服务属性，还有一些新的机会可以思考，这些内容在《顺流而为》中曾经提到过，在这里做一些简要的介绍。

服务产品化：通过产品的方式来解决一个难题而不是用服务。例如面膜，你本来是要去做美容的面部护理的，但是根本没有时间，那你怎么办，那就买一个面膜，让自己获取服务的风险和时间成本降到最低，也回避了服务半径、客户满意等的难题，这一个方向的创新很多人一直在做，据说有的面膜产品借助社会化营销的方式，已经达到每月上百亿元的销售额。再比如在医疗领域里，把医疗服务工具化、产品化，各类创可贴、欧姆龙的血压计、家用制氧机都是服务产品化的例子；在教育领域，用硬件的产品解决教育服务的问题一直是一个细分的产业，小霸王、好记星、诺亚舟都是这类生意机会的尝试者，他们试图通过硬件产品来替代教师的服务，相对于服务，硬件产品品质管理很容易，规模化也不在话下，这是为什么好记星这样的公司有几年的黄金期。互联网上有很多的产品正在替代人工的服务，如自助值机、医院的挂号产品，节省了人力，用户满意度大幅度提升。用产品解决客户问题在解决时间、空间、信任不对称方面有不同于服务解决方案的优势和劣势，用产品替代服务，跳出以前思考问题的框架，让物流、标准来解决客户的时空不对称和信任不对称，是一个新的解决问题的思路。

客户自服务化：服务组织难以满足用户的定制化需求，给客户支持，让客户自己满足自己是一个思路。例如，通过提供友好、完备的交互功能，让用户自己完成对自己的服务，有效解决实现规模化和定制化的矛盾的问题。又如百度的凤巢是一个较为复杂的系统，如何为数十万甚至上百万的客户服务，是一个比较大的难题，如果所有用户的服务都由客服帮助进行，那么整体的可管理性和经济性都有很大的问题，因此百度采取的措施是提供一套后台，并提供大量的工具和培训，让用户在这些支持下来完成自我服务，最终的结局是有效地解决了规模和服务深度定制化的矛盾，实现了销售收入的持续增长。对于功能手机，每个人的使用界面和方式都很类似，但是智能手机没有两个人使用的是完全一样的，智能手机做到这一点的前提也是提供一个平台和生态，让客户自服务，降低客户自服务的难度，最终让智能手机有了一个非常好的个性化用户体验并有了非常大的市场规模。客户自服务，商家提供的是一个软件或硬件工具而不是服务本身，工具产品的时间、空间不对称的难度远远小于直接提供服务的解决问题的难度，这又是一个新的措施。

服务作坊工厂化：在中国还有一个很大的机会，就是服务作坊的工厂化改造，因为有很多的需求是对一致性和可依赖的需求，高频次，轻决策，一个规模化的服务工厂就能满足这类需求，从而带来很大的盈利空间，这样的革命在美国已经发生，在中国还没完成，因此有很多人在这种领域尝试，如小肥羊火锅就是一个典型的通过服务工厂的方式来满足人们餐饮需求的例子。正因为服务工厂化，小肥羊实现年销售额超过 300 多亿元。百度的一些员工出来创业做的几家餐饮企业，如皇太极、西少爷、叫个鸭子等，都是在用服务工厂的方式来做服务，服务工厂有较为系统的管理方式，从而根本上解决了服务质量和规模的问题，受到资本市场的青睐。严格地讲，这类机会，有没有互联网都存在，互联网是服务业，互联网人的优势是互联网思维，其实就是服务业的思维。服务业的质量管理 ISO9000 很重要的概念就是持续改进和互联网根据用户的反馈不断升级变革的思维十分契合，对持续改进的重视，正好特别符合做好服务业的特点；互联网人借助互联网营销的思路及资源整合能力很强，这对一个具有可复制的服务体系得到用户和资本市场的关注十分有帮助。服务品质和容量的问题是供应端的问题，这个问题解决不了，供需之间的解决问题的空间会特别小。服务作坊工厂化，就是在解决供应端的问题，最终结果是让供需关系的矛盾更加弱化。

专业服务的大众化：一对一英语家教是一个典型的专业服务，想成为一个大生意很难，好记星用硬件产品解决复制性的问题，成就了每年数亿元的销售额，而新东方就把专业服务变成了一个大众服务模式，成为市值数十亿美元的公司，俞敏洪也成为最有钱的校长。这里的创新是通过明星教师，增加授课过程的娱乐成分，如有人说新东方的老师都有很强的讲段子的能力，新东方的课堂和嘻哈包子铺有一拼，这就是新东方满足了学习者除学习外的其他方面隐性的需求，如社交、娱乐，而这些需求是大众服务能满足的需求，这种改造也在解决规模和库存的问题，当然会带来新的管理挑战，即管理大众服务的挑战。例如，明星教师留不住，学生就会跟着走，学生的个性化需求难以满足，客户满意也难以保障等，但是整体上，通过大众服务方式满足更多客户的需求，让最终规模和赢利性都有较大幅度增加成为可能。这样的例子还有很多，如闻名遐迩的蓝翔技校、新东方厨师学校等，最近上市的YY、9158等公司，都是把专业服务通过互联网的方式大众化创新，加上收费方式的创新，最终成就了很大的公司。专业服务的大众化，实际上利用大众服务的模式提升了服务产能，还是在供应侧解决问题的方式，问题解决得好，赢利性增加，商家有机会、有条件解决更多的问题。

服务的平台化：作坊服务的特点是劳动密集弱、定制化程度高，如前文所述，这类服务走向规模的方式是服务工厂化，如果这类服务提供的最小单元可以到个体服务者，一个人就是一个服务作坊，一个平台或许可以替代服务工厂的组织，让服务者直接向客户提供服务，避免中间环节；专业服务是劳动密集性强的服务，对硬件、环境的要求不高，个人更容易成为一个服务单元，直接为个人提供服务，但为什么还有很多需要组织起来，甚至走向大众服务？如培训服务的老师就能讲课了，为什么需要新东方？最重要的原因是需求方对服务交易安全的需求，服务个体难以满足这种安全需求，造成获客能力的下降或获客成本过高、不经济，组织是解决这个问题的一个有效方式。大众服务化是一种解决方式。在互联网发展的今天还有一种方式就是服务平台化，平台连接人和服务，服务单元成为个人时又变成连接人和被培训、被认证的人，这样让管理工作大大简化，每个人的积极性被充分调动起来，做到这一点，就是用好的机制解决好三个问题，这三个问题分别是：服务者和被服务者相互找到对方问题（人流的问题）；解决服务者和被服务者信任的问题；解决防止劣币驱逐良币的问题。调动好服务者的积极性，才能宏观上系统解决好用户在平台上体验的持续性满意等问题，如果这个平台又能针对具有刚需、高频、轻决策特点的需求，这类服务就可能成为一个场景化的服务搜索的流量入口，拥有这个平台的人就有可能处于非常好的位置并将熟流量以各种方式变现。服务的平台化，实际上就是在寻找助连者的机会，要成为这样的机会，就必须在有平台存在时，所有相关方的一些问题都能得到解决，并能有合适的利益机制，这种机会比较少见，如外卖的机会，但是得到这样的机会极有可能成为新的独角兽。

服务社会化：服务品质管理的问题是比较复杂的问题，从微观上看，是需求没有得到有效的满足，或者没有得到持续的高品质的满足；从宏观上看，因为服务需求的隐含性和普遍性，在一些领域，实际上供求关系的核心问题在供应能力方面，解决好一个出租车公司的服务问题无法解决北京市极端天气的交通问题，解决好一个城市的酒店布局无法解决重大体育赛事期间的住宿问题。如果像生产制造业那样解决好库存的问题、品质的问题、销售半径的问题，PC 互联网的优势在服务业可以复制，因此服务业主要的问题在供应方式，库存管理、组织形式、管理办法、营销渠道等都限制了服务业的客户满意、规模和赢利能力的提升。需要注意的是，服务社会化通常伴随着服务平台化，平台是服务社会化的载体。共享经济是这一次移动互联网浪潮中的亮点，像 uber、airbnb 这样的公司都得到了资本市场及用户的充分认可，在国内，滴滴打车这样的公司也得到了飞速发展。服务社会化，其实是在供应侧解决问题的一个新的尝试，即通过对社会化资源的调动来成为供应方，解决需求容量的瞬时增加，实现规模化和弹性的供应能力，如果这个机会能够被利用好，新的机会就会产生。

传统企业的互联网化升级，特别是销售半径比较小的服务业的升级，就是借助这个趋势，增加服务内容和场景，利用好互联网的工具，做好连接者。

中国本地服务业的基础较为落后，一方面，中国的服务业以服务作坊为主，不同于生产制造业，服务业的规模较小，标准化程度不高，服务品质依赖专业人才；另一方面，服务业的信息技术基础落后，难以进行客户忠诚管理，造成整体销售运营效率的低下。例如中国传统的餐饮业，即使规模很大也是一个服务作坊的模式，服务品质依赖于大厨和关键员工，但是国外已经完成通过服务作坊向服务工厂的升级，并有很多成功案例，如麦当劳、星巴克，其服务品质已经不再依赖人，而是依赖系统、流程和规范，这个转化的过程，需要信息系统、人员及管理机制的匹配，在中国还远远没有完成，类似小肥羊和蒸功夫这样的企业正在尝试，因此已经有了一定的规模效应。

服务业还没有完成对自身的管理改进，又直接面临互联网的冲击和压力，最直接的压力来自于人流的活动大量从线下到线上，线下人流减少，此外，一些新的野蛮人从另外的角度进入市场，按照新的理念做服务，他们在整体赢利能力、经营效率及用户满意方面拥有非常大的优势，这也让中小服务业的压力变得更大。如果没有互联网的帮助，这些商家的赢利能力又是十分孱弱，没有持续的人流，不能复制运营模式，无法做自己的忠诚计划，导致其运营效率低下，随时可能倒闭，更别提向销售半径无限大的产品那样不断扩大生产，获得更多财富了。

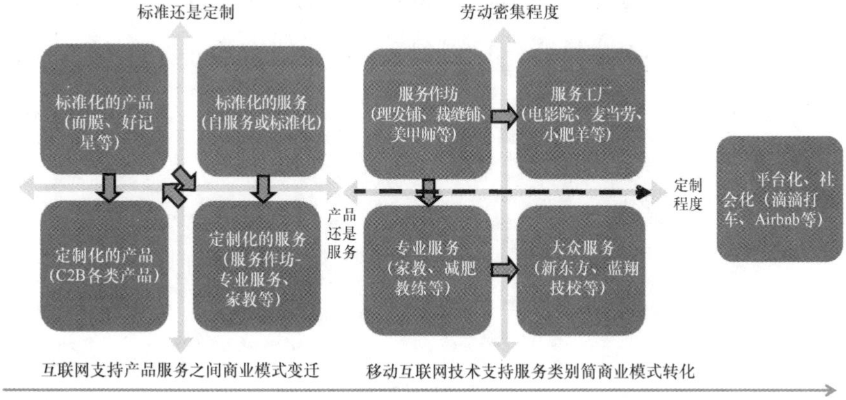

本章小结 为什么会看不见、看不起、看不懂、追不上

传统企业的互联网化是一个大课题，但是很多人这些年走了很多弯路，马云总结的“看不见、看不起、看不懂、追不上”是很多传统企业的人面对互联网大潮的心态变迁。

本书中四流、6G，4W+2H 模式的介绍，是对较深层次互联网思维的认知和理解。互联网首先是生产方式的一次革命，其核心是绝对的用户至上，在生产方式上快速迭代、越变越美。传统企业要想在竞争中胜出，也要遵守这样的原则，而历史上的赢家也是在用户体验和快速迭代上胜出的玩家。当然，在理解之前众多理论的基础上，传统行业的从业者会有更多的体会和感受，机会是连接者的机会，也是助连者的机会，从六个不对称中找出问题，发现威胁，从六个不对称中找到机会，评估机会，要么作为供应侧的创新者，解决好用户的新的需求，要么在供需间寻找机会，成为一个新的助连者，享受助连成功以后的巨大机会。

从趋势上看，供需之间的时间、空间不对称的机会在缩小，而信任不对称、能力不对称、人格不对称的机会正在增长，这是因为社会正在进入一个相对富足的时代，从通路、信息、性价比到对人格的喜爱和追随，新的机会正在快速出现，万物生长。—

后 记

互联网的下半场，好人挣钱的时代来了

终于到了本书的结尾了，按照本书读者友好的宗旨，还是要概括和总结一下以让读者容易记住。本书的主要概念可以概括为六个数字，从一到六。

一是连接，连接是对两种本来在时间、空间、概念、信息等方面有距离或隔阂的事物进行打通、对接的过程。交易是社会资源配置的核心，所有的行为均围绕交易进行，从连接的角度看，交易是一种连接，深度的连接就是交易，交易是有品质和责任承诺的连接，这正是社会劳动替代个人劳动、社会能高度发展的前提。

二是供需，商业社会最主要的矛盾都是供需的问题，基于此矛盾，有在供给侧的解决方案和供需侧的解决方案，也就有了供给侧的技术创新及供需间技术创新之分。随着技术变化，需求形式也在变化，例如，地段就是需求、曝光就是需求，流量就是需求，都是在时间、空间集中了的潜在需求，PC 互联网时代，需求主要以流量的方式改变。而场景也是需求，场景是分散的，在特定时间、空间、氛围、环境下的需求，移动互联网时代，互联网的使用无处不在、无时不在，需求以场景的方式表达。

三是三个角色，商业时代，特别是移动互联网时代在供需分工后产生了三个不同的商业角色，分别是连接者、助连者、造连者，造连者制造连接工具，助连者专门帮助人们连接，而连接者连接并为自己的客户制造价值，以交易的方式完成价值交付。连接者是自己和客户的连接，助连者是制造自己的平台，让平台上的连接者更便利、更高效、更低成本地相互连接，而造连者在制造生

态，让无数助连者和连接者在生态中生长发展。例如，造连者是政府，完成四通一平的建设；助连者是开发商，完成规划和建设，让商户和用户入驻；连接者是商户，完成对小区内居民的各种服务。

四是四个 W：在连接形成商业的过程中，因为是在一个竞争的环境中，所以成功的连接需要符合 4W+2H 的原则，即连接时机、连接场景、连接对象、连接方式、连接机制和连接发心，4W+2H 因素都已经得到后才是稳定和长期的连接。无论是连接者、助连者还是造连者，和连接相关的工作都需要遵守这样的原则。

五是五流，是构成商业模式的核心要素，分别是人流、物流、资金（钱）流、信息流及心流，面对同样需求的同样供给，如果在一个或多个流上有创新，商业模式就会不同。

六是六个 G：供需之间的"六堵墙"或不对称，分别是时间不对称、空间不对称、信息不对称、信任不对称、能力不对称、人格不对称。

最近很多互联网大佬都惊呼，互联网的下半场来了。上半场和下半场到底有什么区别，实际上是从中心化互联网到去中心化互联网的过渡。

这些年，互联网在渗透我们生活的方方面面，原来我们作为一个和所有人一样的最终用户，每天在用互联网的产品，之后我们发现，如果我们做点生意，互联网能帮我们带客户了，再后来，我们发现，互联网能改变我们做生意的方式了！到现在，我们发现互联网正在改变我们生活的方方面面，公司从内到外，员工从老到新，都受到互联网的影响，令人欣喜的是，好人挣钱的时代来了。

按照本书的分析，好人挣钱的时代来了，是因为做生意的模式变了。生意的机会来自于解决供需矛盾的范围和程度。没有互联网时很多生意是通过解决时间、空间、信息不对称获得的。利用并解决了这些领域的不对称，就能实现一些小垄断，垄断可能是时间上的垄断、地域上的垄断或信息的垄断。有的垄断是靠竞争获得的；有的垄断是靠权力和承袭获得的，好人未必能公平竞争获得这种局部的垄断权，因此这些时代还不能说是好人挣钱的时代。随着互联网的进一步发展，互联网解决了前三个不对称，通过帮助更多的商家解决类似的问题而获益，BAT 成为这一波浪潮的受益者，BAT 的创始人及相关员工就是阳光财富的创造者并得到了市场的奖励。再往后，移动互联网及相关资源帮助商家有效地解决了信任不对称、能力不对称或人格不对称。这时候，因为客户与商家的直接连接，重逢不断产生，因此挣钱的人挣钱源自信任的垄断，是对客户心智和时间的垄断。这个机制，只有那些发心良善并善于连接的人才能得到机会，这时好人就能挣到更多的钱了。

这个过程有几个典型的案例，分别是阿里、滴滴、天焱生活。

阿里的使命是让天下没有难做的生意，阿里或许还没有实现让天下没有难做的生意，但至少部分实现了线上没有难做的生意。为此，阿里巴巴用网站解决时间不对称，用物流解决空间不对称，用淘宝搜索解决信息不对称，用支付宝解决信任不对称，用代运营和余额宝解决能力不对称。当然，马云及阿里巴巴下的网红解决了人格不对称的问题，每年的网商大会像是对马云的朝拜。看起来中心化的互联网，至少实现了让线上没有难做的生意。

但是随着商户越来越多，阿里系的人流量也有上限，加上阿里本身的流量变现，人们很快发现，在互联网上做生意的确不难，但是难的地方不同了，高昂的流量费用，被惯出来的只对价格敏感的客户，让商家的经营赢利难以为继。

同时，我们还发现一个趋势，那就是线下生意越来越难做了。流量都被洗到线上去了，原来看着帮自己的互联网，最终还是“图穷匕首见”，为每次客户交易都要付出过路费几乎成为一个常态。

感谢移动互联网，感谢社交媒体，随着互联网去中心化趋势越来越明显，今天，“地上没有难做的生意”可能出现了。地上没有难做的生意，中心化的互联网可以帮助商户解决所有的不对称，时间、空间、信息都不再是阻碍成交的问题，甚至在交易的信任不对称方面，也准备好了支付宝这样的工具，只是把产品信任不对称和人格不对称留给商户自己解决，恰恰这是商户自己要去解决的，商户通过自己的努力和诚实，建立自己的口碑，赢得更多人的信任，在某一个方面付出，学有专长之后成为专家，通过人格不对称获得流量、市场和利润，这是销售半径大的产品或服务一定要走的一条路。这一点在丽江的客栈、淘宝村的商户中正在显现出来。

线下很多的商户暂时无法通过中心化互联网的方式得到帮助，却正在得到互联网的帮助，即通过这些互联网的手段，直接连接到自己的客户，而不断维护、保持、升级这样的连接，最终那些拥有善心善念的人会在市场竞争中胜出，因为这是一个熟客生意的管理。

至此，我们看到互联网上的一幕幕画面：互联网一代一代的技术正在让那些好人开始有机会得到更多的机会，挣更多的钱，这其实就是我们创业时最好的理想。在这个背后，是客户的连接即资产，客户关系即资产，这个资产属于小店老板，他可以像家里的自留地一样进行传承——因为是自己的资产，自然要悉心维护，最终一定能走出一片天空的。

在这里，我们已经看到在互联网时代的一些角色，包括连接者、善连者、助连者及造连者。如果用一句话来总结，那就是“知己者明，知人者智，善连者赢，助连者王，造连者圣”，知己和知人是基础，连接是关键，秉持善念者赢，而那些在连接工具下帮助芸芸众生他们更好地彼此连接的人是时代的王者。那些善于制造工具，建立环境和生态的人，他们拥有上帝视角，他们就是这个时代的圣人。毋庸置疑，李彦宏、马化腾、马云是PC时代的造连者，张小龙、扎克伯格是移动互联网时代的造连者，我们需要感谢他们，因为他们，我们迎来了一个普遍连接的时代，一个每个人都能有机会成就自己的时代，一个好人挣钱的时代。

本书的成书过程也是一个连接的过程。在成书阶段，学习也好，交流也好，我又重新连接了很多朋友，也得到了很多朋友的支持和帮助。首先要感谢我在百度工作期间的领导和同事，这本书和《顺流而为》相似，很多内容都源自我在百度工作期间的疑问、思考、积累，能和百度的优秀同事一起工作，共同激发思考，是我的荣幸。

这本书也得益于跟谁学期间的一些同事，他们的鼓励、帮助及提问，让我有了更深入的思考。从供需角度看，教育是一个复杂的行业，跟谁学走在教育互联网化的前沿，面对的是巨大的市场机会，当然也面临着诸多前人没有遇到的挑战。跟谁学团队是我见到的最强的核心团队，一年的共事使我不仅收获了友谊，还收获了很多对教育的认知，特别是陈向东老师，怀亭、钢江、罗斌、邓弘、伟胜、江潮等。每次和跟谁学各个大区总经理程鹏、廖代泽、屈建民、刘映东、张力威、杜黎旻、蔚亚娟等对话，都能给我很多启示，在此感谢。

也感谢这一年来的新老同事，特别是在天焱生活的老同事和朋友，公司不大，但是我们的理念和部分实践已经非常超前。与老朋友吴泳涛、林森、杨明、孙卫国多次的思考碰撞、相互挑战是实现深度思考最重要的方式。在快销行业多年经验的何昆春是我在快销这个行业的启蒙老师。老朋友、老同事张劲，永远能抓住问题的核心和本质。对传统行业及微信机制了解至深的马晴、李秀，总能给我很多启发。公司伙伴们在市场上的鲜活故事，产品运营中的一些数据，最终都是我灵感和启发的来源，感谢霞辉、长兵、彦辉、宴华还有一起战斗过的伙伴们，感谢让思想变为现实的景宇、益君、万成和其他小伙伴们。还要特别感谢那些支持我在天焱工作并给我启发和帮助的业界大咖们，他们是陈学军、刘松涛、李颖、Gordon、孙剑辉、李如彦、方翔、罗一凡、胡隼、姜楠、云南农投的赵志刚先生，特别感谢本书的编辑张楠女士的专业和认真。

在此也要感谢呼叫中心、客户服务等领域里一些朋友的帮助，连接是客户服务永远的课题，呼叫中心就是在互联网出现之前最有效的连接模式，特别是客户世界机构主席赵溪，帮我总结出“心流”的老朋友李文香女士，以及CTI论坛的秦克旋先生等。

最后要感谢一下我在北京和银川的家人，你们是我力量的来源。希望我这些思考在女儿长大后依然能有价值，也希望她长大后能开心得到这样的礼物。因为无论准备写一本书还是给别人讲课，都是一种挑战自己的学习方式，即确定一个学习方向和目标后，通过收集信息、找人请教、实践、分析、总结归纳，再通过写作达成学习目的，既能检验自己的认知和理解，也能帮助到他人。

本书引用了很多素材，多数都已经注明出处，但是没能有机会一一见面获得许可，在此一并致歉并感谢。本书虽经多次核对，但因本人才疏学浅，时间有限，一定有不少地方经不起推敲，欢迎读者批评指正。

无论是一本畅销书还是一个受人欢迎的课件，都是准备和更多有缘人连接，也是为社会做出贡献的一种方式。这种学习方式无疑会给自己压力，但是这个压力能让自己的潜力得到充分挖掘，能量得到释放，能让我们更加充实和幸福。